中公新書 1910

河野稠果著

人口学への招待

少子・高齢化はどこまで解明されたか

中央公論新社刊

はじめに

日本の人口減少は、予想より1年早い2005年からはじまった。もっとも2006年は出生数が死亡数を上回ったので人口減少にはならなかったが、人口の多い団塊ジュニア（1971～74年に生まれた世代）が比較的多数の子どもを産んだための一時的現象である。人口減少に転ずるのは時間の問題である。

日本の少子化現象は1974年から一貫して続いている。1992年以降、合計特殊出《しゅっ》生《しょう》率は1.5を割り、2003年以後1.3のレベルになった。人口を維持するには2.1の出生率を必要とすることを考えれば、超低出生率である。

「少子化」とは、新旧世代の間で1対1の人口の置換えができなくなる低い出生率が継続することを言う。その結果、移民がなければ人口が減っていく状態を意味する。少子高齢化、そして人口減少時代の到来にともなって、現在日本では「少子化」「人口減少」という言葉が新聞やテレビに出ない日はない。

本書は、この少子高齢化、人口減少の問題の根底にある人口について考える本である。少子化・人口減少のメカニズムや出生率低下の多様な要因の全体像を十分に理解するために、人口の基礎的な考え方、主要な理論、さらにこれまでの研究の最前線を平易に解説する。たとえば、第二次世界大戦後から近年になって、なぜ日本や欧米に少子化や高齢化が起こり、人口が減少するのかといったもっとも基本的な問題を説明していく。

日本では人口学に関する書物は、専門書を含めてきわめて少ない。その原因は、わが国の人口学が経済学あるいは統計学のなかの特殊な領域と考えられているからである。しかし、人口学は欧米では古くから存在し、一つの領域をなしてきた学問である。経済学や統計学の源流こそ、実は人口統計学の前身であった。

人口学にはいくつかの優れた特徴がある。新聞、テレビなどのメディアで、その数値が「当たらない」と批判を受ける将来の人口予測（将来人口推計）だが、経済や社会予測と比較すればはるかに正確である。

人口推計は、すでに、1960年代には将来日本に高齢化が起こることを、1980年代には人口減少がやがて起こる可能性を予測していたが、実際そのとおりの経過をたどっている。人口学は、出生・死亡・移動という人口動態と、人口増加・人口構造との間の法則性を厳密に確立しているのである。

さて、最近では少子化、人口減少に関する本が、人口学の本とは対照的に数多く出版されている。だが、それらの本で言及される人口についての基本的な概念・指標には往々にして誤解がみられる。特に合計特殊出生率、平均寿命、人口置換え水準などの理解は適切ではないことがある。

たとえば、合計特殊出生率は、結婚した女性１人当たりの子ども数だとしばしば解釈されている。だが、正しくは出産が可能とされる年齢（15〜49歳）の女性の平均子ども数である。そこには未婚女性も含まれている。

またよくある勘違いのエピソードでは平均寿命の延びがある。平均寿命というのは生まれたときに何年生きられるかという確率の数字で、難しく言うと出生時の平均余命《よめい》である。戦前、１９３５〜36年の平均寿命は男子46・９年、女子49・６年であったが、２００５年は男子78・６年、女子85・５年である。およそ男子32年、女子は36年延びたことになる。そこでいまの老人は昔より30年以上長生きをするとよく言われる。しかしこれは間違いである。戦前から今日まで平均寿命が30年以上延びたのは、主として戦前非常に高かった乳幼児死亡率や20歳前後の青年を蝕《むしば》んだ結核による死亡率が激減したからである。つまり平均寿命は老人の生存率だけでなく、子どもや青壮年の生存率も考慮した指標なのである。

もちろん、平均余命は老人のところでも延びる。しかしその延びは出生時の余命と比較してかなり短いのが実情である。たとえば70歳の男子の余命は、１９３５〜36年当時の7.6年から２００５年の14・４年へとわずかに6.8年延びただけである。女子の場合は９年から18・９年へと9.9年延びたにすぎない。老人が30年以上長生きをするようになったわけではないのだ。

以上のような意味で、本書には「人口問題の俗説を正す」といった役割もあるであろう。

本書の特色は、人口学の公理・理論を踏まえて、近年の少子化の原因・背景を読み解き、人口減少の正しい理解と洞察を深めるところにある。近年の少子化現象は決して日本だけの状況ではない。北・西ヨーロッパに端を発し、いまや世界人口の半分近くを覆う地球的な大きな流れになっている。本書は、筆者がここ30年間ヨーロッパやアメリカなどを訪れて収集してきた人口関連資料と主要な人口学者の知見を参照しながら、世界のなかの日本という視座で論述を進めている。

文科系の人たちで多少なりとも人口学に興味を持った方々は、人口学は数式や方程式がやたらに出てきて、親しみにくいと言う。本書ではその意見を考慮し、本文中では一切の数式を使わず、その代わり50点ほどの図や表、そして巻末の記事ＡＢＣを用いて、読者の理解を深める努力を行っていることを付記したい。

【目次】

はじめに　i

序　章　人口問題——急増から激減へ……3
ネズミ算的増加という危機　人口は何年で2倍になるか　フランス、ドイツに敗れたり　世界に広がる少子化　人口学とは何か

第1章　人口学の基礎……17
出生・死亡・移動　「人口構造」——男女・年齢別構造と高齢化　現役1人で老人1人を支える時代　高齢化の最大の要因　人口構造の違いの影響　シンプソンのパラドックス　人口学の基礎からみえること

第2章　生命表とその応用……39
生命表とは何か　生命表が示す指標　定常人口と生残率

人口推計　人口純移動の計量　平均寿命の真説　41歳死亡説という俗説　平均寿命伸長の背景　生命表の多様な貢献

第3章　少子化をめぐる人口学……67

出生率を表す指標　合計特殊出生率とは何か　「丙午」という現象　合計特殊出生率の計算　人口置換え水準――人口維持のための数値　期間出生率とコーホート出生率　二つの限界　調整合計特殊出生率　日本への適用　安定人口モデル　日本とエチオピアの比較　何に役立つのか　人口構造と人口モメンタム

第4章　人口転換――「多産多死」から「少産少死」へ……107

数少ないグランド・セオリー　途上国はいまだ急増しているか　人口転換の図式　日本、そして途上国の場合　なぜ人口転換が起きたか　なぜ出生率も低下したか　社会的・経済的要因人口転換論への批判・修正　近代化はなぜ出生率低下をもたらしたか　「第2の人口転換論」の登場——新しい人口革命　背景と影響　新理論への批判　日本への適用は可能か　1980年代以降の画期的変化

第5章　生殖力と出生率——生物的・行動的「近接要因」……143

近接要因とは何か　五つの異なった社会状況　現代人が多産でない理由　受胎確率　受精卵の損失　不妊　産後の不妊と母乳哺育　避妊　セックスレス　人工妊娠中絶

第6章　結婚の人口学——非婚・晩婚という日本的危機……163

「7割」という数字　晩婚化・非婚化の状況　平均初婚年齢　晩婚化・非婚化のさまざまな研究　適齢期の男性過剰　相手に求める結婚の条件　男女の出会い——「見合い」の凋落　晩婚化と出産機会の逸失

第7章　出生率低下と戦後社会——五つの社会経済的理論……183
五つの理論　社会学から経済学へ　合理的選択の理論　相対的所得仮説　リスク回避論　低出生率規範の伝播・拡散論　ジェンダー間不衡平論　東アジアの熾烈な受験戦争　混迷の日本と韓国
第8章　出生率の予測——可能性と限界……215
人口推計に対する期待　米国センサス局の"失敗"　出生率推計の「三つの死角」　プライバシーという壁　社会経済的要因と出生率　将来予測の最前線　「アートである」
第9章　将来の人口推計——未来をよむ人口学……229
なぜ人口推計が必要か　数理的モデルによる総人口推計　国際標準的推計方法　中国での推計例　将来の生残率の計算と

推計　国連の出生率推計方法　日本の出生率推計とは
国際人口移動の推計　日本の人口のゆくえ　衰亡する国家
――「人口崩壊」への道

終章　人口減少社会は喜ばしいか……249

人口減少時代の到来　過密社会日本　人口減少社会のメリット　幻想の人口減少待望論　歴史のなかの人口減少　人口政策の可能性と限界　「低出生率文化」というスパイラル　かすかな希望――引き延ばし現象の終焉

あとがき　264
記事ABC　272
参考文献　282

人口学への招待

序章　人口問題――急増から激減へ

ネズミ算的増加という危機

かつて人口問題といえば、『人口論』（1798年）を著わしたマルサス（Thomas Robert Malthus, 1766～1834）がすべてであった。

マルサスは人口が自然的環境によって、あるいは政策によって人為的に抑止されない限り、幾何級数的に増加するものと考えた。つまり、1、2、4、8、16……という増加であり、ネズミ算の世界であった。

ネズミ算の驚異的増加については、日本でも落語家の始祖とも言われ豊臣秀吉に御伽衆《おとぎしゅう》として仕えた曾呂利新左衛門《そろりしんざえもん》の話がある。

あるとき、曾呂利新左衛門が面白い頓知《とんち》を連発して秀吉を楽しませたので、秀吉は「褒美《ほうび》をとらす。何なりと欲しいものを申せ」と言った。曾呂利はそれに対して、「将棋盤にはマス目が81ありますが第1の目に米1粒、第2の目に2粒、第3の目に4粒というようにそれぞれの目にその前に置いた米粒の2倍の数を置き、全部を私に下さい」と答えた。

秀吉は「随分、欲のない男だ」と思い、「よかろう」と直ちに許した。ところが、あとで学者に計算させたところ、日本国中の米を掻《か》き集めても、とても足りないことがわかるという話である。

81番目のマス目までの総計は、2秭《し》4178垓《がい》5163京《けい》9229兆2583億4941万2352となる。まさに倍々ゲームは恐るべしで、最初増加は緩慢であってもある時点から急上昇するのである。

さて、人間は食糧がなくては生きていかれないが、マルサスは人口が幾何級数的に増加するのに対して、食糧は算術級数的にしか増加しないとした。つまり、1、2、3、4、5……という増加である。抑止的力が働かなければ人間はネズミ算で増えると考えたマルサスにとって、人口増加は最大の問題であった。

マルサスは、当時その実例を18〜19世紀にかけてのアメリカ合衆国に見ていた。この時期アメリカは25年間で倍増するという急速な人口増加を経験した。それは年平均2.7%とこれまでヨーロッパでは見たことのない烈《はげ》しいもので、広大な国土と豊かな資源に恵まれてはじめて可能になる高い増加率であった。

その後、マルサスの理論が当てはまったものとしては、第二次世界大戦後、1960年代から70年代にかけての発展途上国の人口増加である。それは一時年平均2.5%を超える爆発的増加であり、いまは沈静化しつつあるが、マルサス的人口増加と当時喧伝《けんでん》された。

人口は何年で2倍になるか

人口が増えていく状況を表す場合、わかりやすいのは人口が何年で2倍になるかである。たとえば、人口が毎年2％の増加率なら35年で、3％の増加率なら23年で2倍になる。倍増のための経過年数を計算する簡便法があるのだが、それは巻末の記事Aに譲ろう。興味がある方はそちらを参照されたい。

では、世界人口で考えたとき、いつ2倍になるか。

2006年の国連推計によれば、増加の一途であった世界人口は2006年65億人。2000〜05年の年平均増加率は1・24％である。計算上、2倍になるのは56年後、つまり2062年に130億人となる勘定である。だが、実際は増加率は減速して2045〜50年頃は0・36％になり、国連によると130億人になる前に安定する見通しである。

実は、1965〜70年の間、世界人口は年率2.0％の増加率を示していた。当時世界は、「人口爆発」と言われていた。もし世界人口が、そのまま毎年2.0％で増加したらどうなったか——。

コール（Ansley J. Coale）の計算によれば、1974年当時から700年のうちに地球の表面（海も含む）の30センチ四方に人間1人という超過密状態になり、さらに1200年経れば地球の質量と、表面で生活している人類の総重量が同じになってしまうという。

アメリカにはいろいろなことを考える人がいるが、数理人口学者のコーエン（Joel E. Cohen）によると、いま地球の表面が全部陸地と仮定し、地球上に住む人類の身体を全部潰《つぶ》してドロドロのスープにして地表を覆うと、その厚さはわずか2ミクロンにしかならないという。日本人にはあまり思いつかない発想であるが、そのように地球からみて微小な人間の総質量が1200年経つと地球と同じ質量になるのだから、ネズミ算的人口増加が起これば それは凄《すさ》まじいことになる。もちろん、あくまで人口増加を支える食糧、水、そして何よりも土地空間が無限に利用可能であるという前提に立っている。

戦後、世界における最大の人口問題は急速な人口増加であった。日本でも明治期以降、1970年代初頭までの長い間、世界と同じように最大の人口問題は人口増加であった。土地や資源に対する人口圧迫、過密の問題であった。

しかし、現在の日本やヨーロッパ諸国の状況をみると、人口のネズミ算的増加とはまったく逆の人口現象が起きている。現在、多くのメディアが喧伝するように、世界の先進地域である西ヨーロッパや東アジアでは高齢化をともなった急速な少子化こそ、最大の人口問題になってきているのである。

フランス、ドイツに敗れたり

実はヨーロッパでは早くも19世紀後半から出生率低下、そしてその結果としての人口停滞が問題になりはじめていた。特にフランスが顕著であった。1870～71年の普仏戦争でフランスはビスマルクのドイツに完膚《かんぷ》なきまでに打ちのめされた。多くのフランスの有識者はドイツと比べて血気盛んな青壮年人口が少ないこと、そしてこれまで伝統的に出生率が低いことに敗北の理由を求めた。奇《く》しくも、普仏戦争の作戦計画を練り上げたドイツ軍参謀総長モルトケの見解も同じであった。フランスではこのような青壮年の人口寡少の悪夢、人口高齢化の危機感、民族の繁殖力衰退の恐怖が20世紀全体を通して一種の国民的強迫観念になっていたと言ってよい。

1914～18年まで続いた第一次世界大戦でフランスは、イギリス、アメリカの支援を受けかろうじて勝利を収めるが、タイテルボーム（Michael S. Teitelbaum）とウインター（Jay M. Winter）によれば当時兵役にもっとも適した20歳代の人口はドイツに比べて6割にも充《み》たず、次の世代の20歳未満は半分にも達していなかった。

新興ドイツと比較し、フランスの低出生率は第一次と第二次の大戦の間にも好転することはなかった。1930年代は特に経済大不況の影響を受け、北・西ヨーロッパの出生率は軒並みに人口置換え水準以下に低下した。現在のヨーロッパの置換え水準は合計特殊出生率2.1であり、入移民を考えない場合にそれを上回れば人口は増加するが、それを下回ればやがて人口は減少する。しかし1930年代では死亡率が高かったので、合計特殊出生率の2.5～3.0の間が将来の人口増加と衰退の明暗を分ける分水嶺であったと考えられる。出生率と死亡率それぞれの微妙な変化、あるいはそれらのわずかな格差が人口増加と衰退を決定する重要な役割を果たすのである。

特に低出生率と人口高齢化のために、国家安全保障に対する不安が強かったのがフランスである。戦争の脅威が絶えず警告されていたにもかかわらず、1939年秋に第二次世界大戦はあっけなく起こり、フランス軍は精強なドイツ軍の敵ではなかった。1940年6月パリは陥落し、凱旋門を背にしたシャンゼリゼーの大通りをドイツ軍兵士が隊伍を組んで威風堂々の入城行進を行うニュース映画を、筆者は少年時代に見た憶えがある。作家で歴史家であるアンドレ・モーロワ（André Maurois, 1885〜1967）は言った、「フランス敗れたり」。

フランスの惨めな敗北は、またしても人口学的観点によって政治的および軍事的衰退を説明する格好の機会を与えた。国家間の総力戦となった世界大戦で、1人のフランス人工場労働者が2人のドイツ人工場労働者に立ち向かったのであるから、とても敵《かな》うはずがないという弁解である。以上のように二度にもわたって蒙《こうむ》った手痛い敗北と屈辱によって、1940年代初期のヴィシー政府はフランスがすでに1920年代から行っていた出生促進政策をさらに強化した。フランスは以後今日まで一貫して国を挙げての手厚い育児支援・家族政策を行い、これによって出生率を何とか置換え水準以上に回復しようと努力するのである。

1945年にフランス人口学の第一人者で出生促進論者のソービー（Alfred Sauvy, 1898〜1990）はフランス国立人口研究所を創設し初代の所長に就任するが、この研究所の設立の一つの大きな目的がフランスの伝統的な低出生率の要因・背景を研究し、その上昇に向かって適切な政策を打ち出すための基盤的研究を存分に行うことであったことは間違いない。

1世紀近くにも及ぶ出生促進政策の甲斐あってか、2007年1月に、戦後のベビーブーム以後低下していたフランスの合計特殊出生率がヨーロッパ最高の2.0になったというニュースが飛び込んできた。一方ドイツは1.3台を低迷している。ソービー先生が生きていたら「フランス遂に勝てり」と飛び上がって喜んだであろうか。

世界に広がる少子化

日本の人口は2005年から減少をはじめた。その原因は1956年頃からすでにはじまっていた少子化現象、すなわち人口置換え水準を下回る低出生率にほかならない。人口置換え水準とは、第3章でより詳しく論ずるが、究極的に人口増減のない状態を保つ出生率を指す。近年の日本の場合、合計特殊出生率が2・07の水準である。つまり、2・07を切るとやがて人口減少がはじまる可能性が起こる。ただしこの水準は一定ではない(死亡率がまだいまより高かった1960年以前は2.2を上回った)。いずれにせよ、日本の出生率は1974年以来2・05を下回り、2005年は史上最低の1・26となった。

先にも触れたが、少子化は日本だけの現象ではない。現在、ヨーロッパ全体の平均合計特殊出生率は1・40となっている。そのなかで北ヨーロッパと西ヨーロッパの一部は相対的に高いが、ドイツ語圏の西ヨーロッパ、そして南欧と東欧は非常に低い。少子化は日本以外の非西欧諸国にも広がっている。特に東アジアは2005年、韓国1・08、台湾1・12、香港0・97、シンガポール1・24と、日本よりも低い。少子化現象は、いまやほとんどの先進国、一部の工業化・都市化の著しい途上国を覆っており、2006年の最新の国連推計によれば、そこに住む人口は世界の43%を占める。

このように少子化の問題は高齢化、人口減少の問題とあいまって、いまや日本を含め世界の先進工業国にとっての人口問題のトリレンマ（三重苦）となっている。人口問題は、とかく簡単だと高を括《くく》る傾向が見られる。本書の目的の一つは、少子化、高齢化、そして人口減少という現象の間にある経験的法則（それはしばしば一般には誤解されやすい法則であるが）を正しく理解してもらうように解説することである。

人口学とは何か

さて、人口学とは古くて新しい「人口」(population) についての科学である。だが、必ずしも日本の大学に講座があるとは限らない。

欧米諸国にはデモグラフィー（英語 demography、フランス語 la dēmographie、ドイツ語 Die Demographie）という分野があり、だいたい同じ概念だが、日本語の「人口学」とは少し意味が違う。たとえば、英語の demography は日本語の人口統計学あるいは形式人口学に近く、国際人口学会の人口用語辞典の定義によれば「人口の科学的研究をいい、主としてその大きさ（数）、構造そしてその成長発展を研究対象とする」とある。

また1980年代まで世界の形式人口学のバイブルであったシュライオック（Henry S. Shryock）とシーゲル（Jacob S. Siegel）による *The Methods and Materials of Demography*（デモグラフィーの方法と資料）によれば、デモグラフィーには狭義と広義の定義があるとする。一番狭い定義は形式（技術）人口学であり、それは「人口の数、分布、構造および変化を問題とする」と述べている。いずれにせよ、人口現象の統計的研究あるいは分析が中心であることに間違いはない。

一方、広義の定義は、「人口現象と他の社会、経済、政治的現象などの要因との間の関係の調査研究」も含める。それは別の言い方だと、人口動態（変動）・構造に影響を及ぼす社会、経済、政治的要因等の調査研究、あるいは逆に人口動態・構造の変化が社会、経済、政治的現象などにもたらす影響、あるいは効果の調査研究と考えてよいであろう。

ハウザー（Philip M. Hauser）とダンカン（Otis D. Duncan）は前者の狭い定義の人口学を「人口分析」（demographic analysis）と呼び、後者の広い領域の調査研究を「人口研究」（population studies）と呼んでいる。

人口動態というと、えらく難しい言葉だと思われるかもしれない。しかし、それは人口の増減をもたらす出生・死亡・移動（「人口変動の三要素」と呼ぶ）の変化と考えてよい（これについて第1章で論ずる)。

日本で用いる「人口学」という用語はこの広義の定義に近い。わかりやすくすると、左ページ図のように中央に人口現象それ自体を扱う(すなわち出生・死亡・移動の間の関係、あるいはそれら人口動態の要因と人口構造との関係を分析する)形式人口学があり、周辺に人口現象と、たとえば経済現象、社会現象、生物現象、政治現象との相互関係を扱う経済人口学、社会人口学、生物人口学、政治人口学といった、「人口研究」の分野がある。ただし「歴史人口学」は人口現象と歴史現象との相互関係を研究するのではなく、近代的統計の備わっていない歴史的時代における人口関連資料の形式人口学的分析、そこで得られる資料に基づく広義の人口研究という意味合いである(これら関連科学を実体人口学〈substantive demography〉と呼ぶ場合もある)。

日本では、図に示された歴史人口学、経済人口学、社会人口学などの学問領域が文部科学省あるいは日本学術会議で認知され、各省庁、学術機関、大学などでそれなりの処遇を受けているかと言えば、必ずしもそうではない。

歴史人口学に限って言えば、それ自身の領域としてかなり認知されており、また優れた独自の業績をあげているが、ほかの領域は必ずしもそのアイデンティティが確立されているわけではない。しかしいずれにせよ、これらの分野は「人口学」の一部であり得るし、その有力な関連専門領域を形づくるものである。

世界の人口学を名実ともにリードし、もっとも人口研究者の数の多いのはアメリカである。アメリカには「アメリカ人口学会」があり3300人の会員を擁する。また「国際人口学会」（International Union for the Scientific Study of Population）という国際学会があり、各国の有力な人口学者・関連領域の研究者から構成されているが、約2000人の会員のうち、アメリカ人およびアメリカ在住の学者の数が最大で4分の1を占める。しかし、世界的レベルの人口研究活動に対するアメリカの研究者の貢献はとても4分の1どころではなく、おそらく半分くらいではないかと筆者は思う。

人口学の構造

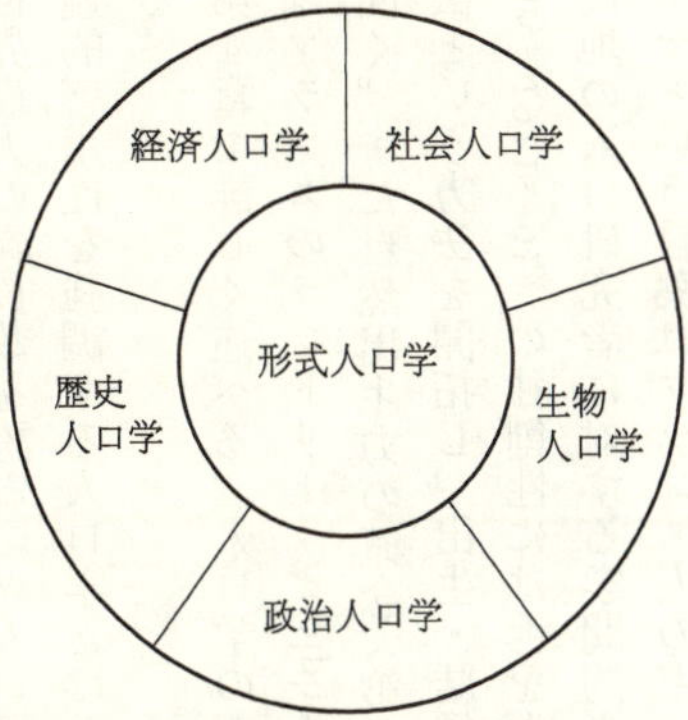

アメリカの人口学者の出身学科は大部分社会学であるので、社会人口学者が過半数を占めることになる。だが、彼らは自分たちが専攻している領域をあくまで「人口学」とだけ呼び、特に「社会人口学」とは呼ばない傾向にある。また彼らの扱う領域は非常に広く、形式人口学的な「人口分析」と社会人口学を中心とした「人口研究」全般にわたる。

アメリカに次いで2番目に人口学が盛んな国はどこか。先進国のなかで国際人口学会の会員が多いのはフランスで、これが一つの目印である。フランスは世界最大の職員数を誇る国立人口研究所を持ち、アングロ・サクソン流の、実証を重んじ普遍的応用性を強調する人口学とは一味違った、明晰《めいせき》な数理と理論に強い人口学を展開している。

第4章で詳しく述べる、人口学のなかで数少ない大理論である「人口転換論」の発想は、実はフランスのランドリー（Adolphe Landry, 1874～1956）の「人口革命」論からはじまったと聞く。また自然出生力の概念（第5章で説明する）を構想し、歴史人口学における家族復元法という方法を開拓し、出生・結婚のコーホート分析の考え方を発展させたアンリ（Louis Henry, 1911～91）の独創性には舌を巻く。フランスは戦前多くの植民地を持ち、現在でも旧植民地の人口研究者に対する学問的影響力は大きい。後先になるが、そもそも「デモグラフィー」という言葉はフランス人のギュイヤール（Achille Guillard, 1799～1876）によるギリシア語源（デモ＝人々、グラフィー＝記述）に基づく造語である。

第3番目の国はイギリスである。しかし優秀な学者を多数擁し人口学の発展への多彩な影響を考えると、イギリスとフランスは正直言って甲乙が付けがたい。人口学の源流の一つは政治算術のグラント（John Graunt, 1620～74）であり、もう一つは前掲のマルサスであるが、2人ともイギリス人である。さらに近年のグラス（David Glass）の社会人口学、ブラス（William Brass）の形式人口学に対する貢献、ヘイナル（John Hajnal）の人口統計学的洞察は他の国の人口学者の追従を許さないものがある。

本書のスタンスは、強いて言えばアメリカの社会人口学者の観点に近い。ただし、本書は「人口分析」と「人口研究」のすべてに及ぶのではなく、現在問題になっている少子化と人口減少の「人口学」を中心に論ずることが目的である。

第1章　人口学の基礎

出生・死亡・移動

さて、人口の変動をめぐるさまざまな概念は、人口学の指標や人口推計の複雑さを正しく認識しない人には、まったく単純なようにみえるかもしれない。しかし、人口学的な観点から少子化、そして人口減少を読み解くためには、いくつかの基本的概念、あるいは人口変動要因を十分理解することが必要である。

まず認識しておきたいのは、人口とは出生、死亡、転入、転出という四つの独立的な要因の総合的効果によって増加し、減少することである。これは、「人口変動の三要素」とも呼ばれる（転入・転出を一緒にして移動とする）。

一国の人口増加・減少を理解するためには、出生・死亡・移動（転入・転出）についてのそれぞれの数量を的確に知る必要がある。そしてこれは自明のことのように思われるかもしれないが、人口の増加・減少は、単に出生の増加・減少だけではなく死亡・移動（転入・転出）の動向によっても影響を受ける。

たとえば、出生数は減少しても、死亡率が低く死亡する人がもっと少なければ、人口はむしろ増えるのである（移動の転入と転出が同数の場合）。

日本は、1974年以降今日まで出生数はおおむね減少の一途だが、2004年まで死亡数が出生数よりもさらに少なかったので人口は緩慢ながら、ずっと増え続けていたのである。一般に出生率と死亡率の格差のわずかな違いが、長い期間を経ると総人口の大きな差となって現れるのが人口現象の特色である。これまで国際人口移動は規模が小さく、しかも出入りがあるので、その影響はわずかであった。

最近はさまざまなメディアで、日本の人口の未来が語られ警告が発せられているが、その基礎となる将来の人口推計は、言うまでもないが人口学の有力な応用部門である。これは「人口変動の三要素」、つまり出生・死亡・移動（転入・転出）の人口変動方程式（単に「人口方程式」とも）に沿って計算される。

その詳細について知りたい人は巻末の記事Bを見てもらいたいが、人口変動方程式では人口、出生、死亡、移動（転入・転出）と総数しか扱っていないが、実際の将来人口推計の場合は少し複雑で、それぞれ男女・年齢別に行い、それぞれを合計する仕組みになっている。しかし基本的な考え方は変わらない。総務省統計局が行う国勢調査間の人口推計も人口、出生、死亡、移動を連関させた人口変動方程式を使っている。将来の人口推計については第9章で詳しく説明する。

「人口構造」――男女・年齢別構造と高齢化

「人口変動の三要素」の次に認識してほしいものは、「人口構造」である。前に触れたように人口変動の三要素は出生・死亡・移動であるが、これらの要素は人口構造の影響を受けるところが大きい（人口学では人口構造も人口構成もほぼ同じような意味で用いる）。

人口構造を一言で言うと、男女、年齢、配偶関係、教育程度、労働力状態、就業上の地位、産業、職業、居住地域などの属性（古い言葉ではあるが人口を分類する際の基準あるいは特性と言ってよい）である。

人口学分析で常に配慮しなければならないのは人口構造の影響である。国、地域、年代の異なる出生率、死亡率などを比較する際に人口構造の影響をできる限り除去することは重要な技術的課題である。なぜなら、人口を男女、年齢、配偶関係、職業、産業、教育程度というさまざまな属性によって分けると、出生率、死亡率、人口移動率、就業率、犯罪率など、その属性によって大きく異なるからである。

さて、この属性を用いたものでもっとも典型的なものは、男女・年齢別に構成した「人口ピラミッド」であろう。男女・年齢別人口をわれわれの視覚に対してもっとも明白に示したものである。

人口ピラミッドは一般にタテ軸に年齢をとり、左側に男子人口、右側に女子人口を置き、一番若い0歳の人口を基底としてピラミッドの上に行くほど年齢が増えるようになっている。年齢は各歳別がベストだが、各歳データがない場合は5歳階級別に示すのが普通である。ただし5歳階級だと、丙午《ひのえうま》のような単年の窪《くぼ》みやせいぜい5〜6年間しか続かなかった戦後のベビーブームという人口現象の痕跡《こんせき》を必ずしも明らかに表示できない欠点がある。

図表1-1は日本人口の1950年、2000年、2050年におけるピラミッドを示している。ここで1950年と2000年のピラミッドは国勢調査統計に基づくが、2050年は将来の人口推計によるものである。1950年の姿はまさに人口ピラミッドと言えるが、2000年と2050年は変形してもはや「ピラミッド」とは言えない形状である。2050年にいたっては、逆ピラミッド型とも言えよう。

こうしてみると、人口構造は50年、100年経つと当初とはまったく違った様相になることが理解できる。また人口ピラミッドは、過去のいくつかの歴史的事件、たとえば大正時代のスペイン・インフルエンザの大流行、太平洋戦争、あるいは戦後のベビーブームなどの記録をしばらくの間外郭の形状に鮮明に残し、しかし歳月の経過とともに次第に風化しながら上方に移動するのが認められる。

なお、2050年、女子の一番上に不規則な突起が認められるが、これは女性の100歳以上の人口が今後多くなる一方、それが一つに括られるために起きた技術的現象である。男

〈1-1〉日本人口ピラミッド　1950、2000、2050年

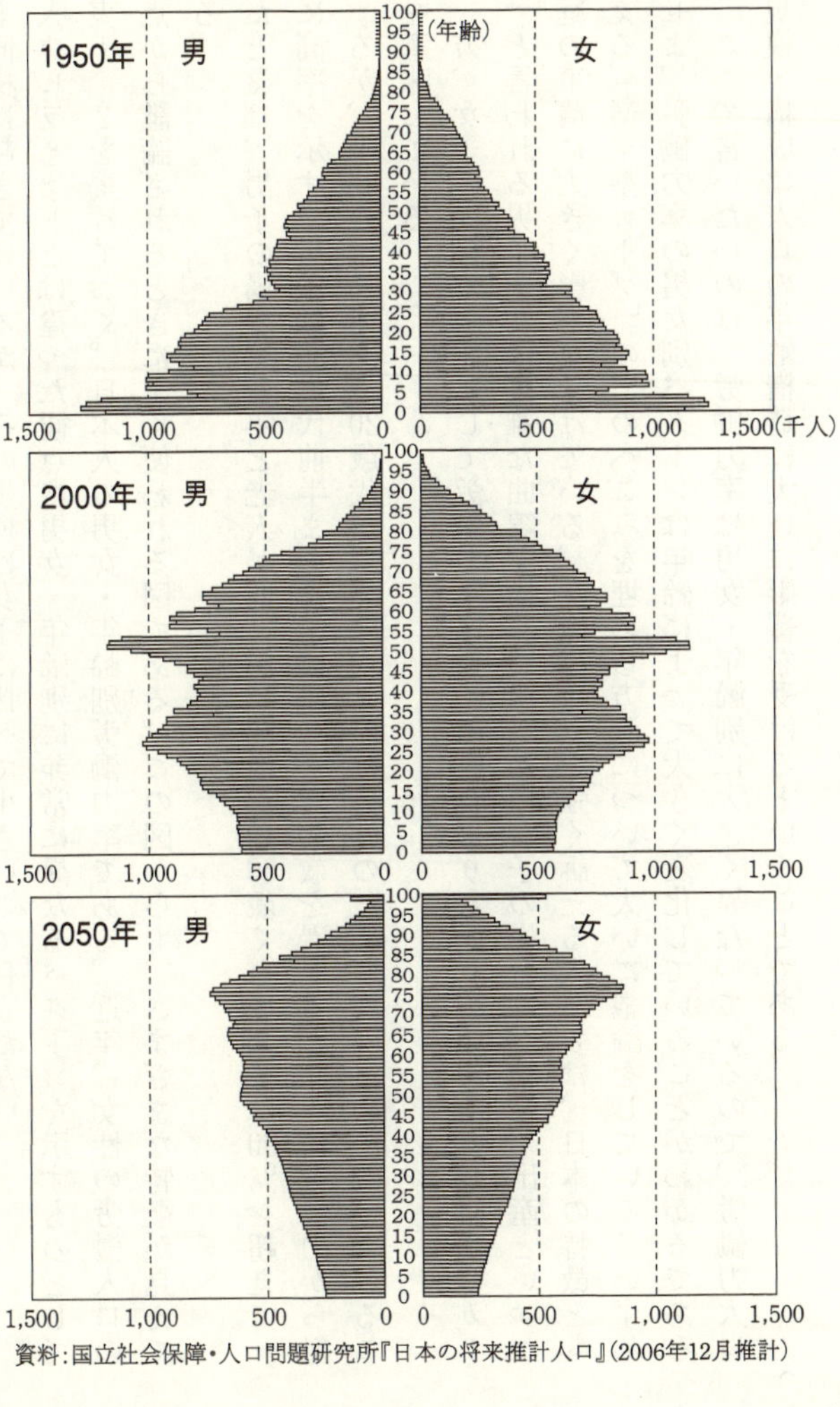

資料：国立社会保障・人口問題研究所『日本の将来推計人口』（2006年12月推計）

子も同様に起きてはいるが、その規模は女子に比べて小さいので目立たない。

人口ピラミッドとは違った観点で男女・年齢別に非常に異なるパターンを示すものとして図表1-2を掲げておく。日本人の男女・年齢別労働力率である。近年、女性の労働人口の観点から議論されるときによく使われる図である。この図からも、さまざまな特徴が見えてくる。

たとえば、男子の場合、若年と老人が低いが、25歳から60歳くらいまでは90%を超えて一様に高率を示す。男子は20歳代前半までは学校に行き、60歳を過ぎると徐々に労働力から離脱するが、中間の年齢である20歳代から60歳代までは自分のため家族のために働いていることを意味している。

一方、女子の場合、全体として労働力率は男子の場合よりも低く、いわゆる「M字型カーブ」と言われる男子よりは複雑な曲線を描く。明らかに女子の場合は、結婚、出産といった家庭の事情に大きく影響を受けている。女性の自立を強く訴える人たちは、日本の特徴とも言える「M字型カーブ」のMのへこみを埋める方法について大いに議論をしている。いずれにせよ、労働力率の男女別パターンは年齢によって大きく変化していることがわかるであろう。ここで言いたいのは、労働力率は男女・年齢別に大きく異なっているので、労働力人口の規模・構成は人口の年齢構造に大いに影響を受けるということである。

〈1-2〉男女・年齢別労働力率　2000年

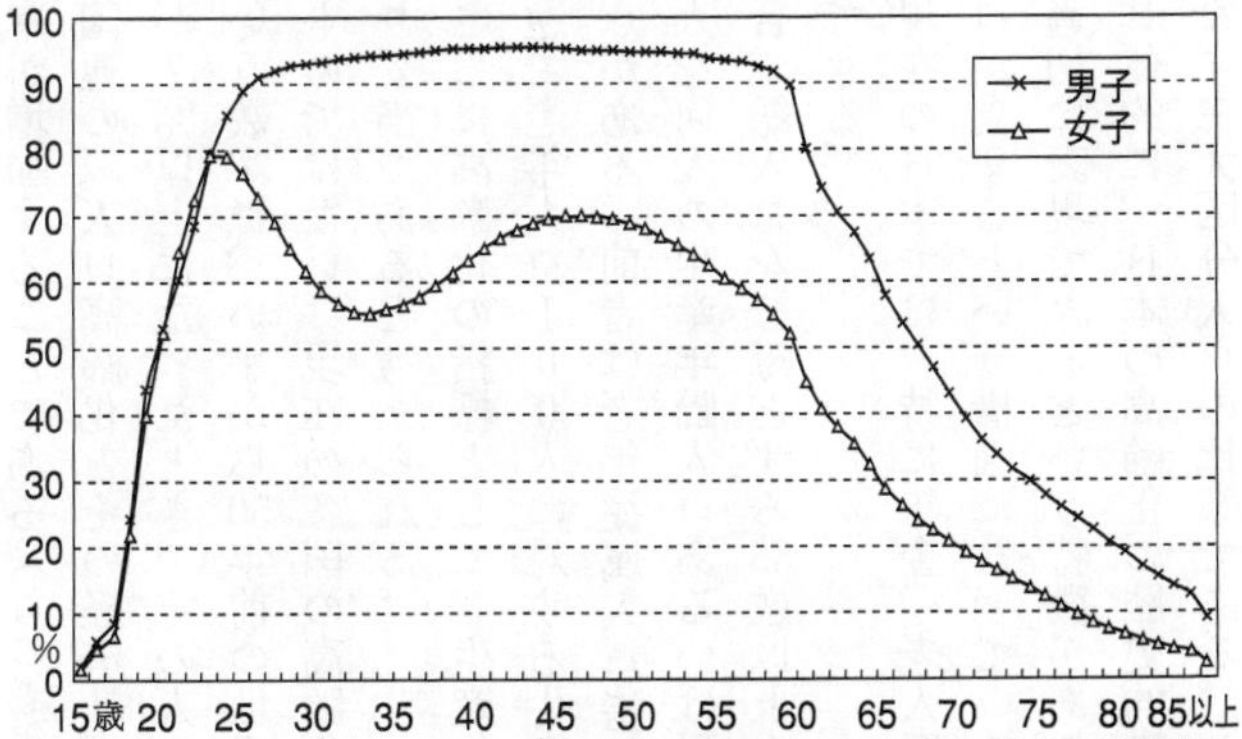

資料：総務省（2005）『2000年国勢調査報告』

現役１人で老人１人を支える時代

さて、人口構造について年齢の属性からさらにみてみよう。人口学では人口構造の年齢について、大きく三つの部分に分けて考える。第一は15歳未満の「年少人口」、第二は15歳から64歳までの「生産年齢人口」、そして第三は65歳以上の「老年人口」（あるいは「老齢人口」）と呼ばれる部分である。

国によって年少人口や老年人口の年齢区分の定義に違いがあり、また15～64歳のすべてが実際に経済活動に従事しているとは限らない。だが一般に一国の経済活動を担う人口は15歳から64歳までの生産年齢人口であり、15歳未満と65歳以上の人口は「従属負担人口」、つまり、生産年齢人口に扶養される人口と考える。

人口高齢化についてはさまざまな定義があるが、もっとも簡単でよく用いられる考え方は、老年人口の比率、つまり総人口に占める65歳以上の老年人口の比率が増加することである（この老年人口比率は日本では「高齢化率」と呼ばれることがある）。

国連の『人口高齢化とその経済社会的含蓄』（１９５６年）と題する報告書は、老年人口比率が7％以上になったとき、その人口は高齢化していると規定している。しかし、この7％という数字は、いまから50年前の世界の人口情勢から割り出したものであり、決して絶対的なものではない。現在の各国の高齢化の状況をみると、7％はやや低すぎ、10％というのがより妥当であると考えられる。

さらに高齢化の指標として、生産年齢人口１００人に対する老年人口の比率、あるいはその逆で老年人口１００人に対する生産年齢人口の比率もよく用いられる。これらには独自の利点がある。前者は老年従属人口指数であり、後者は扶養係数（support ratio）、つまり老人1人を何人の生産年齢人口あるいは現役で支えるかの指標である。これらの比率は、多くの場合、総人口を分母とする65歳以上人口比率よりも劇的に高齢化の進行状況を表現することができる。

現在の日本では、特に年金、老人医療という社会保障の領域で、おおむね老年人口を現役人口が支えるという構図になっている。そこでこれらの指標は高齢化の社会経済的影響をより適切に表現できるという特徴がある。

具体的に、日本の高齢化の歴史的動向と将来の予想を図表1－3によって考察してみよう。

まず三大区分人口の比率である。この比率は過去・現在の経過を通じて劇的に変化し、将

〈1-3〉**日本の年齢構造の推移**　1884〜2050年

年次	人口割合(%)			従属人口指数(%)			扶養係数
	0〜14歳	15〜64歳	65歳以上	総数	年少人口	老年人口	
(1)	(2)	(3)	(4)	(5)	(6)	(7)	(8)
1884	31.6	62.6	5.7	59.6	50.5	9.1	11.0
1920	36.5	58.3	5.3	71.6	62.6	9.0	11.1
1930	36.6	58.7	4.8	70.5	62.4	8.1	12.3
1940	36.7	58.5	4.8	70.9	62.7	8.2	12.2
1950	35.4	59.7	4.9	67.5	59.3	8.3	12.0
1960	30.0	64.2	5.7	55.7	46.8	8.9	11.2
1970	23.9	69.0	7.1	44.9	34.7	10.2	9.8
1980	23.5	67.4	9.1	48.4	34.9	13.5	7.4
1990	18.2	69.5	12.0	43.5	26.2	17.3	5.8
1995	15.9	69.5	14.6	43.9	23.0	20.9	4.8
2000	14.6	68.1	17.4	46.9	21.4	25.5	3.9
2005	13.8	66.1	20.2	51.3	20.8	30.5	3.3
2010	13.0	63.9	23.1	56.5	20.3	36.2	2.8
2020	10.8	60.0	29.2	66.7	17.9	48.8	2.0
2030	9.7	58.5	31.8	70.9	16.5	54.4	1.8
2040	9.3	54.2	36.5	84.3	17.2	67.2	1.5
2050	8.6	51.8	39.6	93.0	16.7	76.4	1.3

資料：国立社会保障・人口問題研究所(2007)『人口統計資料集 2007』
註1：2010年以降は国立社会保障・人口問題研究所による推計
註2：扶養係数(8)は100を老年従属人口指数(7)で割った商

来さらに年少人口の減少と高齢人口の増加が進行することが明らかである。

かつて1930年には15歳未満の年少人口は36・6％もあったが、2005年には13・8％と3分の1近くにまで低下し、国立社会保障・人口問題研究所（以下、社人研）の2006年12月新推計によると、2050年には8.6％とさらに低下する予想である。一方、老年人口は1930年にはわずか4.8％しかなかったが、2005年には20・2％に上昇、さらに2050年には39・6％と総人口のほぼ40％になる見込みである。このように老年人口の割合が4割になるということはこれまでの予想を超えるレベルであり、ほとんど〝サイエンス・フィクション〟の世界であると言ってよい。一方、中央の生産年齢人口は、1920〜50年には60％以下であったが、60年に上昇しはじめ、1970年には69％に達し、90年、95年とほぼ70％の水準を維持していた。

1970年から2000年にかけての日本は「人口ボーナスの時代」と言われている。「人口ボーナス」に具体的な定義はないが、それは図表1-3第(5)欄の従属人口指数が経験的に50％を割っている状態を指すと言ってもよいであろう。従属人口指数が半分以下ならば、経済を担う生産年齢人口が3分の2以上で、従属負担人口は3分の1以下ということであり、ほかの条件を一定とすれば、それは経済的に非常に有利な人口学的状況をもたらすのである。ちなみに、韓国、シンガポール、台湾、香港といったかつて東アジアの「四小龍」と呼ばれた新興工業国は、いくらかの時代的ラグをもっていずれも日本と同じような従属人口指数50％以下の「人口ボーナス」を経験している。しかし日本ではすでに人口ボーナスの時代は過ぎ、生産年齢人口の比率は2010年には65％を割り、2050年には52％まで低落する予想である。その頃になると「人口ボーナス」の時代は去り、「人口オーナス（負担）」の時代になると言われる。

さて、ここで図表1-3の(6)から(8)欄の従属人口指数と扶養係数に、注目してみよう。日本の年少従属人口指数はかつて1950年くらいまでは50％を超えていたが、2005年には20・8％になり、その後は比較的安定する予測である。しかし、老年従属人口指数と扶養係数はさらに変化する予測である。1970年、老年従属指数は10％を超え、以後老年人口の負担は急速に変化する。2005年には30・5％となり、3.3人の現役で1人の老人を支える構図である。

社人研の予測によれば、2050年には老年従属人口指数76・4％となり、扶養係数はついに1.3にまで減少する。すなわち1.3人の現役が1人の老人をサポートする状況である。日本の場合、この1.3のなかには働いていない人も含まれるので、実質的にはほぼ1人の現役が1人の老人を支えなければならない計算になる。あるいは4人の現役で5人の老人を支えるという構図になるかもしれない。まさに世界一の超高齢化時代の到来である。

高齢化の最大の要因

人口学では、人口の年齢構造の変化は出生率の変化の影響が大きく、死亡率の変化によるところは小さいというのが定説である。一般には、平均寿命の伸長、すなわち死亡率の低下が人口高齢化をもたらすという考え方が流布しているが、一部の例外を除いて誤りである。最近までの平均寿命の伸長は、乳幼児死亡率を中心とする年少人口の死亡率の低下に負うところが大きかった。現在は実はその例外的状況である。

年少人口の死亡率が低下すると、人口ピラミッドの底辺が膨れ上がってくる。ということは、この場合人口は高齢化するどころかむしろ若齢化することになる。もっとも、一般に死亡率が低下するときには全年齢で死亡率の低下が起きる。したがって中高年の部分、すなわち人口ピラミッドの上層でも死亡率の低下が起こる。この人口若齢化の傾向はかなりの程度相殺され、結局平均寿命の上昇はあまり大きく年齢構造に影響を及ぼさない結果になる。

ところが、出生率の低下は、それが人口ピラミッドの底辺を縮小させる方向にしか働かない。人口高齢化の最大の要因が出生率の低下であることは、理論的にも、実際の計算でも明らかにされている。その証拠に、戦前の日本では一般に死亡率が低下していたにもかかわらず、先の図表1-3で示したように、65歳以上人口の比率は1930年までむしろ減少していたのである。

人口高齢化は、何も第二次世界大戦後にだけみられるユニークな人口現象ではない。大戦以前にもこの現象は欧米諸国ですでに注目されていた。しかし、戦後はベビーブームの到来、途上国の人口爆発といった状況の下で、あまり問題にされなかった。

1960年代から80年代を通じて、世界の人口学者が取り組んできた最大の人口問題は途上国の高出生率と人口増加であり、それを抑制するための家族計画の普及が人口活動の主体をなしていた。また多くの途上国の高出生率の要因・背景を明らかにしようとする調査研究が世界的に行われ、「世界出産力調査」のような共通の調査票による国際比較のための実地調査が施行された。

しかし、一方では欧米諸国の出生率が想像を絶する低水準までに低下し、かつ途上国のなかでも韓国、台湾をはじめとし、中国本土を含む東アジア、あるいは東南アジア、ラテンアメリカのカリブ海地域で、出生率が人口置換え水準以下にまで低下する国が次第に増えている。少子化の問題と重なり合って人口高齢化の問題が、先進国だけでなくいま途上国でも将来の非常に大きな人口問題として認識されるようになってきている。

人口構造の違いの影響

すでに述べたように、人口学で重要なのは人口の数、人口構造の違いである。とりわけ注目されるのが男女・年齢別構造である。男女・年齢の属性がもっとも基本的だからである。なぜなら、男女・年齢の別は、人為的に変えることができないからである。人は皆1年経つと1歳年を取るが、同じ年齢集団のメンバーは死なない限り変わらない。また異なった年齢集団間の年齢格差は不変である。こういう特徴は人口分析にとってはいろいろな意味で便利なのである。

これは第3章で述べるコーホート（同時出生集団）の考えに通ずる。もし属性を職業にしてみると10年、20年先にどうなるのかは不明であり、その職業アイデンティティがどのくらい保たれるのかはわからないからだ。

人口学は、ほかの社会科学、経済学、社会学と比較して男女・年齢構成の違いに特に敏感である。それは出生率・死亡率・結婚・離家といった人口学的変化が特に男女別の年齢構成に強く影響されるからである。

例として図表1－4を掲げる。ここでは2006年国連推計データに基づき、先進地域と途上地域、そしてメキシコ、コスタリカとノルウェー、スウェーデンの粗死亡率の数値を比較することによって、年齢構成の違いが往々にして出生率や死亡率の見掛けの違いをもたらすことを示したいのである。

粗死亡率とは、ある年の死亡数をそれに対応する人口数で割ったものである。1950～55年の期間に、途上地域の粗死亡率は先進地域よりも2倍以上高い数値を示している。またメキシコ、コスタリカとノルウェー、スウェーデンを比較すると、メキシコ、コスタリカはノルウェー、スウェーデンよりかなり高い。

ところが、2000～05年では先進地域は10・2パーミル（1パーミルは1000分の1）、途上地域は8.4パーミルで両者の関係は逆転していることがわかる。同時にメキシコ、コスタリカはノルウェー、スウェーデンよりも低くなっている（実は逆転はもっと前にすでに起きている）。たしかにメキシコ、コスタリカの死亡率低下は著しいが、これらの国々の死亡率は本当にノルウェー、スウェーデンより低いのであろうか。

結論から言うと、これらの粗死亡率の逆転現象は、途上地域対先進地域との間、あるいはメキシコ、コスタリカ対ノルウェー、スウェーデンとの間の年齢構成の違いを反映したもので、真の意味での死亡率水準の格差ではない。つまり、見掛けにすぎない。このような見掛け上の違いが人口現象には随所にあるので注意を払わなければならない。

〈1-4〉**先進国・途上国の粗死亡率**　1950～2005年　（単位：‰）

地域・国	1950～55	1970～75	1990～95	2000～05
世界	19.6	11.3	9.3	8.8
先進地域	10.3	9.5	10.0	10.2
途上地域	23.9	12.0	9.1	8.4
メキシコ	16.6	9.1	5.2	4.7
コスタリカ	13.5	6.8	4.1	3.9
ノルウェー	8.2	10.0	10.5	9.5
スウェーデン	9.8	10.4	10.9	10.5

出所：United Nations. 2007. *World Population Prospects: The 2006 Revision*, Vol. I. New York.

年齢構成の影響を受けない平均寿命は、２００６年国連データによると、男女合計で２０００～05年では先進地域は75・6年、途上地域は64・6年であり、先進地域のほうが高い（個々の年齢における死亡率は低い）。ラテンアメリカ・グループと北欧グループを比較すると後者のほうが高い。たとえば同じ期間でコスタリカは78・1年、スウェーデンは80・1年である。

したがって、本来の死亡率水準に関しては北欧グループがラテンアメリカ・グループより低いにもかかわらず、粗死亡率が逆なのは、北欧グループでは人口高齢化によって元来死亡率が高い中高年齢人口が多く、全体の平均死亡率が高くなる傾向にあるからと言えるのである。一方、ラテンアメリカ・グループは死亡率が近年非常に低下しているが、北欧グループにみられるような人口高齢化がまだ進展していないからと言えるのである。

実際、コスタリカとスウェーデンの65歳以上人口比率を比較すると、前者は１９５０年に4.8％、２０００年でもわずか5.4％に増加しているにすぎないにもかかわらず、スウェーデンは10・3%が、17・2%へと大きく増加しているのである。つまり、年齢構成の差の拡大が粗死亡率の逆転をもたらしたものと考えられる。

このように具体例をみてきたが、人口A、Bの粗出生率、粗死亡率など、人口構造の違いの影響を除去し、比較する場合には第三の人口Cの人口構造を代用し、そこで標準化された出生率・死亡率を計算して比較することができる。ただし、この場合どのような第三の人口Cを標準人口として用いるかによって標準化された出生率・死亡率はかなり異なってくる。

たとえば、スウェーデンとインドの死亡率を比較する場合、デンマークを標準人口とするのと、バングラデシュを標準人口にするのとでは結果が大いに異なってくる。デンマークの人口構造を用いると、スウェーデンの人口構造と似ているので、スウェーデンは高齢化の効果がほとんど除去されないし、インドに対してはデンマークの人口構造は非常に異なるので非現実的な結果が出てしまう。バングラデシュの人口を採る場合に、今度は逆の効果が起こる。

標準人口の選定はかなり恣意《しい》的であり、どのような人口を採るべきかについて厳密なルールはないが、AとB両者の人口の中間的あるいは平均的なものが望ましい。たとえば2000年の日本の各県の間の出生率、死亡率を標準化する場合には、日本の全国人口を標準人口に採ることが多い。

しかし死亡率の場合、その一般的な水準を知りたいときには、次章で説明する生命表のなかに平均寿命という指標があり、これを用いることができる（生命表は毎年同じサイズの10万人の人口で出発し、それが死亡だけの要因によって減少していく過程を示す。それ自体が内部的に標準化されていると考えられ、総合指標である平均寿命は明らかに年齢構造の影響を除去した指標である）。

一方、日本で最近一般の間でも広く用いられる合計特殊出生率も一種の標準化出生率である。合計特殊出生率は女性の人口に関連しているが、ウェイト（人口の重み）となる各年齢（あるいは5歳階級別年齢）の女子人口をすべて1と仮定して年齢階級別の出生率を合計するので、合計特殊出生率はそれ自身標準化されたものと考えることができる。合計特殊出生率に関しては第3章で詳しく論ずる。

シンプソンのパラドックス

次ページ図表1‐5は、1910年のニューヨーク市とバージニア州リッチモンド市の白人と黒人の結核死亡率を示したものである。これによると、ニューヨークのほうがリッチモンドより結核死亡率は低い。しかし、それぞれ白人と黒人に分けてみると、リッチモンドのほうがいずれもニューヨークより低いという奇妙な結果になっている。

このような、人口統計の怪談ともいうべき不思議な状況は、最初にそれを正式に論じたシンプソン（E. H. Simpson）の名にちなんで、「シンプソンのパラドックス（逆説）」と呼ばれ

〈1-5〉ニューヨークとリッチモンドの結核死亡率　1910年

白人・黒人の別	人口		死亡数		結核粗死亡率（人口10万につき）	
	NY	RM	NY	RM	NY	RM
白人	4,675,174	80,895	8,365	131	179	162
黒人	91,709	46,733	513	155	559	332
合計	4,766,883	127,628	8,878	286	186	224

出所：Morris R. Cohen and Ernest Nagel. 1934. *An Introduction to Logic and Scientific Method*, New York: Harcourt, Brace and Company, p.449.

る。図表1-5は、それが計算の誤りでないことを示すために、結核死亡率算定のための分母と分子を掲げている。

図表1-5を見て、直観的にそれは図表1-4で説明したコスタリカとスウェーデンの粗死亡率の差の場合のように、ウェイト（人口の重み）の違いの問題だと指摘する人は多かろう。リッチモンドはニューヨークより居住環境が豊かで、健康にはより好適であったのかもしれない。そのために、白人・黒人ともに結核死亡率が低かったとも考えられる。しかしこの表をよく見ると、両市ともに黒人の結核死亡率は白人よりも2倍以上高い。そしてリッチモンドは、その結核死亡率の高い黒人がニューヨークと比べて相対的に非常に多い（37％対2％）のである。このウェイトの違いのために、全体の結核死亡率はニューヨークよりも高くなると考えられる。

しかし、以上の結核死亡率は粗死亡率である。つまり分母はそれぞれの市の総人口である。白人・黒人という人種別で、ともにニューヨークがリッチモンドより高いのは、年齢構成の違いがあるのかもしれない。当時から結核患者は青年期に特徴的であり、ニューヨークはリッチモンドより青年人口が相対的に多かったと考えられる。そうであれば、白人・黒人それぞれを、たとえば30歳未満と30歳以上の二つのグループに分けると、また違った結果が出てくるのかもしれない。

以上示したシンプソンのパラドックスは、形式人口学で言う異質性（heterogeneity）の問題に関わっているように思われる。異質性の問題は、20世紀を通じて米国でみられた、白人と黒人の年齢別死亡率クロスオーバー（交差）の現象に代表される。白人と黒人の年齢別死亡率は、初老期までは白人が低いが、老年期になると両者の曲線は交差し、黒人が低くなる。これに対して、最近の新しい研究によれば、実はその多くは黒人の年齢申告の誤りから起きたと結論されているが、ここではその議論はさて措《お》く。

これに関する異質性からの説明は次のようである。

人口のなかには生来頑健な人と虚弱な人が混在しているが、黒人は青少年時代に劣悪な生活環境に置かれたために、生来虚弱な人たちの多くは中年までに死んでしまい、生来頑健な人たちだけしか老年に達しなかった。頑健な人たちだけが残った黒人の老年期死亡率は低いというものである。

一方白人は、黒人よりも恵まれた生活環境にあって、虚弱な人たちも老年期まで生存することができたが、老年期に入るとさすがに死亡率が激増する。以上の結果、両者の交差現象論ずる。

が起きたという。異質性の問題については、次章の「生命表とその応用」の後半でもさらに

人口学の基礎からみえること

現在少子化、人口減少に関する論議は盛んであるが、往々にして人口問題は簡単だ、そんなものは素人でもわかると高を括られるところがある。人口学と聞くと、そんな学問がいったいあるのかと普通の人は思うであろう。アメリカでも、一般の人に「デモグラフィー」と言うと時々「デモクラシー」と間違えられる。しかし人口学は意外と奥行きが深く、面白い学問だということをこの章で述べはじめたつもりである。

人口学の対象というと、これまでは人口増加の問題であった。人口は増え続けるもので、今日のように減少するという観点は最近までなかったと言ってよい。本章では人口増加が起こるか、そうでないかの分かれ道は、出生率と死亡率のわずかな変化であることを、つまりは両者の間の微妙な格差であることを言いたかった。

さらに出生と死亡だけの問題でなく、国際人口移動の要因も大いに関連し、それらの差し引きの結果によって決まることを指摘したかったのである。

過去半世紀の日本の経験のように、合計特殊出生率が2.1以下に低下しても、死亡率がそれ以上に低下した場合、あるいは死亡率が上昇してもその程度が小さい場合には人口がむしろ

増えるという状況は、人口学の教える基本的メカニズムである。一方、人口減少は出生数減少だけの問題だと捉えられがちであるが、実は出生・死亡・移動の人口変動三要素の理解が肝要であることを本章は強調している。そして、これらの動態率に関するダイナミックスの背後には人口構造の効果があるのである。

人口学と言えば、それは人口構造変化による影響を考える学問と言われるくらい、多くの人口関連指標、たとえば出生率、死亡率、移動率、労働力率といった指標が人口構造の違いあるいは変化によって影響され、決定されている。人口学はいろいろなやり方で人口構造の違いの影響を除去しようと試みてきた。多くの指標は若い人口が相対的に多いのかそれとも老年人口が多いのかによって、見掛け上の出生率あるいは死亡率の水準を示すことがある。人口学の貢献の一つは、人口構造の違いによって歪曲《わいきょく》されない、より正しい人口動態の数値を示すことである。

以下第2章、第3章で人口構造によって影響されない、いくつかの、より洗練された指標を紹介し、それらをもって少子化・高齢化に関連する人口現象をより正しく分析し、読み解こうと思う。

第2章　生命表とその応用

生命表とは何か

第1章では人口学の基本である「人口変動の三要素」——出生・死亡・移動（転入・転出）の重要性と、それを組み合わせた人口変動方程式によって人口増加（減少）が算出されることを簡単に述べた。

人口の増減を考えた場合、三要素のうちもっとも大きな要因となるのは死亡である。死亡は出生と異なり、男女、全年齢にまたがる。また人口減少をもたらす直接の原因でもある。

さて、「生命表」である。

一般の人はあまり聞き慣れないかもしれないが、『広辞苑』では「国民の生存・死亡の状態を表すために、年次別・年齢別・男女別などに類別して生存率・死亡率・平均余命などを一括して掲げた表」と記されている。簡単に言えば、死亡についてのモデルである。同時に人口学のもっとも基本的なモデルでもある。

生命表の考え方のはじまりは、3世紀のローマで年金原価計算の目的で作られたウルピアヌス（Domitius Ulpianus, 170?～228）の数値表であるとされる。しかし近代的生命表となると、形式人口学の始祖グラントによる生命表作成の試みにはじまる。

ロンドンの富裕な織物商であったグラントは、人口学の揺籃《ようらん》期に『死亡表に関する自然的及び政治的観察』（1662年）を公にしたが、これが人口についての最初の実証的研究である。死亡についての統計的法則の一端を明らかにした最初の論文であるとも言えよう。グラントは統計学の始祖でもあると言われる。このように昔は生命表を死亡表と言っていた。実は日本でも1912年までは「死亡表」としていたが、その後、生命表となる。死亡と生存はコインの裏表である。

グラントの時代には、分母となる年齢人口が不備であったために、年齢別死亡率が厳密な意味では計算できず、完成された生命表ではなかった。その意味で、ハレー彗星の発見者ハレー（Edmund Halley, 1656～1742）が1693年に発表したドイツ、ブレスラウ市（現・ポーランド、ヴロツワフ）に対する生命表が、本格的生命表のはじまりと言える。彼が初めて定常人口の考え方を用いたからである。定常人口とは生存延べ年数である。

生命表が示す指標

生命表は人口現象のもっとも基本的なモデルである。なぜ基本的なのか、それはおいおいわかると思うが、人口学を学ぶためには、まず生命表とは何であるかを知る必要がある。

生命表とはいったいどういうものかを示したのが次ページ図表2－1である。公式の日本人生命表は毎年厚生労働省統計情報部で作成されている。本当は年齢各歳別のものであるが、紙面の関係上ここでは5歳階級別のものに組み替えて示している。

図表2－1の最初の欄に出てくるのは年齢だが、その次は(2)欄の死亡確率であり、(3)欄は生存数である。生命表では最初の時点で基数と呼ばれる通常10万人の出生が同時に起こると仮定する。別に10万人でなく1万人でも、あるいは1000人でもよいが、普通10万という数を使っている。それが(2)欄に示された年齢別死亡確率にしたがって死亡し生存数が減少していく。(4)欄の死亡数は生存数に死亡確率を掛けた数であり、その死亡数をもとの生存数から引けば、次の年齢階級の当初の生存数となる。たとえば5～9歳の年齢階級であれば、5歳になったばかりのときの生存数である。

このように生命表では、人口は封鎖人口の状況にあって人口移動はなく、人口（生存数）は死亡のみによって減少するという原理になっている。

次に掲げる(5)欄と(6)欄の定常人口は、生命表のなかでももっとも理解が難しい概念である。これには二つの解釈の仕方があるが、一つは先にも言ったように「生存延べ年数」すなわち人年《じんねん》、英語でperson-yearsである。

(5)はたとえば40歳の誕生日から45歳の誕生日までの生存延べ年数であり、(6)は40歳の誕生日から最後の年齢階級100歳以上になり全部の生存者が死ぬまでの生存延べ年数である。

〈2-1〉日本人女子の生命表　2005年

年齢階級 $x \sim (x+n-1)$ (1)	死亡確率 $_nq_x$ (2)	生存数 l_x (3)	死亡数 $_nd_x$ (4)	定常人口 $_nL_x$ (5)	定常人口 T_x (6)	平均余命 $\mathring{e}_x$ (7)
0～4	0.00342	100,000	342	498,576	8,548,580	85.49
5～9	0.00044	99,658	44	498,172	8,050,004	80.78
10～14	0.00038	99,614	38	497,984	7,551,832	75.81
15～19	0.00088	99,576	88	497,691	7,053,848	70.84
20～24	0.00149	99,488	148	497,086	6,556,157	65.90
25～29	0.00159	99,340	158	496,313	6,059,071	60.99
30～34	0.00214	99,182	212	495,412	5,562,758	56.09
35～39	0.00303	98,970	300	494,145	5,067,346	51.20
40～44	0.00439	98,671	433	492,342	4,573,201	46.35
45～49	0.00678	98,238	666	489,648	4,080,859	41.54
50～54	0.01043	97,573	1,018	485,484	3,591,211	36.81
55～59	0.01518	96,554	1,466	479,284	3,105,727	32.17
60～64	0.02123	95,088	2,019	470,693	2,626,443	27.62
65～69	0.03248	93,069	3,023	458,364	2,155,750	23.16
70～74	0.05578	90,045	5,023	438,750	1,697,386	18.85
75～79	0.09717	85,022	8,262	406,152	1,258,636	14.80
80～84	0.18169	76,759	13,946	351,832	852,484	11.11
85～89	0.32617	62,814	20,488	265,185	500,652	7.97
90～94	0.51623	42,326	21,850	155,648	235,467	5.56
95～99	0.69643	20,476	14,260	62,417	79,819	3.90
100+	1.00000	6,217	6,217	17,402	17,402	2.80

資料：厚生労働省統計情報部(2006)『日本人の平均余命』平成17年簡易生命表

もう一つの解釈はこれこそ「定常人口」であり、各年の生存延べ年数を年齢階級別人口と見立てる考え方であるが、これは次項で説明する。

最後の(7)の平均余命は生命表のなかでもっとも有名な指標である。特に「出生時における平均余命」は生まれてから死ぬまで平均して何年生きるかの指標を示し、俗に平均寿命と言う。これは生まれてから死ぬまでの総延べ年数T_0を最初同時に生まれた出生数l_0、すなわち10万で割ったものである。ただしこの平均寿命はいろいろ誤解されやすい概念であって、この章の後半部でもう一度解説する。生命表はいったん死亡確率の値が得られれば、あとは芋づる式に平均余命まで求められる（生命表の関数に関する相互関係をより正確に理解するために、巻末の記事Cで補足的説明を行っている）。

図表2－1で示した生命表の理解を深めるために、次ページに図表2－2として男女別の生存数の曲線を、図表2－3として死亡確率の曲線を描いてみた。1921～25年、1960年、そして2005年の3年次の状況を示している。最初の1921～25年の生命表はどうして5年間のものを用いるのかというと、大正や昭和の初期の時代は単年のデータが不安定であるという考えが強かったために、数年間の数字をまとめて作成するのが慣例であった。すでに述べたように、生命表では最初10万人が同時に生まれたとする。これが図表2－2の0歳のところのタテ軸のはしからはしへの長さである。これは別の言葉で言うと「コーホート」（同時出生集団）である。図表2－2は、このコーホートが時間の経過とともに年齢別死

〈2-2〉生命表での日本人の年齢別生存数 l_x　1921～25、1960、2005年

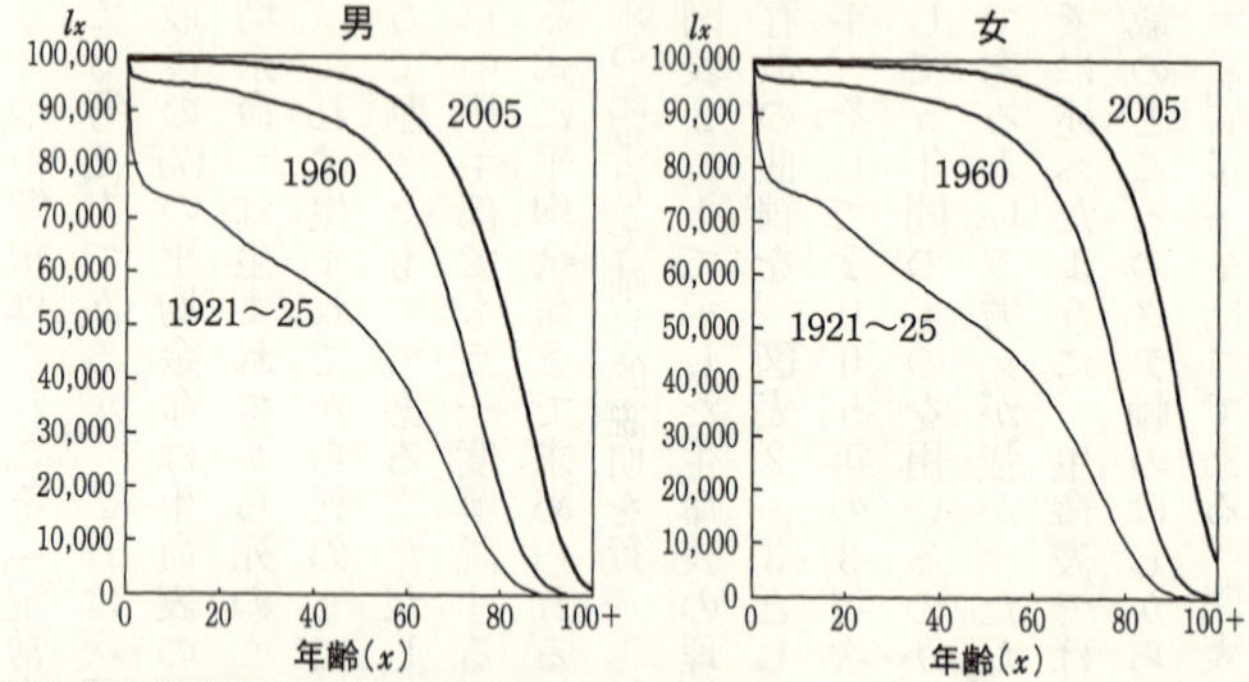

資料:厚生労働省大臣官房統計情報部(2002)『第19回完全生命表』;厚生労働省大臣官房統計情報部(2006)『平成17年簡易生命表』

〈2-3〉生命表での日本人の年齢別死亡確率 q_x　1921～25、1960、2005年

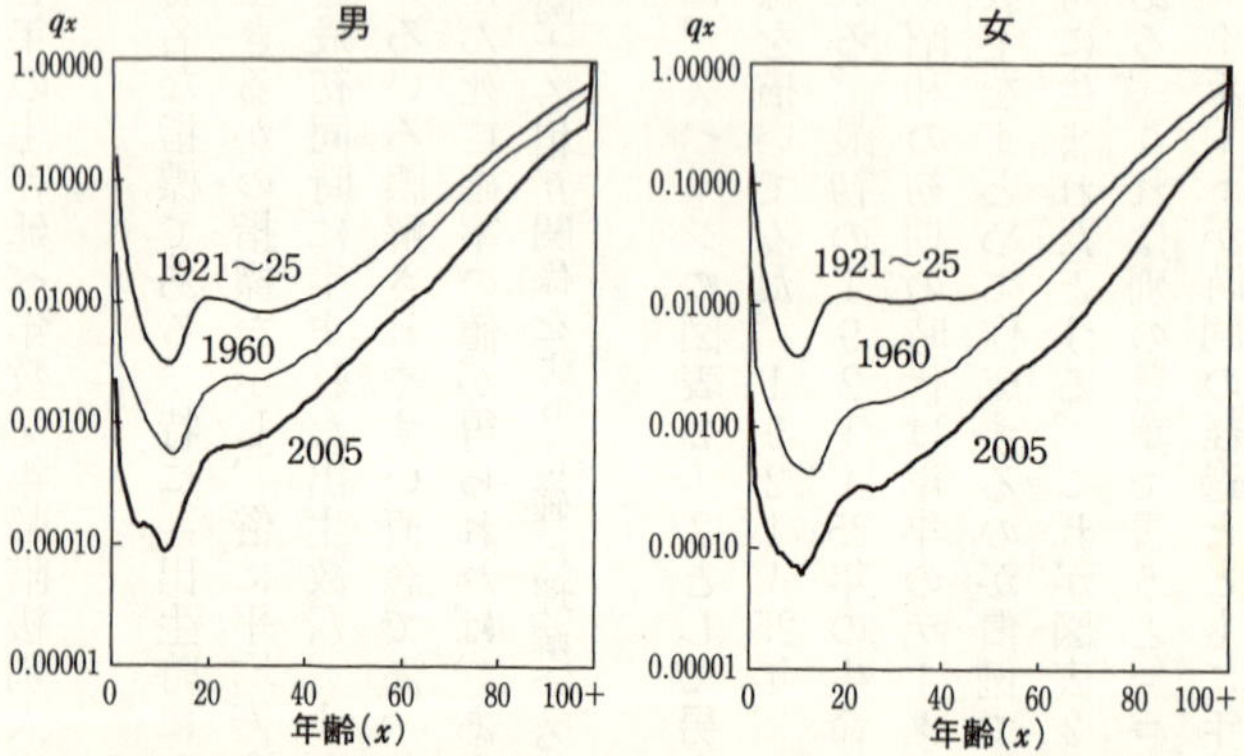

資料:厚生労働省大臣官房統計情報部(2002)『第19回完全生命表』;厚生労働省大臣官房統計情報部(2006)『平成17年簡易生命表』

亡確率にしたがってその成員を少しずつ失い、最後には1人残らず死んでしまう状況を示すものである。

図表2－2で見ると、1921～25年の生存数曲線は、男女ともに、生まれてから5歳までの間に一気に減少し、その後逓減が続くが、20歳頃からまた急速に減少し、50歳を過ぎるともとの10万人の半分になってしまう。次の1960年の場合では、生存数の減少は最初緩やかであり、40歳代で9万人を割るくらいの程度である。しかし50歳くらいから急速に減少する。最後の2005年の場合を見ると減少はさらに緩やかであり、9万人になるのは男性60歳、女性70歳前後である。80歳になるまで過半数は生存するが、それを過ぎると急速に減少する状況になっている。

何歳のときに何％生存するのかという具体的な数字を知りたいときは、生命表の生存数を見ればよい。図表2－1の2005年の女子生命表(3)欄を見ると、生まれたときは10万人で、20歳では（この場合20～24歳のところを見ればよい）9万9488人であるので、99・5％は20歳まで生きて成人式に出席できる。次に65歳まで何％生存するかといえば、65～69歳のところを見ればよく9万3069人であるので、93・1％が生存する。さらに80歳になったときにどれだけ生存するかといえば、生存数は7万6759人であるので、76・8％が生存することになる。

一方、大正時代の1921～25年当時の女性はどうであったかといえば、20歳のときにすでに69・4％に縮小し、65歳で3分の1近くの35・0％に減り、80歳ではわずか10・1％しか生存しなかったのである。女性の平均寿命は当時わずかに43・2年であったのに対して、2005年は85・5年であるので、平均寿命はほぼ倍増している。昔は生存確率が低く寿命が短い。現在は生存確率が非常に高く、したがって寿命が長いことがよくわかるであろう。図表2-2の生存数曲線の下のヨコ軸とタテ軸に囲まれた面積が生存総延べ年数であり、平均寿命の指標は生存総延べ年数を出発点である基数10万人で割るので、面積が広ければ広いほど、平均寿命が長いことになる。

さて、それでは図表2-2でどうして1921～25年の生存数曲線の下の面積は小さいのであろうか。特に幼少期に急速に生存数が減少するが、1960年そして2005年ではなかなか減少せず、老年期でも生存数が大きい。それは、1921～25年の時代では一般に死亡率が高かったためであるが、特に幼少期で高かったのが原因であり、1960年そしてさらに2005年では、死亡率が幼少期そして青年期に著しく低下しているからである。

そこで44ページの図表2-3を見てみる。この図は図表2-2のもとになる死亡確率の図である。ただし注意しなければならないのは、ここで示される死亡確率の年齢分布はタテ軸が対数目盛りになっていることである。なぜ対数目盛りを用いるのかというと、普通の目盛りだと若い年齢のところは死亡率が非常に低いので数値がヨコ軸すれすれに現れて、年齢間あるいは年次間の違いを明瞭に示すことができないからである。一方、年齢あるいは年次間の相対的違いは、言うまでもなくこの対数目盛りの場合でも変わらない。

この図表2‐3を見ると、近年年齢が高くなると死亡率は高くなる傾向にあることが理解されるであろう。人間は老人になれば死ぬのだからそれは当たり前ではないか、と思われるかもしれないが、実は戦前はおろか、かなり最近まで当たり前ではなかったのである。生まれたばかりの乳児は死亡率がゼロで、そこから年を取るにしたがい右肩上がりに高くなっていくのではないかと思われるかもしれないが、戦前は実はまったく違っていた。1921～25年頃はWの字が変形したような形をしていた。では、なぜ変形Wの形をしていたか。

第一に、幼少期の死亡率が非常に高く、生まれたばかりの乳児の死亡率は男女児ともほとんど80歳の老年に匹敵する高い死亡率を示していたのである。第二に、男女とも20歳前後のところが死亡率が高いのも特徴的である。それは主に結核による死亡のためであったので死亡率曲線の「結核瘤《りゅう》」と言われる。1960年には、乳幼児死亡率はかなり減少したが、しかしそれでもまだ高い。20歳代のコブもまだ残っているのである。

2005年の死亡率はだいたいJの字の形をしており、5歳未満の乳幼児期死亡率はまだ中年のそれに匹敵するくらい高い。しかし1921～25年に比べると非常に低下したことが認められる。一方、20歳前後のコブらしきものはまだいくらか残っている。この年齢が周辺部分と比較して幾分高いのは、今度は交通事故などによる死亡によって取って代わられているからである。

図表2－3で見るように5歳未満の乳幼児、そして特に1歳未満の乳児の死亡率がほかの年齢に比べて相対的に高いのは、一つには彼らが免疫力を十分に備えていないからである。乳児は生まれるまでは母親の胎内にいて保護されていたが、出産とともにいわば細菌の充満している環境に投げ出され、たちまちその犠牲になるケースが昔は非常に多かったと考えられる。しかし、最近では医療・公衆衛生の飛躍的発達によって肺炎、気管支炎、腸炎などの感染性疾患による死亡率は激減し、乳幼児死亡率そのものは大いに低下した。

ただし、先天奇形・変形および染色体異常のケース、そして出産前後に特異な呼吸障害、心血管障害などの死因による死亡は依然起きており、これらの死亡率はまだ著しく改善されているとは言いがたい。乳児死亡率が戦前圧倒的に高かったのは後天的あるいは環境的な要因による死亡であったが、この種の死亡は激減し、現在は先天的あるいは遺伝的な要因による死亡に集中している。

年齢のことを論じたので、男女の死亡率の比較をここで行いたい。1921～25年の平均寿命は男子42・06年、女子43・20年で格差は1・14年であった。1960年は男子65・32年、女子70・19年で格差は4・87年、2005年は男子78・53年、女子85・49年で格差は6・96年と、徐々に開いているのをみることができる。

戦前の大正時代や昭和の初期には男女差が1～2歳くらいしかなかった。元来女性は、女性ホルモンの働きで動脈硬化などの身体の老化を遅らせ、がんの発生や消化器の潰瘍《かいよう》を阻止

〈2-4〉生命表における生存数曲線と定常人口モデル

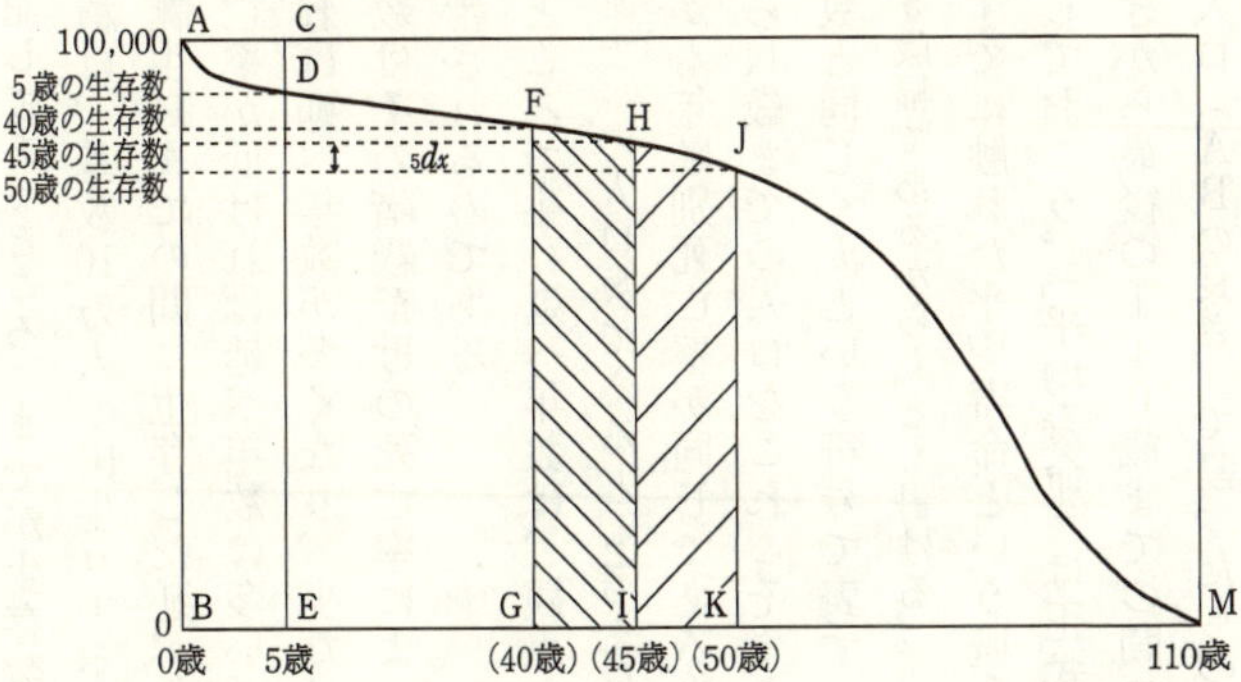

出所:筆者作成

する効果があると考えられている。

また男性に比べて喫煙や暴飲暴食をせず比較的規則正しい生活を行うので、長命である条件を備えている。戦前でも現在のように6~7歳くらいの差があってもしかるべきであったが、戦前の女性は、あまり衛生状況のよくない環境のもとで多産であり、妊産婦死亡率が高かった。また男尊女卑の因習のため家事・育児などで過重な労働を強いられる一方、朝は一番早く起き夜は一番遅くに寝て、食事は男性よりも貧しいという差別的慣行のため、特に15歳から35歳くらいまでは男子よりも結核などに罹《かか》りやすく、さらに死亡率全般も高かったと言われている。

定常人口と生残率

さて、図表2-4は図表2-2と同じく生存数曲線を示すが、生命表の定常人口の概念を説明するために特に用意した模式図である。図のAからM(110歳と記してあるところ）までが生存数曲線である。FGIHの4点によって決められた台形の面積は、基数10万人の出生コーホート（同時出生集団）が、たとえば40歳の誕生日から45歳の誕生日までの間に生存した延べ年数を表す。その間の死亡率が高ければ延べ年数は少なく、死亡率が低ければ延べ年数は多い。同時にまた40歳の誕生日になったときの生存数FGが多ければ延べ年数が多くなり、少なければ延べ年数は少ない。ある年齢階級における生存延べ年数はその階級だけの死亡率によって決まるのではなく、実はもっと若いときの死亡率にも影響されるのである。

ところで生存延べ年数は、観点を変えると40歳から44歳まで（40歳の誕生日から45歳の誕生日まで）の人口数であるとも考えられる。つまり、生命表は毎年出生数と死亡数が同じで、しかも年齢別死亡率が同じである人口モデルと考えることもできる。ここで例に挙げた40歳から44歳までの人口をこれこそまさに「定常人口」（stationary population）と呼び、生存延べ年数と同じく$_nL_x$という符号で表す（xは年齢階級の最初の年齢であり、nは階級幅を示し、普通は5歳幅であるから$_5L_x$とも書ける）。

すでに触れた平均寿命という概念を、この際おさらいの意味でこの図表2－4を使って説明しておこう。「平均寿命」は正式には出生時の平均余命であり、生まれたばかりの0歳のときから最後の110歳までの間の生存曲線の下にある総面積ABMを、出発点l_0の10万人の人口（ABの長さ）で割ったもので、$\mathring{e}_0$という符号で表現する。

さて${}_5L_x$の定常人口は5年経つと図表2－4の台形FGIHから台形HIKJへと移行する。5年間の経過で定常人口は死亡によって減少しているので、HIKJの面積はFGIHより当然小さい。そこでHIKJの面積、つまり45～49歳の定常人口の面積を40～44歳の定常人口の面積FGIHで割ったものが、5年経ち5歳年齢が増えた場合の生残《せいざん》率である。これは後で出てくるように人口推計などで盛んに用いられる。

なぜこのような生命表の定常人口モデルを作る必要があるのか。

こんなものをわざわざ作らなくても、生残率は現在の年齢構造を示す統計値、たとえば国勢調査の男女・年齢別人口から計算できるのではないかという疑問も生ずるであろう。しかし、そうはいかないのであって、一、二重要な理由がある。

第一に実際人口の年齢構造(人口ピラミッド)は毎年の出生数が異なる人口であり、純粋に死亡だけによって決定される人口ではない。

第二に実際の人口ピラミッドは過去の戦争、ベビーブームといった歴史的事象が関与した複雑な結果であり、これから年齢ごとの生残率は求められない。各コーホートの大きさが異なるからである。そのような場合に生残率は往々にして1を超えることがあり、それは本来あり得ない。一方、生命表の基数は毎年10万人生まれると仮定される出生数であるが、その定常人口は基数が死亡確率だけによって減少する純粋な理論的人口ピラミッドである。そこで得られる、たとえばある年齢階級の定常人口から次の年齢階級の定常人口への生残率はいろいろな面で応用できるのである。以下、二つの応用例について述べよう。

人口推計

一つは人口推計である。現在広く使われている方法はコーホート要因法というが、これは人口を男女・年齢別に分け、時間の経過にともなう人口構造の変化を見るものである。2005年に5歳の人口は2006年には6歳の人口になるが、その経過の途中でそのコーホート（同時出生集団）の人口は死亡によって必ず縮小する。その縮小率がすでに説明した生残率である。それは生命表の定常人口のL_6をL_5で割ったものである（ちなみに年齢幅が1歳の場合には、定常人口L_xの左下添え字1は書かない）。

推計で死亡率が将来改善される場合には、予想された生残率を用いて一つずつ該当する年齢人口に掛けて次の年齢の人口を計算する。年齢別人口は徐々に時間の進行による加齢とともに減っていくが、将来生残率が少しずつ増加すると仮定すれば、各年齢別人口の歩留まりは前よりも少し大きくなる。ただし将来人口推計で、死亡率が作用する過程だけでは、総人口は減少する一方なので、毎年出生によって次々と新しい人口が人口ピラミッドの底辺に追加される仕組みになっている。推計の方法については第9章でより詳しく解説する。

人口純移動の計量

〈2-5〉**東京都男子純移動人口の計算**　1975～80年

1975年国勢調査人口		5年間の生命表生残率	1980年国勢調査人口		1980年期待人口	1975～1980年純移動人口
年齢階級	人口		年齢階級	人口		
(1)	(2)	(3)	(4)	(5)	(6)=(2)×(3)	(7)=(5)−(6)
(1975～80年)出生数	409,204	0.98917	0～4	366,318	404,772	−38,454
0～4	494,161	0.99692	5～9	443,461	492,639	−49,178
5～9	439,780	0.99857	10～14	417,319	439,151	−21,832
10～14	381,516	0.99765	15～19	456,826	380,619	+76,207
15～19	431,843	0.99536	20～24	616,805	429,839	+186,966
20～24	727,833	0.99500	25～29	543,382	724,194	−180,812
25～29	715,564	0.99466	30～34	587,169	711,743	−124,574
30～34	546,627	0.99293	35～39	478,907	542,762	−63,855
35～39	454,288	0.98889	40～44	418,503	449,241	−30,738
40～44	420,324	0.98220	45～49	396,865	412,842	−15,977
45～49	345,119	0.97311	50～54	323,651	335,839	−12,188
50～54	249,464	0.96032	55～59	229,620	239,565	−9,945
55～59	192,895	0.93856	60～64	174,113	181,044	−6,931
60～64	178,252	0.89860	65～69	155,775	160,177	−4,402
65+	324,020	0.71989	70+	232,824	233,259	−435
全年齢	5,901,686			5,841,538	6,137,686	−296,148

資料：総務庁統計局『国勢調査報告』；厚生省『都道府県別生命表』（1975年と1980年）

第二に、生命表の定常人口に基づく年齢別生残率を用いて人口移動の計量を試みてみたい。日本の場合、5年に一度の国勢調査は、毎回男女・年齢別国内人口移動の量を調査しているわけではないし、また住民基本台帳・人口移動報告年報による統計では男女の別はあっても年齢別の数字が集計されていない。したがって、現在の日本の統計では男女・年齢別移動人口の情報が5年ごとには入手できないので、一般にこれを推定する必要がある。

図表2-5は東京都男子の1975年から80年にかけての年齢別人口移動量を推定したものである。(1)欄は5歳階級別年齢、(2)欄は年齢5歳階級別人口であり、(3)欄は1975～80年の間の生命表生残率である。これは原則的に東京都の19

75年と1980年の生命表から推定した数値である。1975年のある年齢階級の定常人口の生残率と1980年の同じ年齢階級の生残率の平均値を求めて使用することができる。生残率は前にも述べたように生命表の、ある年齢階級の定常人口を分母とし、5年経過した定常人口を分子として割ったものである。

(2)欄の1975年年齢別人口に対して1975~80年の年齢別生残率を掛けると、1980年における5歳年上の5歳階級別期待(理論)人口が得られる。これらの期待人口を1980年の実際人口と比較すると、期待人口が実際人口よりも多かったり、少なかったりする。もし実際人口が期待人口よりも大きければ、それはほかの地域から人口移動の転入超過があったことになる。逆に実際人口が期待人口よりも小さければ、人口移動の転出超過があったことを意味する。もちろんこのように実際人口と期待人口の差を人口移動量とみなすためには、国勢調査人口が正しく捕捉され、かつ生残率が正しく推定されていることが前提である。ここで注意すべきは、人口移動には純移動とそれぞれの移動の流れというものがあり、以上の方法では純移動しか計測できないことである。

移動はA地域からA地域以外へと動く。あるいは逆にA地域以外からA地域へと動く。今地域を県としてA県とA県以外の46都道府県との間で動く移動を考える。A県以外の県をNon-A県とする。さてA県とNon-A県の間に起こる人口移動には、A県からNon-A県への移動とNon-A県からA県への移動が同じ期間に起こるのが普通である。人口移動の指標としては、そのような具体的な移動流 gross migration（日本語の適当な用語はできていない）と、A県からNon－A県への移動とNon－A県からA県への移動の差をとった純移動 net migration がある。いまA県からNon－A県へある年6万人の移動者があり、Non－A県からA県へ4万人の移動者があったとすれば、A県からNon－A県へ2万人の転出超過があったことになる。図表2－5で説明した人口移動の残差法による計量によれば、われわれが得ることができる数字はこの2万人という数字だけであり、途中経過のA県からNon－A県への6万人、Non－A県からA県への4万人という移動流の数字はわからない。いわんや、もっと具体的なA県からB県への移動流は不明である。

もう一つ考慮すべきは次の点である。図表2－5で示した例の場合、1980年の実際の東京都における男子5～9歳人口を、1975年東京都の男子0～4歳人口に基づく1980年の5～9歳期待人口と比較するという操作を行っている。それでは、1980年の国勢調査から得られる実際の男子0～4歳人口と比較すべき男子期待人口はどこから得るのかという疑問が生じよう。この1980年0～4歳の男子期待人口は、1975年の調査時点から1980年の調査時点の間に生まれた男児出生数の5年間の累積から得られたものである。ただし、1975～80年間の出生児数すべてが1980年の0～4歳人口となるわけではない。この出生児ももちろん死亡の危険にさらされている。5年間に生まれた累積男児出生数に生命表の生残率を適用することによって、1980年に0～4歳として現れる（生存する）男子人口を推計することが必要である。その場合生残率はどのようにして計算するかの考え方を以下述べる。

すでに引用した図表2－4をもう一度見ていただきたい。生命表で5年間に生まれた男児出生数はl_0つまり10万人の5倍である。これが長方形ＡＢＥＣである。ところが5年後にその累積出生数が0～4歳になる人口はどれだけかというと、そのいくらかは死ぬので、これは0～4歳の定常人口、つまり図の台形（厳密には台形ではないが）ＡＢＥＤである。そこで5年間の出生児数が0～4歳人口となる確率は台形ＡＢＥＤの面積を長方形ＡＢＥＣで割ったものになる。ここで説明上単純にすると、この生残率を１９７５年の調査時点と１９８０年の調査時点の間に生まれた40万９２０４人に掛けたものが１９８０年０～４歳の期待人口である（図表2－5参照）。ただし前にも述べたように、実際の推計作業で用いる生残率は、同じ年齢階級0～4歳に対する１９７５年の生命表から得られた数値と１９８０年の生命表から得られた数値との平均値であることが望ましい。

図表2－5に示された１９７５～80年における東京都の移動人口の年齢構成を観察すると、当時の都道府県内の人口移動のパターンが現在とは異なるところがあって興味深い。１９７５～80年当時東京は転出超であった。しかも15～24歳の年齢以外は全部転出超になっているのは、東京都を中心とする周辺県（千葉、埼玉、神奈川県）の衛星都市化、あるいはベッドタウン化の効果であると考えられる。つまり、東京都は首都圏の中心として他の地域からの

人口流入を引き付ける巨大な磁石であっても、都内の住宅地域の狭隘《きょうあい》性と当時の土地価格の高騰によっていわば人口の「ドーナツ化」が起こり、都内に働く多くの就業者とその家族は周辺のベッドタウン県である千葉、埼玉、神奈川県、そして茨城県に移り住んでいたのである。もっとも最近は、バブル期と比べての東京都の地価下落、高層マンション建築、あるいは年齢構成の変化などによって、かつて周辺に転出した人口の東京都、特に都区内への回帰がみられ、現在、東京都が日本で一番転入超過の大きな都道府県単位の行政地域になっている。

平均寿命の真説

さてここで一、二点、生命表の解釈について補足したい。戦前は日本人の平均寿命は短く、男女ともに40歳代にすぎなかった。ところが戦後飛躍的に延びたことが知られている。たとえば1935〜36年の平均寿命は男子46・9年、女子49・6年であったが、2005年には男子78・6年、女子85・5年となった。四捨五入して男子は32年、女子は36年延びたことになる。そこでいまの老人は昔より30年以上長生きをするようになったとよく言われる。

しかし、これは生命表の平均余命という概念を十分理解していない誤りである。戦前から現在まで平均寿命が30年以上延びたのは主として戦前猛烈に高かった乳幼児死亡率や、20歳前後の青年を蝕んだ結核による死亡率が激減したからである。平均寿命、つまり出生時の平均余命は老人のところだけの生存率ではなく、子どもや青壮年の生存率も考慮に入れた総生存延べ年数を出生児数で割ったものである。であるから、極言すれば老人の生存率そのものは拡大しなくても、若い年齢で増加すれば平均寿命は延びることになる。

もちろん、実際は老人のところでも延びることは延びる。だがその延びは出生時の余命と比べてかなり短いのが真相である。いま65歳の男子がさらに何年延びるかというと、1935~36年の9.9年から2005年の18・1年へとわずかに8.2年延びただけである。次に75歳のところの余命は5.7年から11・1年へとわずかに5.4年の伸長にすぎない。女子の場合、それぞれ11・3年、8.2年の伸長にすぎない。とても老人が30年以上長命になったわけではないのである。

41歳死亡説という俗説

ところで、世の中にはいろいろなことを言う人がいるものである。現在の若者たちは飽食、残留農薬などの毒性の添加物混入食品の摂取、ファーストフードの過度の摂取などによる蛋《たん》白《ぱく》質の過剰、カルシウム不足、運動不足、生活環境の悪化などによるマイナス要因のために、逆に短命になるであろう、という俗説が少し前の1990年頃に盛んに言われた。実はいまでも時々こういう考え方を言う人がマスメディアに現れる。

さらに、これから日本人の平均寿命は41歳になるという珍説がある有名な学者によって唱えられ、メディアにも盛んに登場したことがある。たしかに近年の若者の生存環境の一部は悪化しており、それがこれまでほとんど直線的に延びてきた平均寿命の将来に翳《かげ》りをもたらすであろうということはある程度理解できないこともない。しかし、1990年当時でも男子は76年の平均寿命があったのだから、それが41年になるというのは穏やかではない。41年というと1921〜25年の男子42・1年、女子43・2年よりも低く、そのように低くなるためには男子は25歳までに70%しか生存せず、また50歳までに半分は死んでしまわなければならないが、本当にそうなのかと大いに疑問を抱くのである。

この学者氏の珍説の根拠を、何度も読んでみたが、よくわからないし、その根拠は薄弱である。しかし全体として、この人が言わんとするところは、一種の異質論である。異質論については第1章の終わりに縷々《るる》と述べたが、つまり現在寿命が延びたのは、昔は淘汰《とうた》されて死んだはずの身体的弱者が現在では死なずに生きるために導き出された数字のアヤにすぎないと言うものである。だから明治・大正生まれの生命力の強い老人が死んだあとには、近代医学と西洋式栄養食で無理矢理生き延びさせられた人たちが残るだけで、彼らは中年あたりからどっと死にはじめる。だとすると彼らの平均寿命は決して高いはずはないと言うのである。

これは、有名なアメリカにおける白人と黒人との年齢別死亡率曲線が中高年のところで起きる逆転を思い起こさせる。すでに前章で触れたように黒人の死亡率は中年までは高いが、以後逆転して白人より低くなる。それは虚弱な黒人は壮年期までに多く死んで、生命力の強い黒人だけが残り、彼らの高齢期の死亡率は虚弱者を高齢期においても多数抱えた白人グループよりも低くなるという理屈である。ただし、最近のアメリカの研究によれば、その理由の大部分は黒人の老人死亡統計が白人のものよりも届け漏れが多いためであり、実際には白人と黒人の死亡率の逆転は80歳までには起きないことが明らかにされている。

さて以上の、最近の若者は早死にするとの異質論にはうなずけるところもあるが、最近の日本における「虚弱者」は実は昔の「強壮者」よりもっと長生きする可能性も十分ありうる。昔は6人も7人も子どもを産み、出産間隔が短かったから、強い子どもといってもいまの子どもよりも生存条件は非常に悪かった。出生時の体重も大きくなかった。そして、肺炎、結核、赤痢、疫痢などの感染症の猖獗《しょうけつ》は著しく、またほとんどがお腹に回虫を抱えていた。栄養も住宅環境も現在よりはるかに劣悪であった。これらの悪条件に耐え、それをかいくぐって生き延びた人が現在の同じ年齢の人たちと比べて強いとは限らない。やはりそのような多くの悪条件にさらされれば、強い生存の遺伝子を持った人といえども、実は相当なダメージを蒙っていたと考えるほうがより妥当であろう。前述の学者氏は現在の若者の生命力をあまりにも過小評価しており、41歳という低い平均寿命は実は19世紀の終わり頃の平均寿命にすぎないのである。

現在の若者は飽食で、食品添加物の多い食品ばかりを食べ、運動不足で人工的な環境に住むために不健康だと聞くが、しかしほかの条件、たとえば全般的な栄養水準、衣服、住居、教育、医療、保健の面で、そしてさらに国民皆保険制度の恩恵というような点で格段に勝る。どうみても、21世紀の若者たちが現在の経済発展、質の高い生活水準、整った医療制度から享受するプラス要因は、彼らの一部が蒙るいくばくかのマイナス要因を打ち消してなお十分に余りあるのである。

平均寿命伸長の背景

あらためてここで平均寿命伸長を考える。図表2－2に戻りたい。日本の戦前1921～25年、1960年、2005年の生存数曲線が描かれている。この曲線とタテ軸、ヨコ軸とに囲まれた面積が平均寿命の相対的な水準を表すことは何度も述べた。1921～25年と2005年を比較すると、最近いかに若い年齢の部分で生存述べ年数が増加したかが明白である。

戦前はおろか20世紀前半までは日本人の死亡は、出生後5歳未満の乳幼児がもっとも多かった。一方、現代の日本人はどの年齢で死亡するかというと、言うまでもなく老齢になって死ぬのである。人間は老齢になると、内臓器官や血管が古びて、これまで強壮であった生命保持機能が低下し、さらに免疫力も落ちて死にいたる。現在老人はいわゆる成人病、すなわちがん、脳血管損傷、および心疾患によって約6割が死ぬ。くわえて肺炎の影響がある。これが老人に集中しているのは、老人になると加齢による免疫力の低下も原因であるが、もう一つは相当の数の老人ががんを患《わずら》い、治療の過程で免疫力が衰え肺炎で死亡する場合があるのである。また脳血管損傷によって食べ物をのみ下す活動がうまくいかなくなり、一部が肺に入り込んで肺炎を起こすケースがあるとも聞く。これらは単なる伝染性・感染性疾患による死亡の増加というよりも、これまで経験したことのない高齢化にともなう新しい局面の出現によって成人病と感染性疾患が結びついた死亡率上昇のケースである。

この章は人口学でもっとも基礎的かつ重要なモデルの一つである生命表の意味と考え方を紹介するのが目的であり、死亡率低下の要因・背景についての議論を行うところではないが、話のついでに、なぜ平均寿命が歴史の流れに沿ってほぼ一貫して伸長してきたかを簡単に述べておきたい。

平均寿命は近代化とともに伸長してきた。それは一般に文明の進歩、生活水準の向上、栄養の改善、公衆衛生・医療水準上昇にともなってきた。生活水準あるいはいわゆる国民の民度に関するさまざまな指標がこれまでいろいろ作成されているが、平均寿命はいつもそのなかの中核的指標となっている。

イギリスの医者で、かつ歴史学者であり人口学者でもあった、マキューン（Thomas McKewon）は、欧米社会における生活水準の向上、特にそれにともなう栄養水準の改善が平均寿命の伸長にもっとも貢献したと主張する。たとえば、イギリスの人口史において、死

〈2-6〉１人当たり国民所得と平均寿命の関係

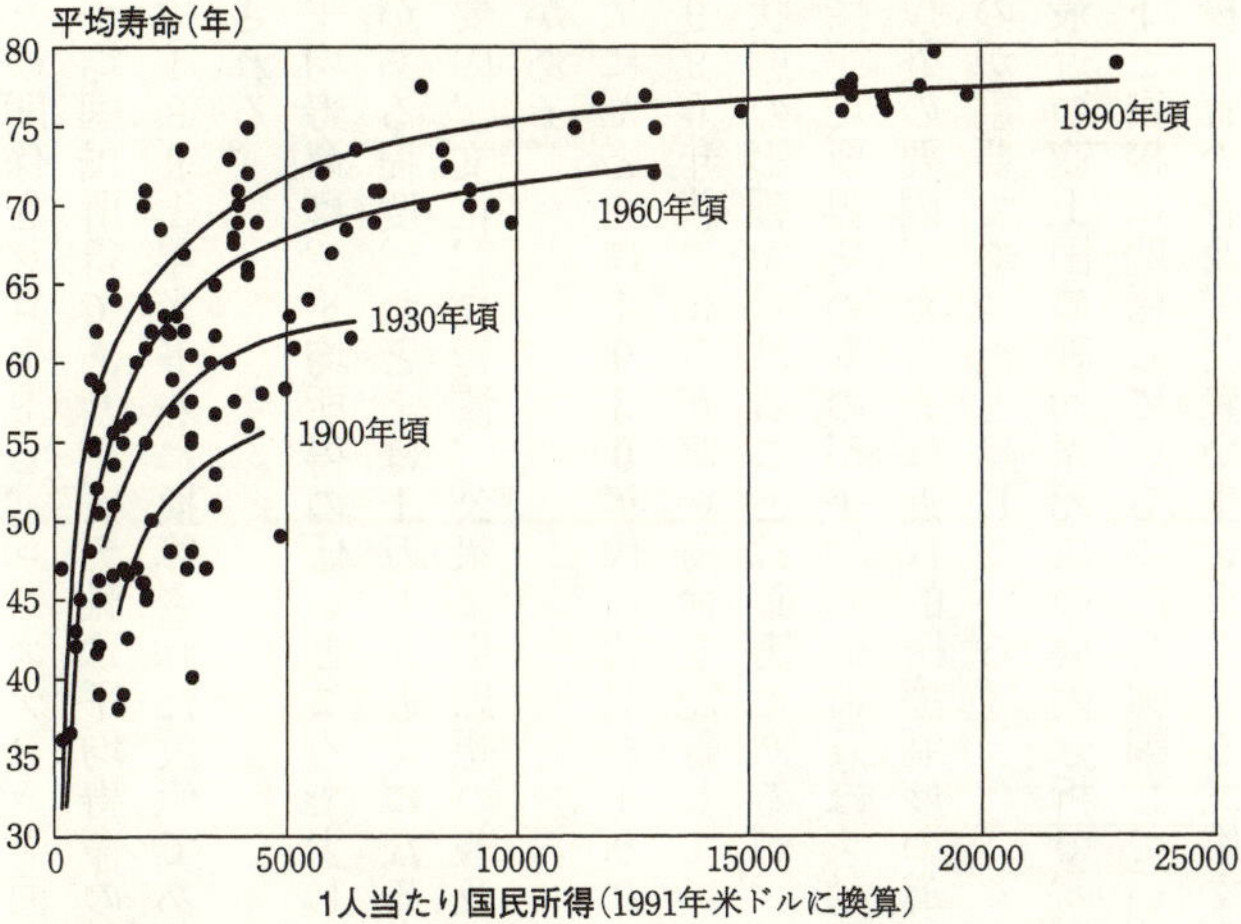

資料：World Bank. 1993. *World Development Report 1993 : Investing in Health*, New York : Oxford University Press.

亡率の長期にわたっての著しい低下がすでに近代医学の進歩や公衆衛生の施策が行われる前に既成事実としてみられるという。しかしマキューンのこの観察は、いまにしてみると不確かなデータに基づいており、必ずしも厳密な実証分析によって行われてはいないとの批判がある。

プレストン（Samuel H. Preston）の有名な、死亡率と社会経済的な要因との関連に関する一連の研究に基づいて、世界銀行が新しいデータを用いて行った分析によれば、経済発展にともなう平均所得上昇の平均寿命に対する効果は決して無視することはできないものであると論じている。図表2-6は、1900年、1930年、1960年、1990年における各国の1人当たり国民所得と平均寿命との関係をプロットし、ロジスティック曲線を当てはめたものである。ヨコ軸は1人当たり平均国民所得であり、タテ軸は平均寿命の年数を表す。それぞれの年の1人当たり国民所得は1991年米ドルに換算された数値である。そこで、二、三の興味ある関係が浮き彫りにされる。

平均寿命は、平均所得の低いところで少しでも上昇すれば、急角度に上昇するが、平均所得がある程度、たとえば1万ドル近くになると上昇が緩やかになる。それから先は所得以外の要因、文化、食習慣、公衆衛生思想の普及の違いといったものが平均寿命を左右する可能性がある。

次にたとえば1930年代の状況を1990年代のそれに比較すると、同じ平均所得でも1990年代のほうが高い寿命を記録している。一国の平均寿命の伸長が生活水準、特に栄養状態の影響を受けることは確実であるが、プレストン自身は、世界全体の状況を歴史的にみて平均所得そのものが平均寿命に及ぼす効果はせいぜい25%程度であり、あとの75%は所得以外の要因、たとえば近代的医療制度の導入、教育水準の向上、衛生知識の普及といったものが重要であったと論じている。

最近の途上国の乳幼児死亡の要因分析で、プレストンは教育と衛生思想の伝播《でんぱ》が死亡率の低下と密接に関係していることを強調している。さらにこれと関連して、特に女性に対する学校教育の普及、公衆衛生を重んずる民族文化が重要だと論ずる。また19世紀より以前のヨーロッパで、裕福であったはずの貴族階級の乳幼児死亡率が当時経済的に恵まれなかった農民と比べて決して低くなかったことに言及し、平均寿命を決定する要因として、有効な科学的知識と衛生思想の伝播・普及が大事であったことを指摘している。

生命表の多様な貢献

生命表はもっとも基本的な人口モデルの一つである。人口学のバックボーンと言ってもよい。与えられた死亡確率にしたがって当初の出生コーホートが加齢とともに減少する一方、一部は生きて生存延べ年数を重ねていく、あるいは別の解釈としてそれは年齢別人口を形づくり年々総死亡数と同じ数の出生コーホートが追加される定常人口として見立てることもできるという考え方は、のちに人口学各方面での生命表形式の研究・分析をもたらした。次章で説明する少子化関連の重要指標である純再生産率、人口置換え水準の計算、第9章で解説する将来人口推計は、この生命表の基礎概念の応用なくしては行うことができないものである。近年発達した多相生命表、あるいはイベント・ヒストリー分析と言われる分析法の基本的考え方は、時間的経過をともなうA状態からB状態への推移確率による変化という考え方と生存延べ年(月)数の概念に基づいている。生命表モデルのこれらの多変量的解析モデルへの発展とその評価は大変興味深いが、話が技術的すぎるので本書ではその解説を割愛する。

第3章　少子化をめぐる人口学

出生率を表す指標

近年新聞、テレビで「合計特殊出生率」という言葉を少子化問題との関連でよく聞くようになった。合計特殊出生率は出生率のレベルを適切に表現する代表的な指標だからである。しかし、合計特殊出生率はかなり専門的概念で誤解を受けやすい指標でもある。最近は日本人口学会で「合計出生率」とも呼ばれるようになった。

出生率の水準を表現する指標には、ほかにも「粗出生率」「総出生率」といったものがある。粗出生率は、たとえばある年の1月1日から12月31日の1年間に生まれた出生数を分子としてそれに対応した男女を一緒にした総人口（普通1年の真ん中である7月1日の人口）で割ったものである。総出生率という指標は分子の出生数は同じだが、分母は出産活動に従事できる15～49歳（「再生産年齢」）女子人口の総数であり、出産活動に従事できる人口だけに制限している。

粗出生率は非常に簡単に求められるが、第1章で説明したように、年齢構造が異なるほかの時点の人口やよその国・地域との比較が難しいという欠点がある。なにより、粗出生率は分母の総人口に生殖に関与しない幼児や高齢者も含まれ、指標としては大雑把なものである。一方、総出生率は出産の可能性を持つ年齢の女子人口に分母を限定した点で年齢構成の違いの影響をかなり排除している。しかしそれでも、女子の再生産年齢の構成が違うと、時系列的に、また国際的に厳密な比較ができない。

実は、出生率の水準を表現する指標として「完結出生児数」というものもある。これは国立社会保障・人口問題研究所（以下、社人研）が「出生動向基本調査」で用いる指標で、結婚持続期間が15～19年の夫婦の平均子ども数を示したものである。定期的にこのような大規模の出産力調査が行われている場合にのみ得ることができる。

合計特殊出生率とは何か

合計特殊出生率は、最近もっともよく使われる指標である。これは簡単に言えば、女性の再生産年齢（15～49歳）のそれぞれの年齢別出生率を合計したものである。元来この指標は英語の total fertility rate の訳であり、直訳すれば合計出生率であるが、先に記した総出生率と混同されないためもあり、またそれぞれの年齢別出生率は年齢別「特殊出生率」とも言われ、それらを合計するという意味もあって、これまで「合計特殊出生率」と言ってきた。

ここで注意しなければならないのは、年齢別出生率の分母は女子人口であり、有配偶女子だけに限るものではないということである。つまり、長所は各年齢階級の大きさは皆同じと考え、したがって各年齢階級の重み（ウェイト）は全部1であるので、この率が粗出生率のように年齢構成によって影響を受けないことである。もう一つの長所は、そこで示された年齢別出生率のとおりに子どもを産んだとして、1人の女性が再生産年齢15〜49歳を通過する間に（つまり一生を通じて）産む平均子ども数を意味し、人口研究者以外の人にも理解しやすい指標となっていることである。

さて、次ページ図表3－1は1930年、1970年、2005年の年齢別出生率を示したものである。1930年と比較して、2005年の年齢別曲線がいかに縮小しているかが明白であろう。ちなみに、1930年の合計特殊出生率は4・72、1970年2・13、2005年1・26である。

これらの出生率の年齢パターンを見ると、年次によって異なるが、共通点は10歳代から出生率は上昇し、20歳代にピークとなり、30歳代になると低下しはじめ、30歳代後半、40歳代になると大いに減少することである。このことは言うまでもないが女性の出生率が年齢という生物学的条件によって著しく左右されていることを示している。

参考までに次ページ図表3－2で、ハテライト（Hutterites）というアメリカ北部からカナダ南部にかけて住む、特殊な宗教集団に属する女性の受胎確率を示そう。ハテライトについては第5章で詳しく説明するが、避妊・人工妊娠中絶という人為的な出生抑制行為を宗教的

〈3-1〉 日本人女子の年齢別出生率　1930、1970、2005年

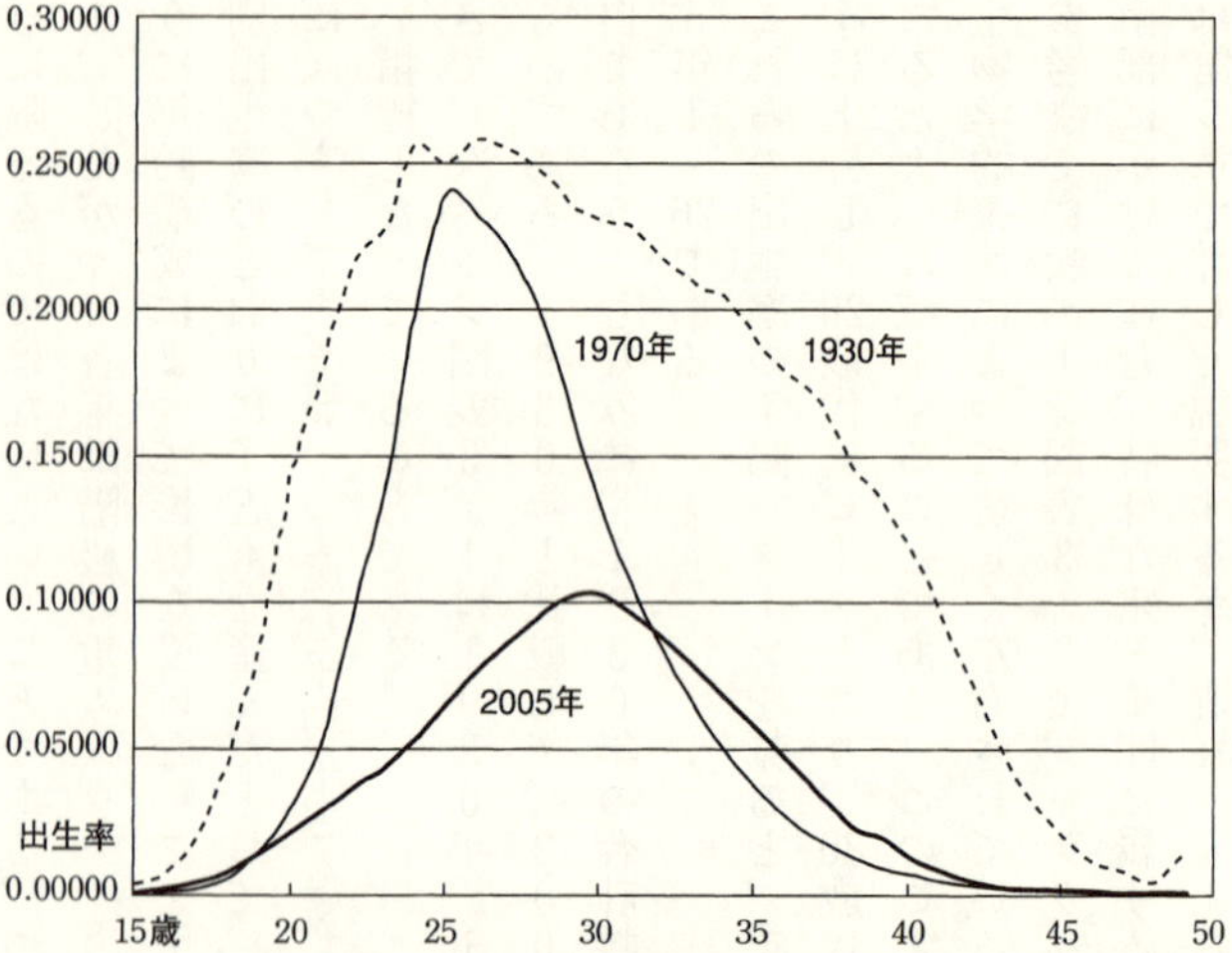

資料：国立社会保障・人口問題研究所（2007）『人口統計資料集 2007』

〈3-2〉 北米ハテライトの経験に基づく
女子年齢別平均受胎確率モデル　（月単位）

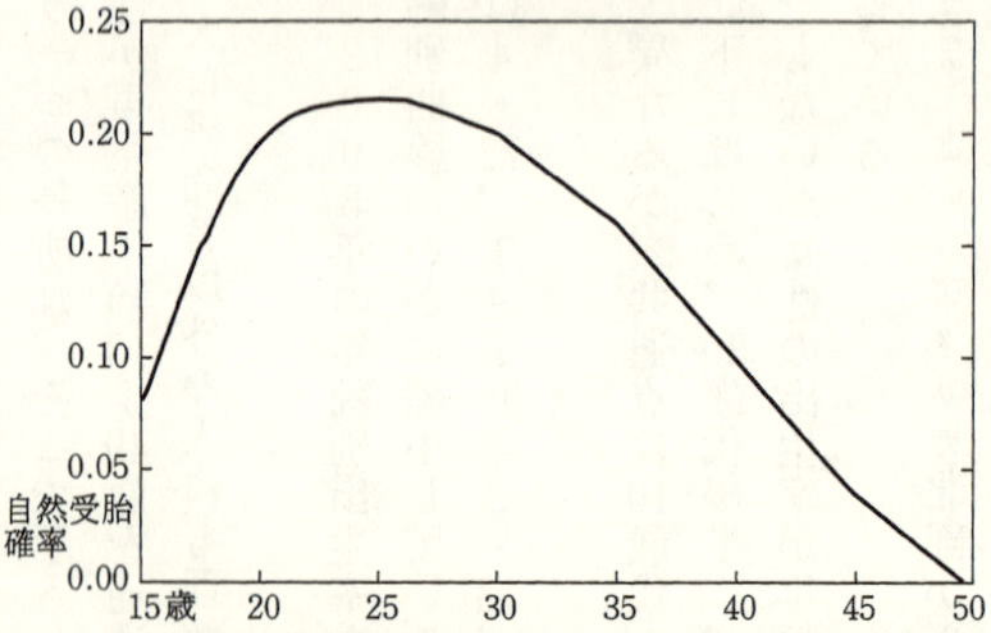

出所：河野稠果ほか（1984）『出生力の生物人口学的分析』厚生省人口問題研究所

理由から一切行わない白人の集団である。彼女らは1人当たり平均10人前後という高い平均出生児数を示す。

この図表3－2で示した自然出生力に近いハテライト受胎確率の年齢パターンと図表3－1の日本人女子の出生率の年齢分布とを比較してみよう。

ハテライトの場合、20歳代に入り受胎確率は最高の状態に達する。しかし27歳を過ぎると低下しはじめ、35歳になると最高時の4分の3くらいに減少する。一方、日本人女子の場合はどうか。1930年、1970年、2005年の年齢別出生率はいずれも20歳代後半をピークとする年齢分布を示すが、強いて言えば1930年の年齢パターンがハテライトに似ている。1930年に出産可能な年齢にあった日本人女子は、現在よりも早婚かつ皆婚であり、彼らは人為的な産児調節をほとんど行っていなかったと考えられるので、ハテライトのような自然出生力に近い年齢パターンを示しているのである（ただし、図表3－1は年平均、図表3－2は月平均の数字を示している）。

「丙午」という現象

すでに述べたように、合計特殊出生率は出生率の水準を表す指標としてもっともよく用いられ、容易に計算され、現在の出生力の一番新しい状況をいち早く表現できる長所がある。人口推計にあたってはこの指標を用いるが、いくつかの一般に知られていない制限がある。

第一に、この指標は結婚を考慮していない。つまり、これは現在結婚している有配偶女性だけの出生率ではなく、未婚者、死別者、離別者も分母に含んでいるのである。したがって、有配偶女性が子どもを平均2人出産したとしても、再生産期間で有配偶率が70％であれば、合計特殊出生率は1.4となってしまう。

1970年に女性の有配偶率は、20〜24歳27・7％、25〜29歳80・4％、30〜34歳90・0％であったが、2005年には20〜24歳10・4％、25〜29歳38・2％、30〜34歳62・7％と著しく減少している。これだけ出産適齢期の有配偶率が減少すれば、日本では女性の婚外出産は稀《まれ》であるので、合計特殊出生率が低下するのは容易に理解できる。

第二に、先進国の合計特殊出生率は年間の上下変動が時にしてあるが、それは往々にして出生の産み控えや産み戻し（キャッチアップ）によるもので、本質的なものではない場合があることである。有名な例が1966年、丙午《ひのえうま》の年における出生率激減現象である。この年の合計特殊出生率は1・58と人口置換え水準をかなり下回り、その前後の年に比べて異常に低かった。1965年は2・14であり、1967年2・23、1968年は2・13と高かったのである。

当時、筆者はニューヨークの国連本部に勤務していたが、この1・58という数字は統計書の印刷ミスではないかと多くの欧米の人口学者から訊ねられたものである（後出の図表3－7にもその当時の合計特殊出生率の低下状況が示されている）。余談だが、真っ先に筆者の部屋に飛びこんできたのは、序章で触れたソービー先生（当時ニューヨーク国連人口委員会出席）である。

話を戻そう。1966年の現象は、その年に生まれた女児がのちに家庭に不幸をもたらすという迷信のために、かなりの数の夫婦がその年の出産を産み控え、前年の1965年にいち早く子作りをしたか、翌年以降に出産を延ばしたためであった。したがって、1966年単年の合計特殊出生率だけを見て当時の出生率が非常に低いと解釈するのは誤りである。丙午の低出生率はその時代の一般的な水準を代表するものではなく、出産のタイミング効果によってもたらされた異常なケースである。

合計特殊出生率の計算

さて、具体的にその算出方法をみてみよう。

次ページ図表3-3は2000年の合計特殊出生率、およびこれに関連する総再生産率、純再生産率の計算方法を示したものである。(1)欄は年齢階級、(2)欄は2000年の国勢調査による年齢階級別女子人口であり、(3)～(5)欄はそれぞれ母の年齢階級別男女児合計出生数、男児出生数、女児出生数である。(6)欄は(3)欄の母の年齢階級別男女児合計出生数を(2)欄の該当する年齢階級別女子人口で割ったものである。これを15～49歳の年齢階級の間で足し上げ5倍したものが合計特殊出生率となる。

〈3-3〉 合計特殊出生率、総再生産率、純再生産率の計算方法　2000年

年齢階級	女子人口	出生数			出生率		女子の定常人口	純再生産率 (7)×(8)/100,000
		総数	男	女	合計特殊出生率 (3)／(2)	総再生産率 (5)／(2)		
(1)	(2)	(3)	(4)	(5)	(6)	(7)	(8)	(9)
15～19	3,624,507	19,772	10,352	9,420	0.00546	0.00260	497,315	0.01293
20～24	4,045,490	161,364	82,871	78,493	0.03989	0.01940	496,727	0.09637
25～29	4,731,769	470,842	242,110	228,732	0.09951	0.04834	495,980	0.23976
30～34	4,243,244	396,908	203,952	192,956	0.09354	0.04547	495,045	0.22510
35～39	3,942,893	126,411	65,091	61,320	0.03206	0.01555	493,748	0.07678
40～44	3,823,395	14,848	7,561	7,287	0.00388	0.00191	491,855	0.00939
45～49	4,409,458	402	211	191	0.00009	0.00004	488,950	0.00020
総計	28,820,756	1,190,547	612,148	578,399	1.37215	0.66655	−	0.66053

註：合計特殊出生率、総再生産率はそれぞれ(6)欄、(7)欄の5倍
出所：国立社会保障・人口問題研究所（2002）『人口統計資料集 2001/2002』

なぜ5倍か。それは(1)欄が5歳単位だからである。たとえば15～19歳の年齢別特殊出生率0・00546はこの年齢階級に属する女子人口の各歳平均出生率であり、それは1歳幅の値にしか相当しない。ところがこの階級は5歳の幅を持っているので5倍しなければならないのである。

したがって、合計特殊出生率の簡単な計算法として、(6)欄の数字を足し、5倍する。図表3－3に掲げるとおり、合計特殊出生率は1・37215となる（実際は小数点以下2桁くらいに切り1・37として用いる）。

次に総再生産率である。総再生産率とは、合計特殊出生率の女性版とも言うべきものである。子どもを産むのは女性であり、母親と次の世代の女性との間の人口再生産の状況をみるのに役立つ。

(7)欄は、合計特殊出生率の場合と同じ方式で今度は(5)欄の女児出生数を(2)欄の女子人口で割ったもの

であり、これを足して5倍すると総再生産率はまるめて0・67となる。ちなみに最新の2005年の数値は0・61である。

純再生産率は総再生産率に対して死亡率（生残率）の要素を加味したものである。そして生残率の効果を表すものとして観察年の生命表の定常人口を用いるのが普通である。それが(8)欄であり、それに(7)欄の女児が生まれる年齢階級別出生率を掛けた積を生命表の基数10万人で割った数値を、総再生産率の場合と同様15歳から49歳まで足し上げたものである。それが(9)欄のまるめて0・66の純再生産率である。そうすることによって、同時に10万人生まれた女性が子どもを産み終わる年齢に達するまでいくらかは死ぬとして1人平均何人の女児を産んだかが求められる。純再生産率の場合、定常人口にすでに5歳階級のものを使っているのでここでさらに5倍する必要はない。

純再生産率は生残率を考慮して、1人の女性が次世代で何人の女性に置き換わるかを示す数値であり、これが1より小さければ、次世代の規模は縮小し、1より大きければ拡大する。またちょうど1ならば次世代は過不足なく親世代に置き換わる。2005年の純再生産率は死亡率の影響が微弱で総再生産率と同じ0・61である。

人口置換え水準——人口維持のための数値

さて、いままでは出生という観点から人口についてみてきた。ここでは死亡の要因も含めた人口の動態の観点からみていきたい。簡単に言えば、同じ人口規模を維持するために親世代・子世代が1対1で置き換わることである。このことを人口学では1対1の「人口置換え水準」と言う。言い換えれば純再生産率1.0である。この人口置換え水準という概念は、人口移動がないと仮定して、それを超えればやがて将来の人口は増加し、それを下回れば減少するといういわば人口増加・減少の分水嶺を表す指標であり、将来人口推計、そして現今は将来の人口減少を論ずる際に大いに有用である。

人口置換え水準とは非常に簡単に説明すると次のようである。同時に生まれた100人の女性（母親）が次の世代の100人の女児を産むと、1対1の人口再生産が行われる。だが、100人の母親は100人の女児だけ産むのではない。現在の日本の場合、男女の出生性比は105である。したがって男児は105人生まれてくる。またこの男児がいなければその次の世代の子どもは生まれない。死亡の影響がなければ、100人の母親が205人の子どもを産めばいい。そうすれば1人の母親に対して2・05人の子どもとなる。しかし、実際には同時に生まれた100人の女性が成長し、15歳から再生産年齢に入り49歳になるまでに何人かは死亡する。そうすれば彼らが1人平均2・05人だけ産んだのでは次の世代の1対1の再生産をまかなうためには足りないことになる。

日本のように現在世界でもっとも死亡率の低い国であっても、次の世代の子ども数は2・05人でなく2・07人を必要とする。人口置換え水準は計算上、合計特殊出生率を純再生産率で割れば求められる。2005年の合計特殊出生率は1・26であり、これを純再生産率0・61で割れば2・07となる。これが人口置換え水準の考え方であり、先に述べた純再生産率1.0に見合う合計特殊出生率である。したがって、この人口置換え水準は、固定的なものではなく、死亡率の水準に応じて変動する。死亡率が高く平均寿命が低い国では、置換え水準は3.0よりも高いことがある。現在先進国は2.1前後であるが、途上地域は2.4を必要としている。サハラ砂漠以南のアフリカは平均2.9である。

日本の1930年当時の置換え水準は3・09であり、1950年では2・43、1960年でも2・18必要であった。置換え水準が2・10以下になったのは1975年以降であり、平均寿命が女性76歳になってからである。

期間出生率とコーホート出生率

いままで述べてきたように合計特殊出生率はこれまで長い間多くの人口学者や内外の人口研究所によって使われてきたが、必ずしも出生力の現状を十分捕捉しているわけでなく、完全な指標ではない。

実は、一般に用いられる指標は、正確には「期間合計特殊出生率」あるいは「年次別合計特殊出生率」と言われ、ちょうど大木の幹を真横に切断してその年輪を見るように、人口の流れをある時点で切断しその横断面に現れた年齢別出生率の合計を示すものである。これに対して、特定の年次ではなく、コーホート、つまり同時に出生した集団について計量するという方法もある。たとえば、2000年の20歳の女性は翌年2001年には21歳になり、2002年には22歳になるというように、1年経つと年齢が1歳加わる状況になる。このように出生を時間軸に沿って観察し、その年齢別出生率をいわば斜めに合計する出生率指標を「コーホート合計特殊出生率」と呼ぶ。

さて、ここで重要になるのが「コーホート」(cohort)という考え方である。すでに第1・2章でも少し触れたが、同じ年に生まれた人口集団という意味である。もともとコーホートはローマ帝国の軍団の編成単位を示す言葉である。コーホートをより詳しく定義すると「特定の期間に出生や結婚のようなある特定の人口上の出来事を同時に経験した人口集団」とされる。たとえば「1950年出生コーホート」と言えば、1950年生まれのグループと同義語になる。また特定期間に結婚した夫婦の集団を一つのコーホートとみなして出生コーホートの代わりに用いる場合もある。これは「結婚コーホート」と呼ばれる。

コーホートを見ていく場合、ある特定のコーホートだけが特定の年の特別な事象の発生によって特定の影響を受けると、その効果が時間の経過とともにのちのちまで残ることがある。たとえば、1947年から49年にかけて生まれた「団塊の世代」。大きな出生集団としていつまでも特徴が残っている。1944年から46年にかけての戦争の惨禍の影響もまたコーホートに如実に表れている。こうした特定の時代の影響を受け、一生を通じてさまざまな影響

〈3-4〉スウェーデンとスイスの期間合計特殊出生率と
コーホート合計特殊出生率の推移

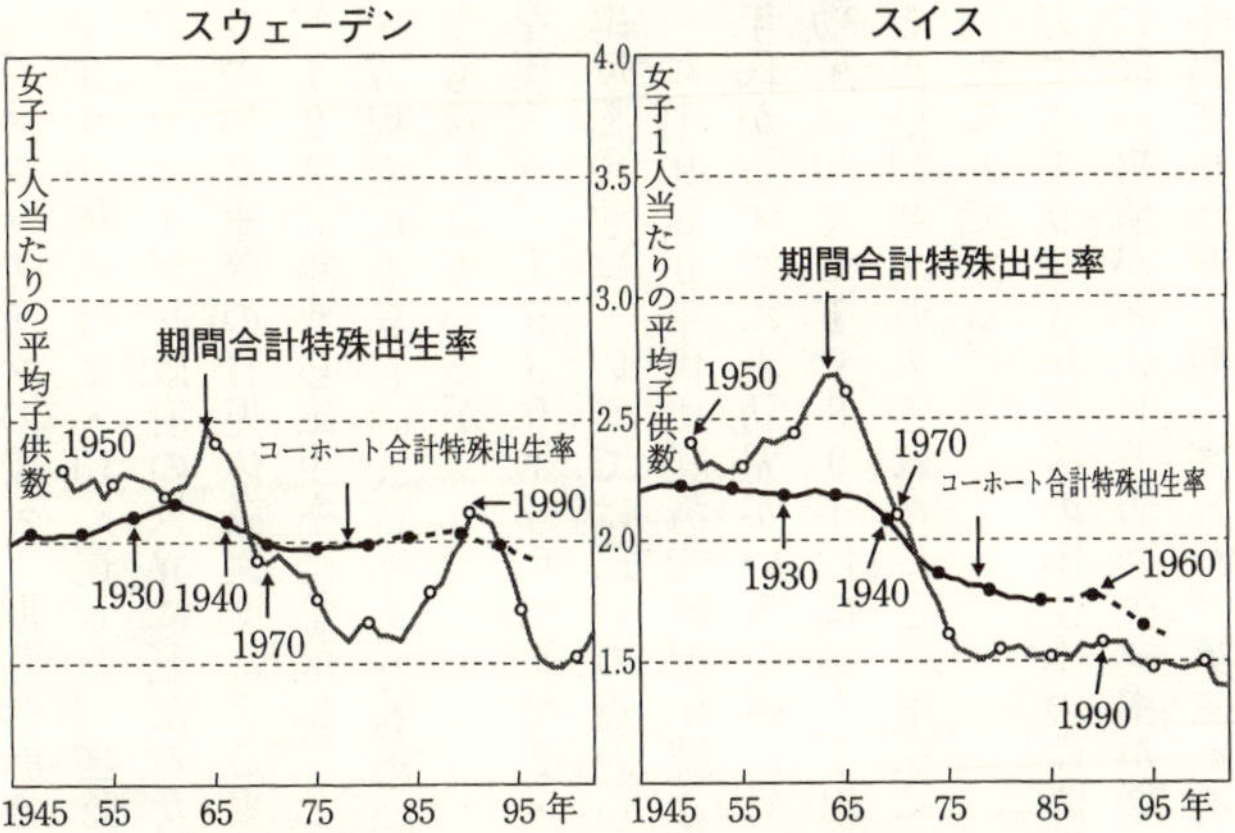

資料：Tomas Frejka and Jean-Paul Sardon. 2004. *Childbearing Trends and Prospects in Low-Fertility Countries: A Cohort Analysis*, Dordrecht:Kluwer Academic Publishers.
註1：点線部分は一部推定値。註2：コーホート値は平均出生年齢だけ後にずらしてある

をもたらすことを「コーホート効果」と呼ぶ。

一般に、コーホート出生率はある年次だけを対象とした期間特殊出生率よりも安定している。図表3-4ではスウェーデンとスイスのコーホート出生率を例として示す。

期間出生率とコーホート出生率を比較すると、期間出生率の上下運動が烈しいのに対して、コーホート出生率はかなり安定している。このことは、期間出生率がコーホート出生率に比べて、戦争や社会経済的変化に応じて敏感に反応し変動することを示している。ある年の期間出生率の変化だけ見て全体の出生率の傾向を論ずるのは性急で危険なのである。

この典型例としてスウェーデンを見て

みよう。スウェーデンの場合、期間合計特殊出生率は1980年の1・68からジリジリ上昇し、1990年には2・13に達した。当時日本をはじめ多くの国で、この出生率の著しい回復は、スウェーデン政府の世界に冠たる女性・子どもにやさしい社会保障制度、いたれりつくせりの男女平等の育児休業制度による素晴らしい成果であるといった賞賛が行われた。しかし、1993年から出生率は急落し、2000年には1・54にまで下がる。実は最近はまた1・77程度に上昇し、人口学者たちの間では「スウェーデンのローラーコースター出生率」とも言われているが。

話を戻そう。1990〜92年に平均2・11という人口置換え水準を超えたスウェーデンの出生率反騰《はんとう》現象は、いまでは三つの点から説明されている。

第一に1980年代に経済的好況が続き、若い世代の失業が少なかったこと。第二に1970年代からすでに乳幼児がいる夫婦に対する手厚い家族政策が実施されていたが、その累積的効果に加えて1980年代に第1子出産後続けて次の子どもを持てば大きな恩恵を受けられる福祉制度が導入されたこと。第三に当時は将来の生活に対する明るい期待が社会に漲《みなぎ》っていたことである。

一方で、1993年以後の出生率の急降下は前記の反対の理由からのものである。つまり第一に経済事情が悪化し若者の失業率が増えた。第二に手厚かった家族政策に翳りがみえ、育児手当てや特典が減らされた。第三にそれらを受けて若い世代の将来の見通しが暗くなっ

〈3-5〉期間出生率とコーホート出生率の関係モデル

年齢	1970年	1975年	1980年	1985年	1990年	1995年	2000年
女							
15〜19	0.02	0.02	0.02	0.02	0.02	0.02	0.03
20〜24	0.52	0.51	0.39	0.32	0.24	0.20	0.20
25〜29	1.05	0.93	0.91	0.89	0.70	0.59	0.50
30〜34	0.43	0.36	0.35	0.44	0.47	0.47	0.46
35〜39	0.10	0.08	0.07	0.08	0.11	0.13	0.16
40〜44	0.01	0.01	0.01	0.01	0.01	0.01	0.02
45〜49	0.00	0.00	0.00	0.00	0.00	0.00	0.00
合計	2.13	1.91	1.75	1.76	1.54	1.42	1.36

註：年齢別出生率は四捨五入を行っているため、必ずしも合計が期間合計特殊出生率と一致しない。出所：別府志海氏の提供による

てきたからである。

二つの限界

図表３－５は期間合計特殊出生率とコーホート合計特殊出生率がそれぞれどういうものかを示すとともに、それぞれの計算方法を示したものである。この表の年齢別出生率をタテに合計すると、期間合計特殊出生率が求められる。

たとえば１９８０年の場合は、０・02＋０・39＋０・91＋０・35＋０・07＋０・01＋０・00＝１・75となる（ただしこの場合、説明をしやすいように、年齢別出生率を初めから５倍してある）。このように、期間合計特殊出生率は計算を行う際に手続きがわかりやすく、またデータも容易に入手でき、かつ計算も簡単である。

一方、コーホート合計特殊出生率は年齢別出生率を期間合計特殊出生率に対して斜めに加えていったものである。

たとえば、１９７０年に15～19歳のコーホートは１９７５年には20～24歳になり、２０００年には45～49歳になる。そ

れはこの表のなかに長楕円形で囲った部分に相当する。この合計は2・00である。ここで問題なのは、この合計が2・00となるコーホート出生率がどの年次の期間出生率に見合っているかということである。普通に行われる方法は、平均出生年齢のところの女性が一連のコーホート出生率を代表すると考える。それは20世紀後半で常に年齢階級25〜29歳のところにあるので、その階級がコーホート出生率と共通である期間出生率を探すことである、図表3-5によればそれは1980年の一連の期間年齢別出生率であり、その合計値は1・75である。期間では1・75なのに対して、コーホートでは2・00になる理由はなんだろう。それは、あとで解説するように結婚・出産に関する「タイミング効果」があるからである。

期間合計特殊出生率とコーホート合計特殊出生率はどちらも年齢別出生率を計算しそれを合計しており、計算方法はよく似ている。両者の相違は時間の経過の取り扱い方である。すでに述べたように、期間合計特殊出生率はある時点で時間の流れを切断し、その横断面における15〜49歳の各年齢出生率を足し上げたものであり、データは入手しやすいし、最新のものが計算できる。しかし、このようにして得た出生率は、見掛けの数値である欠点がある。異なったそれぞれのコーホートの15歳から49歳までの年齢別出生率を、あたかもある特定のコーホートが順次経験したかのように見せているからである。

一方のコーホート合計特殊出生率にはそのような欠点はない。しかし、コーホート合計特殊出生率もいくつかの問題を持っている。

第一は、データの入手が難しいことである。女性の出産可能年齢である15〜49歳に対する長期間の出生データが必要なのだが、先進国でも入手できない場合が多い。第二には統計学で「センサリング」として知られる問題である。簡単に言うと、現在完結しているコーホート出生率は、あくまで過去の姿であり、現在の産み盛りの女性が関与している出生率の実勢を反映していない。また出生率がピークに達する以前の若い年齢（たとえば日本では20〜24歳）のコーホートが将来どのような経験をするかはわからないことである。このような年齢の出生率の値は分析から落とさざるを得ない。

ともあれ以上のようにデータが得やすく、またもっとも一般に使われている期間合計特殊出生率にはいくつかの弱点があるが、その限界を具体例からみてみよう。

たとえば、晩婚化による出産の遅れである。次ページ図表3-6は期間出生率が不当に低く現れる状況を表している。晩婚化が進むなか、最初の出産パターンであったAがBに移行した過程を示している。この図を見ると、やがて晩婚化の停止とともに産み戻し（出産のキャッチアップ）が行われ、曲線Aの右側と曲線Bの右側との間の面積に相当する出生率の一部を取り戻すまで回復していくものと考えられる。

しかし途中経過を見ると、前半部分の20歳代ではAからBの出産パターンにすでに移行しているのに対して、再生産年齢後半部分の30歳代以上ではタイムラグのためにまだAの後半の出産パターンの率にしたがって子どもを産んでおり、移行の途中の年次を見ると出産は斜線の部分しか行われていないことになる。つまり前掲の図表3－5のように、期間合計特殊出生率はコーホート合計特殊出生率よりも低い数字になって現れるのである。
さてしかし、Bの曲線が高い年齢にシフトすると、女性は受胎がしにくくなる。40歳代になると、産み遅れを取り戻す出産活動に限度がある。2002年までの出生動向基本調査においてみられた完結出生児数平均2.2人前後の安定性は、2005年の新しい調査から崩れはじめている。

〈3-6〉平均初婚年齢の変化と年齢別出生率パターン

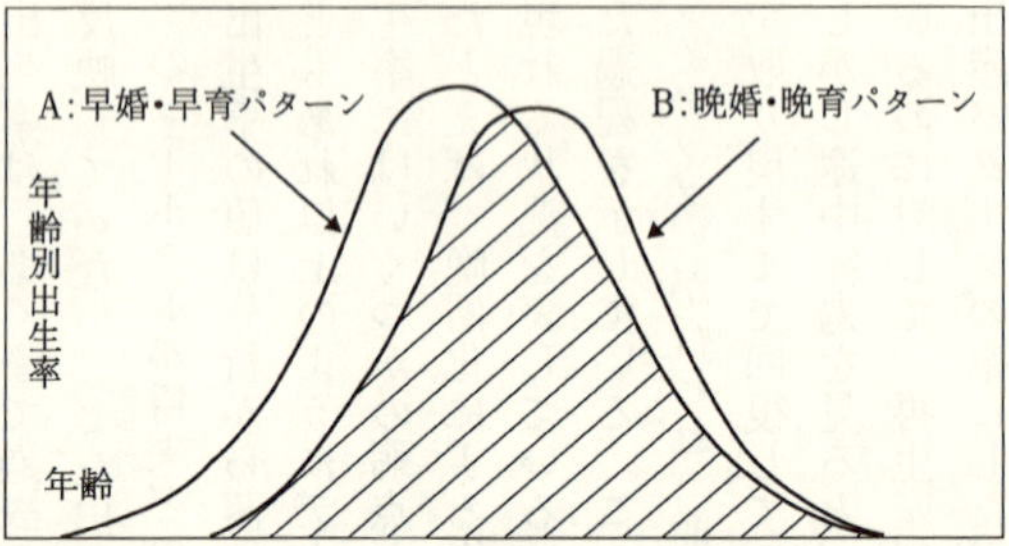

註:斜線の部分を縁どるカーブは漸移期において期間合計特殊出生率の最低値を表す
出所:河野稠果(2000)『世界の人口』(第2版)東京大学出版会

調整合計特殊出生率

データが入手しやすい期間合計特殊出生率から、何とかして最近の動向を示すコーホート合計特殊出生率（あるいはその近似値）を得ることはできないものかと、多くの人口学者が努力してきた。ボンガーツ（John Bongaarts）とフィーニー（Griffith Feeney）の調整合計特殊出生率はその一つである。この方法は1998年に発表されたが、そのモデルが簡明で比較的に適正な数値が得られるところから話題となった。すでに述べたように、期間合計特殊出生率の弱点は、出生行動のタイミング変化によって攪乱《かくらん》されるところにあった。

では、タイミング効果を除いて調整した（adjusted）合計特殊出生率は、どのようにしたら求めることができるのであろうか。

現時点での期間合計特殊出生率に相当する（女性の全再生産期間を通じての）コーホート合計特殊出生率が、統計的に得られないことは明白である。若い20歳代の女性はこれから出産のピークを迎えるので、もう20年くらい経たないと現在の期間合計特殊出生率に見合うコーホート合計特殊出生率は得られない。しかしライダー（Norman B. Ryder）はその先駆的研究で、期間合計特殊出生率からタイミング効果を除去した調整合計特殊出生率への転換式を、平均出生年齢が過去1年間に何歳上昇したかを基にして考案している。

出生のタイミング効果を除くライダーの方法は、簡単に言えば次のとおりである。仮にいま平均出生年齢が1年間に0.1歳上昇すると仮定すれば、合計特殊出生率を1.0から0.1引いた0.9で割ることによって求められる。しかし、女性が子どもを産む平均出生年齢の変化は、晩婚・晩産化といったタイミング変化だけによって起こると考えられがちであるが、近年のように第4子、第5子という高次の出生順位の出生数減退が起こると、平均出生年齢が低下するという逆方向の効果も考えられる。そこで、前述のボンガーツとフィーニーは、ライダーの前記の転換方式を改良し、計算を各出生順位別に行ってそれぞれの調査出生率を出し、後にそれらを合計する方法がより適切だと考えた。彼らはこの新しい指標を、現在広く用いられている期間合計特殊出生率のタイミング効果を調整するものとして「調整合計特殊出生率」と名付けた。

日本への適用

社人研は、近年の出生順位別合計特殊出生率と出生順位別平均出生年齢を計算しその結果を公表しているので、それを基に近年の日本の調整合計特殊出生率を計算することができる。たとえば、1994年に対する期間合計特殊出生率は1・50であるが、調整合計特殊出生率は1・70という結果であり、2004年の期間合計特殊出生率は1・29であるが、調整合計特殊出生率は1・45の結果を得た。そこで最近の結婚・出産の遅れの効果は、過去10年間で期間合計特殊出生率を0.2ポイントくらいまで減少させる効果があったと考えられる。

日本の期間合計特殊出生率と調整合計特殊出生率を比較した時系列の推移は図表3-7に示す。参考までに「コーホート合計特殊出生率」も一緒に掲げている。1965年以前は調整特殊合計出生率が期間合計特殊出生率よりも高かった。1967年から74年くらいの間に両者の関係は逆転したが、再び76年から調整合計特殊出生率のほうが高くなっているのが認められる。1978年あたりから1994年くらいまでは差が0.2ポイントはあり、これはもし晩婚化が止まれば0.2ポイントほど期間合計特殊出生率が取り戻し（キャッチアップ）でき

〈3-7〉日本の３種類の合計特殊出生率の推移

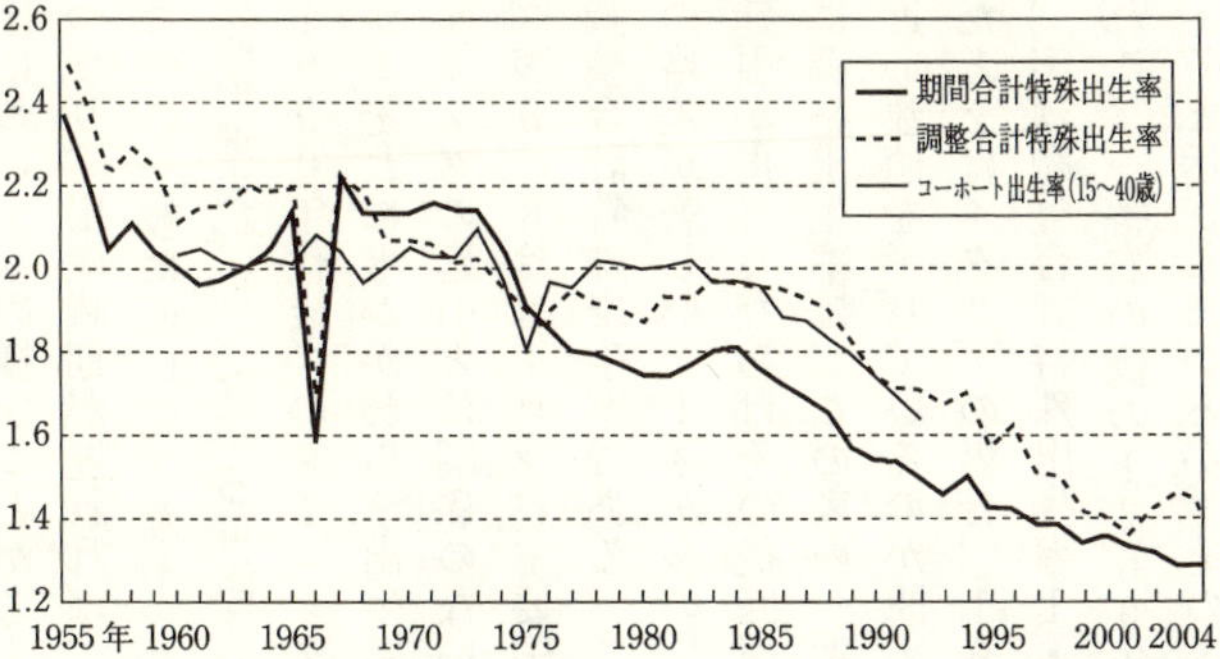

註：コーホート出生率は40歳時の累積出生率を、出生コーホートの28歳の年次にあわせた

資料：厚生労働省『人口動態統計』、総務省『人口推計年報』。1970年以前の各年値は石川晃氏の計算による。1971年以後は別府志海氏の作成による

る可能性を表していた。

しかし１９９０年代後半ではその幅が小さくなり、晩婚化によるタイミング効果が小さくなってきていることが認められる。これは90年代に入ってタイミング効果以外の要因、すなわちこれまで比較的安定していた結婚している女性が産み終えた完結出生児数自体の低下が、この調整合計特殊出生率を押し下げているからである。

人口学者の金子隆一によれば、これまで日本の少子化における出産の遅れは、主に結婚の遅延によって起こされたものであった。しかし結婚時期がさらに遅くなれば、女性の30歳代後半あるいは40歳代で結婚する確率は急速に退潮するために、結婚そのものの逸失を起こす可能性を生み出した。そのような「結婚の逸失」は生涯未婚率を増大させ、コーホート完結出生率を低下させることになるはずである。さらにまた、遅く結婚した女性の

出産についても同様なことが考えられる。

つまり、出産時期が遅れれば、女性は30歳代後半の元来妊孕《にんよう》力の低い年齢に突入するので、そこでの一般に低い受胎確率や高齢出産忌避の傾向によって、本来意図されていなかった「出産の逸失」につながる可能性が大きい。

1990年代後半のタイミング効果の縮小は、晩婚化・晩産化傾向が緩んだことを意味するが、それにもかかわらず出生率低下が続いていることは、前記のメカニズムに加えて出産タイミングの延引とは関係のない非婚化、夫婦の少産化が起きていることを示唆する。

図表3-8はヨーロッパ主要国の期間合計特殊出生率と、ボンガーツとフィーニー法による調整合計特殊出生率である。これをみると、ヨーロッパ諸国では期間出生率と調整出生率との格差が著しいケースが多い。その相当部分は結婚の延引、出産の延引によっており、もし延引が止まるならばその後回復したであろう期間出生率の水準を調整出生率が示している。逆に調整出生率は、この表の一番右に参考までに掲げたコーホート合計特殊出生率に相対的に近い数値を示しているのが認められる。

たとえばイタリアの場合、1993~96年の期間の期間合計特殊出生率は1・21であったが、実は調整合計特殊出生率1・64の水準へ回復できるポテンシャルを内蔵していたと考えられる。一番右の欄の1960年生まれのイタリアのコーホート合計特殊出生率の数値が1・67と示されているが、そのようにコーホート出生率は実はかなり高かったのである。テ

〈3-8〉ヨーロッパ主要諸国の調整合計特殊出生率　1992〜2000年

国名	期間	PTFR	ATFR	テンポ効果	CTFR 1960年生
オーストリア	1995〜2000	1.36	1.58	−0.22	1.70
フランス	1999	1.79	1.96	−0.17	2.11
西ドイツ	1992〜1994	1.38	1.51	−0.13	1.60
オランダ	1995〜2000	1.60	1.73	−0.13	1.85
イングランド・ウェールズ	1995〜2000	1.71	1.85	−0.14	1.97
デンマーク	1993〜1995	1.79	2.04	−0.25	1.90
フィンランド	1995〜2000	1.75	1.89	−0.14	1.96
ノルウェー	1995〜2000	1.85	2.07	−0.22	2.09
スウェーデン	1995〜2000	1.57	1.85	−0.28	2.04
ギリシア	1995〜1998	1.30	1.63	−0.33	1.93
イタリア	1993〜1996	1.21	1.64	−0.43	1.67
ポルトガル	1995〜2000	1.47	1.73	−0.26	1.89
スペイン	1995〜1999	1.18	1.46	−0.28	1.76

註:PTFR:期間合計特殊出生率。ATFR:調整合計特殊出生率。CTFR:コーホート合計特殊出生率

出所:Tomas Sobotka. 2004."Is lowest-low fertility in Europe explained by the postponement of childbearing?", *Population and Development Review*, Vol. 30, No. 2 (June), Table2.

ンポ効果がマイナス0・43ということは、タイミングのズレで期間出生率がそれだけ低くなっていることであり、もし結婚・出産の先送りが止まれば期間出生率は0・43ポイント上昇する可能性があることを示している。現に1997年に1・18まで下がった合計特殊出生率は2005年には1・34に上昇している。

安定人口モデル

第2章で説明したが、生命表の定常人口は、現実の人口のなかで人口動態の出生・死亡・移動のうち死亡の要素だけを取り出し、年齢別死亡率の配列を固定してそれを繰り返し適用した結果得られる理論的人口である。そこでは出生数はあらかじめ基数として毎年一定数、通常10

万に固定されている。つまり毎年10万人の出生が起こるものとして仮定されているが、しかしそれを発生させる出生率は考慮外にある。

これに対して出生についても、実際人口の年齢別出生率を固定して与えたらどうなるであろうか。そのような状況が起こるとすれば、時間の経過とともに人口は一定の増加率と一定の年齢構造比率を持つ安定状態に達することが、理論的に証明されている。このような安定状態に達した人口を「安定人口」と言う。安定人口の「安定」という意味は人口構造比率が不変という意味であり、総人口が一定になる（安定する）ということではない。

いま日本の、それぞれ1930年と2000年の年齢別出生率と死亡率を一定として安定人口を計算し、出発点の人口と比較したものが、図表3－9と図表3－10である。ここでは、それぞれ少しギザギザのある不規則な実線が実際人口を表し、滑らかな点線が安定人口を示す。また実際人口と安定人口の総数は100で一定である。1930年では実際人口と安定人口が非常によく似ており、細かいギザギザを除けば、実際人口は安定人口そのものであった。このことは1930年以前の日本の年齢別出生率と死亡率が長期的にそれぞれほぼ一定であったことを物語る。一方、2000年を見ると実際人口の形は安定人口とかなり異なっている。これは2000年の場合、過去に出生率・死亡率が大きく変動したこと、またそれと関連する激動の歴史を経験したことを物語る。

安定人口モデルの萌芽はスイスの数学者オイラー（Leonhard Euler, 1707～83）に遡《さかのぼ》る。オ

〈3-9〉日本の実際人口と安定人口　1930年

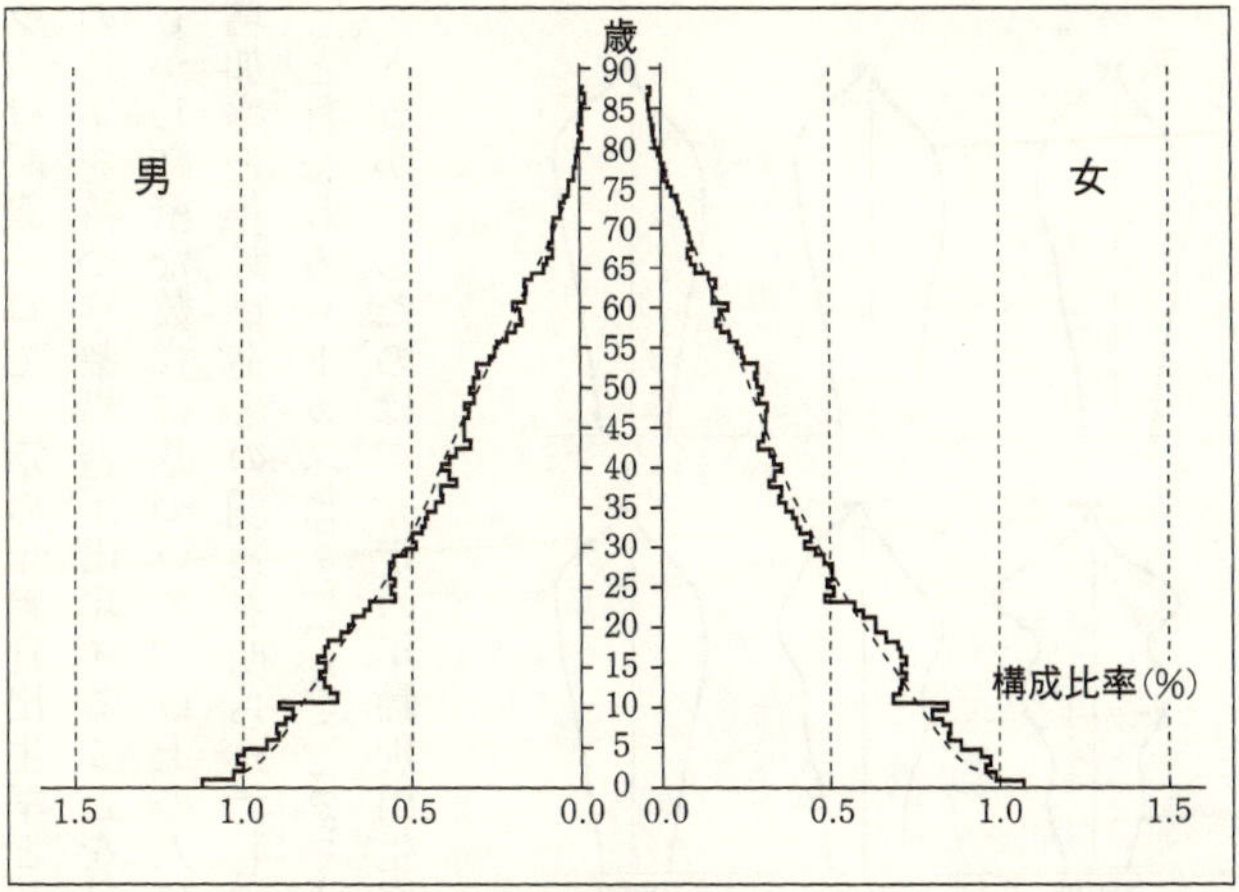

〈3-10〉日本の実際人口と安定人口　2000年

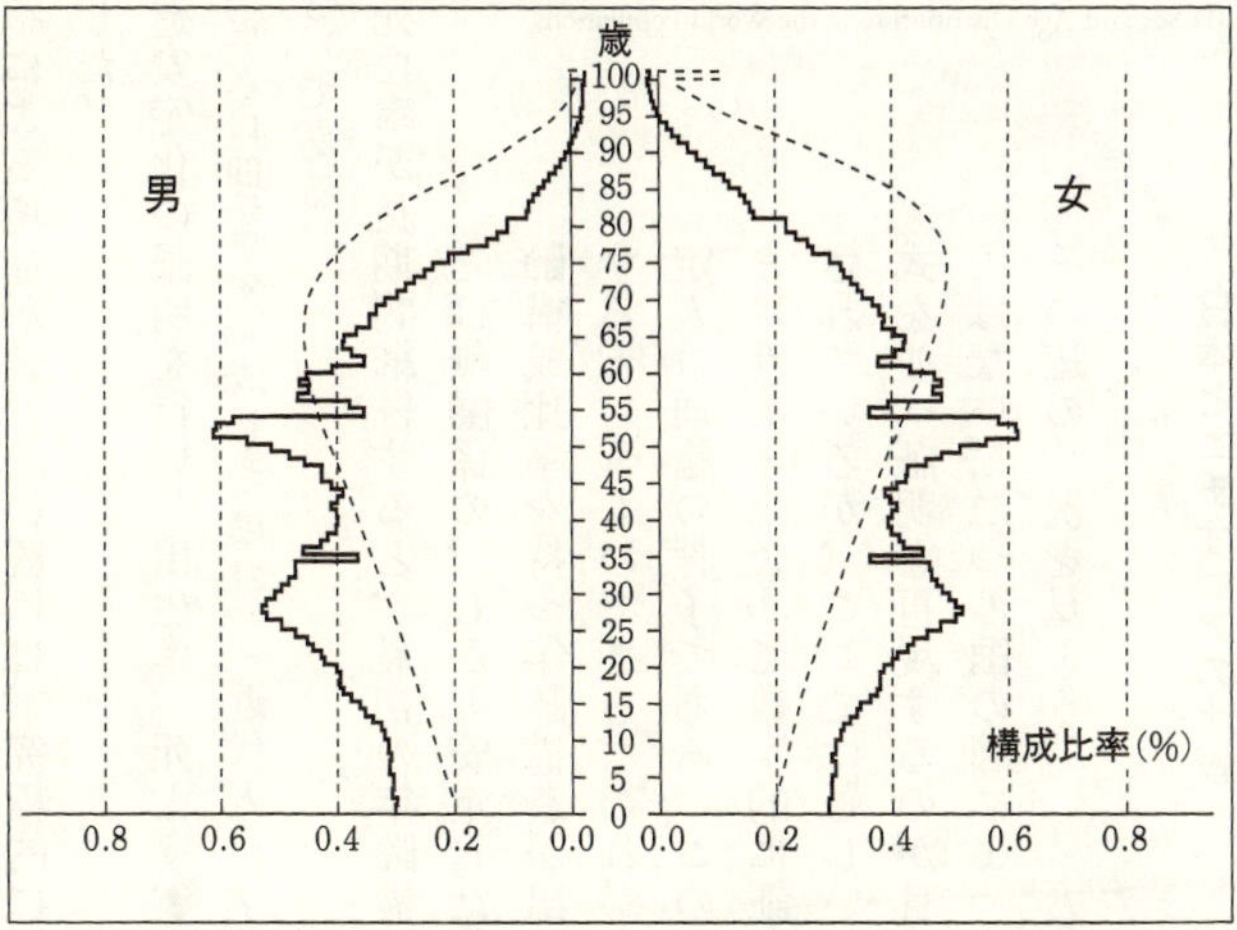

出所：国立社会保障・人口問題研究所作成

イラーは閉鎖人口で一定の年齢別出生率と死亡率による増加が長期的に続けば、究極的に一定の比率を持つ年齢構造が出現することを見出した。

しかし厳密な数式に基づいて、以上の人口構造安定化の証明を行い、出生率、死亡率、人口増加率と年齢構造との関連を明らかにし、安定人口理論を完成したのは、「近代人口学の祖」と言われるロトカ（Alfred Lotka, 1880〜1949）である。

ロトカが示したのは、一定の年齢別出生率と死亡率が長期間継続すると、最初の年齢構造とは無関係の、しかも安定した年齢構成比率を持つ年齢構造が出現するというものである。これが安定人口理論の骨子である。このことはロトカによって数字的に証明されているが、ここでは難しい数式を並べ証明を再現するのが目的ではない。二つの国の図によってその辺の状況を見よう。

日本とエチオピアの比較

2000年年齢別出生率・死亡率を一定として計算）

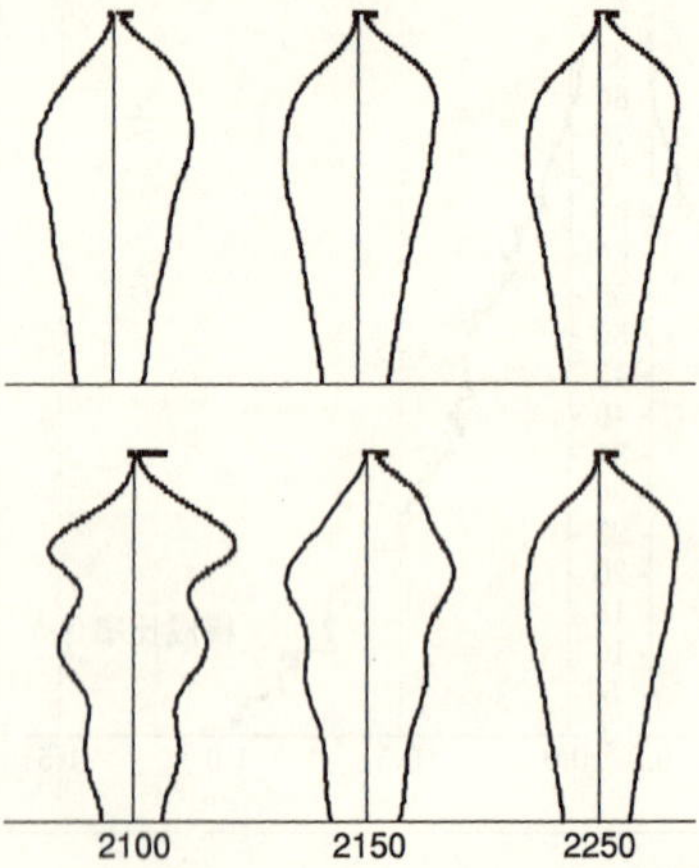

II: Sex and Age Distribution of the World Population,

〈3-11〉**日本とエチオピアの相対的人口構造の推移**（日本の

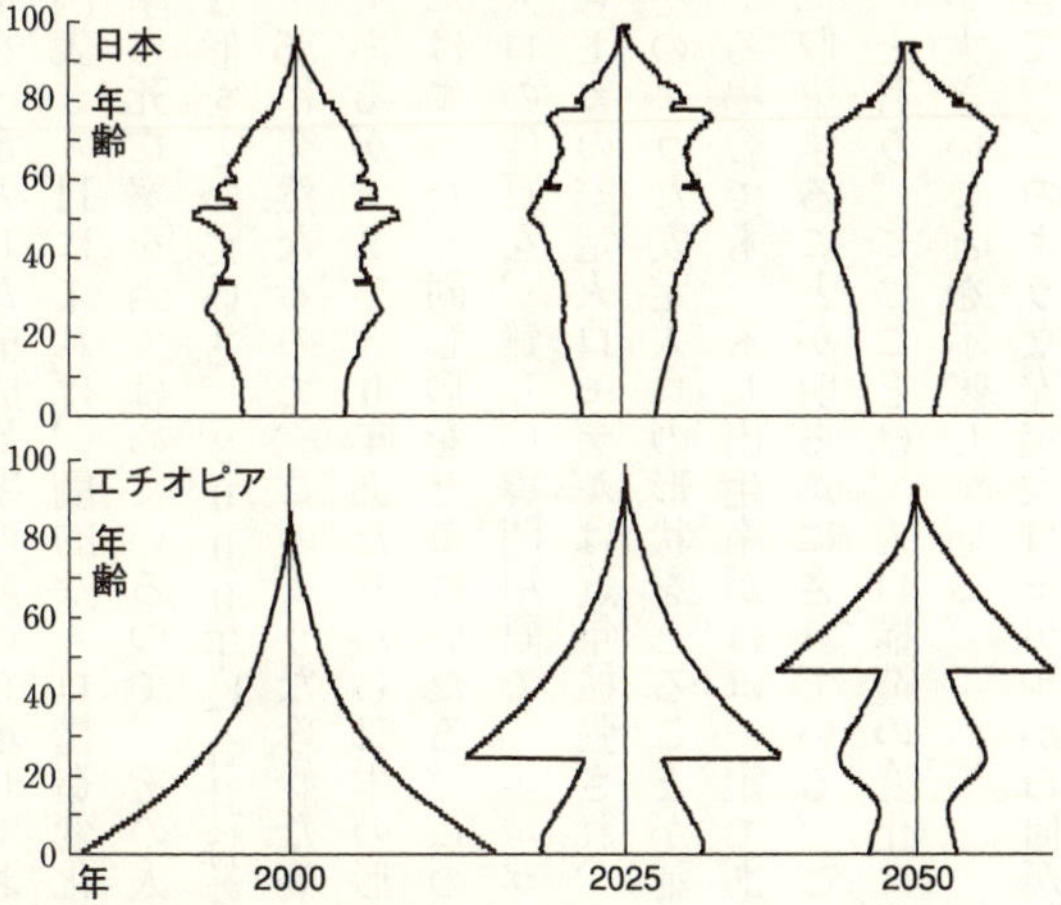

註：両国の各年次のピラミッドの面積は一定
資料：United Nations. 2005. *World Population Prospects:The 2004 Revision*, Volume
New York；石川晃氏の協力による

人口構造のまったく異なる2000年の日本とエチオピアに対して、2000年の日本の女子年齢別出生率と死亡率を適用し、そのまま長期間一定としたらどうなるかという結果が図表3-11である。

日本の2000年の人口ピラミッドは複雑な形をした中世ヨーロッパ騎士の「かぶと型」のピラミッドであるが、エチオピアの人口ピラミッドはまさにピラミッド型の、20世紀後半の発展途上国として典型的な形を表している。この図は、2000年を出発点として両国の2025年、2050年、2100年、2150年および2250年の6年次における人口構造変化の変遷を示している。ちなみに、ここに掲げた両国の各年次のピラミッドは全部その面積を一定とした構成比率の違いを示しており、人口の実数を反映したものではない。

図表3-11によれば、劇的な人口構造変化を示すのがエチオピアである。日本の年齢別出生率と死亡率を当てはめているので、その人口ピラミッドは2025年に劇変し、イカのような形をとっている。2000年に合計特殊出生率が6・31もあったのが日本の出生率の1・36に突然なるので、このような珍妙な姿になる。2050年はそれがせり上がってきた形であるが、2150年あたりから日本の形に似てくるのが認められよう。そして2250年にはまったく同じ形をとるにいたる。このように、年齢構造のいわば「過去を忘れた」安定人口の性質を、難しい専門用語で「エルゴード性」と言う。

ロトカの安定人口モデルは近年拡張され、出生率と死亡率だけでなく人口移動率が一定でもそのような安定人口の形状をとることが証明されている。さらに死亡率が変化（低下）している場合でも、もし出生率がほぼ一定であれば、初期の人口はやがて安定人口にほぼ近い形に収束することが明らかにされている。これを「準安定人口」あるいは「準安定人口モデル」と言う。このことは、人口構造の変化に対して、一般に死亡の影響は小さく、出生の効果が大きいことを示唆している。

さて、このような安定人口モデルから何が得られるのであろうか。このような安定人口モデルを計算することにどのようなメリットがあるのであろうか。

安定人口モデルは前章で説明した生命表と同じく一つのモデル（模型）であり、それは人口の動態（出生・死亡・移動）と静態（男女・年齢別構造）との関係を純粋な形で表現するものである。「純粋な形」と言うのは、現実の人口構造のように第二次世界大戦、スペイン・インフルエンザ、丙午などの予期されない歴史的事件にさらされたときのような、不規則な結果を生じることがなく、与えられた一連の出生率と死亡率だけによってもたらされた人口構造という意味である。実は、生命表の人口は定常人口であり、出生数と死亡数が一定である場合の、安定人口モデルの一つの極端なケースにすぎない。

ともあれこれら人口モデルは、理論的な基準型人口構造を提供し、それと現実の複雑な形態を比較することにより、その現実の形態をもたらしたもろもろの要因を明らかにする手がかりを与えてくれるという意味で、きわめて重要かつ有用である。さらに次の項で述べるように、発展途上国の、届け漏れや調査漏れなどのために欠陥のある人口動態統計を正しく推定するモデルを提供することなど、実際上の利用価値も高い。

何に役立つのか

安定人口モデルの目的の一つは、出生率・死亡率と年齢構造との間の関係を厳密にかつ数量的に規定することにある。そもそも人口学の主要な目的の一つは、このような人口動態と人口静態との関係を数量的に確立することにあった。

たとえば昨今人口高齢化の代表的指標となったいわゆる「高齢化率」、すなわち総人口に占める65歳以上の人口割合に対する出生率・死亡率変化の効果である。安定人口モデルによる数値表を見れば、出生率・死亡率と65歳以上人口比率との間の関係は一目瞭然でわかる。図表3－12は、コールとデメイン（Paul Demeny）が作成したモデル安定人口表に基づいて、それぞれ異なるレベルの出生率と平均寿命の組み合わせによる30組の女子安定人口における高齢化率を、棒グラフによって示したものである。

そこではヨコ軸に女性の平均寿命のレベルとして30年、40年、50年、60年、70年、80年を取り、それぞれのところに出生率レベルの指標として段階別に異なった総再生産率（GRR）を並べ、該当する65歳以上人口比率を棒の高さで示している。総再生産率とは女性が15歳から49歳までの間に平均何人の〝女児〟を産むかという数値であり、0・80、1・00、1・50、2・00、4・00の五つの代表的レベルが示されている。ここで総再生産率を用いたのは、女性の安定人口は女性の平均寿命（それに相当する年齢別死亡率）と総再生産率を将来一定として計算しているからである。

図表3－12からは三つのことが指摘できる。

（1）出生率の低下が人口高齢化を引き起こす主因であることが明らかである。たとえば女性の平均寿命が70年の場合、総再生産率が4・00から0・80に変化する間に、65歳以上人口比率は2％から22％の範囲で変化する。

〈3-12〉種々の出生・死亡水準の女子安定人口65歳以上人口比率

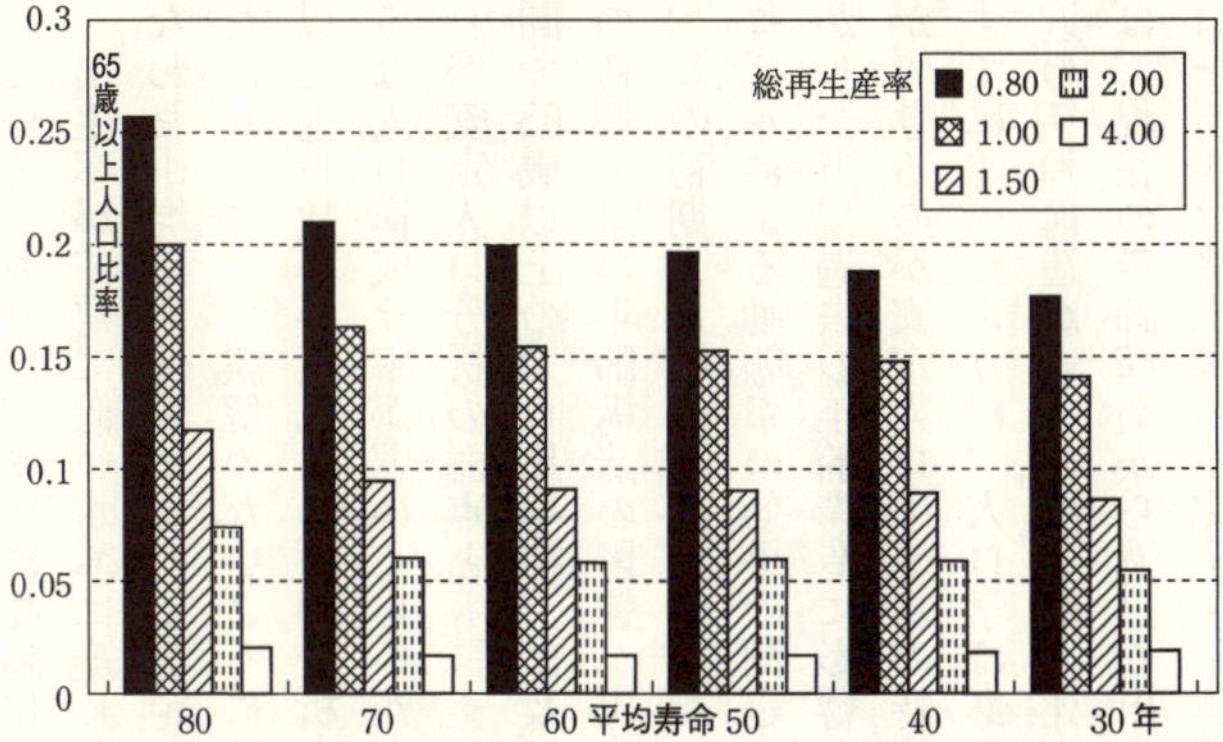

資料：Ansley J.Coale and Paul Demeny with B. Vaughan. 1983. *Regional Model Life Tables and Stable Populations,* New York：Academic Press.

（2）平均寿命が70年以下のところでは、死亡率の変化は65歳以上人口比率にあまり影響しない。それは平均寿命の伸長の相当部分が若い年齢グループ、特に乳幼児における死亡率改善によって起きているからである。平均寿命が比較的低い状況だと出生率を一定とすれば、平均寿命伸長の効果は老年人口の数も増加させるが、同時に若い年齢人口の数を増加させる効果があり、両者が打ち消し合って年齢構造の相対的比率に及ぼす影響は小さいものと考えられる。

（3）しかしながら平均寿命が80年のところでは、高齢化率がこれまでの平均寿命のレベルとは異なり、すべての総再生産率のレベルで高くなっていることが認められよう。平均寿命が非常に高い国では平均寿命上昇の大部分が中高年齢層、特に65歳以上老年人口における死亡率改善によって説明されるようになり、平均寿命の伸長が一般に考えられているとおりに、まさに高齢化をもたらすようになる。現今の日本を含んだ先進国の場合、出生率が非常に低い水準に達した後、それ以上大きな低下が起こらなければ、高齢化はすなわち平均寿命伸長によって決定されることになる。

ただし、ここで誤解のないように補足しておきたい。それは、安定人口モデルによって65歳以上人口比率が変化する要因分析を行うにあたって、出生率・死亡率の働きによってそのような人口構成比率がどのくらいかかって実現するか、時間が特定されていないことである。これが安定人口分析の弱点とも言える。しかし、実際の人口を用いて5年か10年の短い経過期間で65歳以上の人口比率拡大に及ぼす出生率と死亡率変化の効果を計算してみると、出発点の初期人口の年齢構造の影響が出生率や死亡率変動よりも強く出すぎる場合がある。それは、この初期人口の構造効果のなかに出生率の効果がもぐり込んでいるからである。安定人口モデルによる動態率の効果の測定は具体的な年数を特定できない抽象的なものであるが、しかし一方、過去の年齢構造に影響されない純粋の出生率・死亡率の効果を具体的に示すことができるのが安定人口モデルの特徴、長所である。

すでに述べたように、人口学はある意味で、人口動態率と年齢構造との関係の解明である。最近の年齢構造が過去の出生率・死亡率の産物であり、過去に変化がほとんどないと仮定すれば、現在の年齢構造から過去の出生率・死亡率を逆に推定する手がかりが得られる。安定人口モデルは途上国の不完全・不正確な人口統計、特に出生率・死亡率の推定に資することができる。

近代的人口転換以前の途上国の人口動態は多産多死であり、人口はほぼ〝安定的〟であったと考えられる。すでに図表3－9で示したように、1930年の、まだ開発途上期にあったと考えられる日本の実際人口と安定人口の形状はほとんど同じであった。1930年以前は多産多死の状況にあり、しかもその年齢別出生率と死亡率、特に出生率は長年比較的に一定であったと推定される。このような特徴は実はわれわれに有用な人口学的情報を与えてくれる。

安定人口モデルによって、途上国の過去の出生率・死亡率がこのくらいの水準ならば、年齢構造はこのくらいだと推計できる。そして今度は逆に、現在の男女別年齢構造と過去の人口増加率がわかれば、直接的には得ることができなかった過去の出生率と死亡率を求めることができる。ちなみに当時の途上国における国際人口移動は、ほとんど無視できるくらいの軽微な数量であったと仮定する。安定人口モデルの応用は、特に人口データの乏しいサハラ以南のアフリカや中近東諸国の出生率・死亡率の推定に有効であった。

1950年代後半から1960年代にかけて、プリンストン大学でアフリカの出生率と死亡率の推定に関するプロジェクトが実施されたが、その主要な方法論の一つは、モデル生命表とそれに対応するモデル安定人口表を駆使する手法であった。モデル生命表とは、統計データが正確な国々の過去・現在の生命表の数値を基に作成した標準的生命表であり、そこから適当なデータのない途上国は標準的数値を借りるという仕組みになっている。そしてモデル生命表をモデル女子年齢別出生率と組み合わせて作成したのがモデル安定人口表である。

もし国勢調査か標本調査によるその国の年齢別人口分布があれば、安定人口モデル表から推定しようとする国の安定人口の形を選定し、そこから出生率・死亡率を推定することができる。もし過去に2回以上国勢調査があれば、人口増加率を特定できるし、またモデル生命表によって平均寿命が推定でき、より妥当な安定人口の選定が可能となる(この計算の方法については、コールとデメインによる国連の人口推計マニュアルIVと、国連人口部とアメリカ学術会議人口・人口学委員会共編のマニュアルXに詳細に示されている)。

最後に、次項の「人口モメンタム」の考え方は実は安定人口の考え方に基づいていることを付け加えたい。

人口構造と人口モメンタム

日本はすでに1974年から今日まで30余年間、合計特殊出生率は2.1以下にあるが、実際には出生率は1956年以後ほぼ半世紀にわたって人口置換え水準を割っていた。

1975年以前は死亡率がまだ高く1.0の人口置換え水準は2.2以上の合計特殊出生率を必要とした。それにもかかわらず、人口が2005年まで増え続けてきたのは、毎年の死亡数が出生数よりも少なかったためである。一方、もう一つの人口増加の要因である国際人口移動の効果は比較的軽微であった。しかし、２００６年11月発表の「２００５年人口動態確定数」は、２００５年に死亡数がついに出生数を上回り、自然減少が起きていることを報じた。同じ頃「２００５年の国勢調査全数集計」も日本人口が国勢調査がはじまって以来初めて減少したことを告げた。いよいよ人口減少時代のはじまりである。

長い間出生率が人口置換え水準以下にあったのに、なぜ２００５年まで出生数が死亡数よりも多かったか。それは日本人口の年齢構造は長い間比較的若く、出生率が低くても子どもを産める年齢の女性が（男性も）相対的に多かったためである。特に死亡を詳細にみると、何といっても予想をはるかに上回る戦後の平均寿命伸長の効果は大きく、死亡数を最低限に抑えていた。さらに１９７０年くらいまでは平均寿命の伸長は乳幼児死亡率の激減によるものであり、それは事実上出生率上昇と同じ効果を持ったと考えられる。１９４７〜84年まで出生数から死亡数を引いた自然増加数が死亡数を上回り、しかもほぼ20年間50％以上であるのだから驚きである。37年間にも及ぶ大きな自然増加はいわば人口貯金となって、やがて必ず起こるはずの人口減少を先へ延ばす結果になった。

このように現在の瞬間的な出生率や死亡率の効果ではなく、過去に高い出生率と低い死亡率が長く続いた結果、若い人口に蓄積された増加ポテンシャルがここで論ずる増加あるいは「プラスの人口モメンタム」であり、強いて訳せば「プラスの人口惰性」である。ちょうど巨大なタンカーがエンジンを切ってもしばらくの間進み続けるのに似ている。

一方、今度はそれと反対に出生率がいますぐ人口置換え水準に回復すれば人口減少はすぐに止まるであろうか。答えは「ノー」である。

先にみてきたように、出生率が低下し長期的に置換え水準以下に低迷していれば、以上のプラスのモメンタムとは反対の、減少あるいは「マイナスの人口モメンタム」が働く。今度はいわば累積した人口借金となってマイナスに作用する。これまで増加モメンタムが働いたが、これからは減少モメンタムが働くことになる。

さて、この「人口モメンタム」はいかにして具体的に計量するのだろうか。それにはいくつかの方法がある。一番厳密な方法はいくつかの仮定に基づき、コーホート要因法（第9章に説明がある）による仮説的人口推計を行うことである。

まず第一に男女・年齢別死亡率は一定と仮定する。第二に女子年齢別出生率が推計開始の年から急遽《きゅうきょ》置換え水準になり、以後その水準を維持するとする。第三に人口は封鎖人口で人口移動はないとするのである。人口移動がなく、年齢別死亡率と置換え水準に見合う年齢別出生率が長期間一定に維持されるとすれば、人口は究極的に前項で論じたように安定人口になる。そしてこの場合その一つのケースである定常（静止）人口になる。「人口モメンタム」とは、このようにして究極的に到達した定常人口数を最初の出発点における人口数で割ったものを言う。一方、オーストラリア国立大学の人口学者ローランド（Donald T. Rowland）によれば、一番簡単な方法は近似値であるが、今問題としている年次の女子総人口に占める30

歳未満人口の比率を分子とし、その同じ年の生命表の女子定常人口総数に占める30歳未満定常人口の比率を分母として、その商を計算することによって求められる。

日本の人口モメンタムを計算してみると、1955年は1・44と大きいが、1960年は1・38となり、1975年は1・28に低下している。その後低下は続き1990年1・06、そして1995年は1・01となった。そして2000年は0・95でついに1を割り、マイナスのモメンタムになっている。最新年次の2004年は、0・89とさらに低下している。こうしてみると1995年頃が日本の人口増加モメンタムから減少モメンタムに変わった転換点ということになろう。

以上の計算結果を解釈すると、1960年頃の人口モメンタムは1・38であり、つまり人口が究極的に静止状態になるときの人口は出発点の人口よりも38％多いというものである。1990年頃のモメンタムは1・06であり、そろそろ人口惰性の力が尽きはじめていることを示している。一方、2004年のモメンタムは0・89であり、それは次ページ図表3-13に示すように、出生率の2・07への急激な上昇とその後の水準の保持によって一時的には人口が増加しても、最終的には出発点の2004年人口の89％に縮小する負のモメンタムを表す。参考までに図表3-13では、2004年の出生率・死亡率一定の人口推計も掲げる。

多産少死を経験し年齢構造が若い途上国は大きなプラスの人口モメンタムを内蔵し、アフリカ、南アジア、西アジア、ラテンアメリカの地域では、それが1.5を超える国も珍しくない。

〈3-13〉2004年以降の出生率、死亡率一定による日本人口の推移

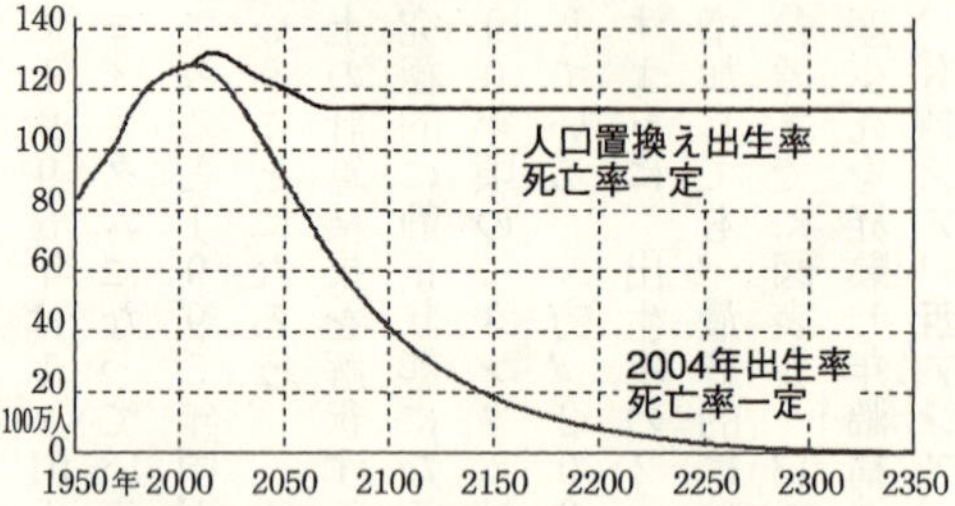

出所：国立社会保障・人口問題研究所『人口統計資料集 2006』

これらの国々は多産少死を経験して人口が非常に若く、人口増加のポテンシャルが大きい。一方、日本やほかの先進国では、アメリカ、アイルランド、フランスなどのいくつかの国を除き、総じてモメンタムは1かそれ以下にある。これらの国々は現在置換え水準以下の低出生率国であり、それが置換え水準に突如回復しても、その人口がこれまで続いた少子高齢化によって蓄積した負のモメンタムを内蔵しているために、人口数は出発点の人口より小さくなるのである。

以上から得られる含意あるいは教訓の一つは、現在の日本人口はすでに相当なマイナスの人口モメンタムを内蔵しているのであるから、将来の人口減少がほとんど決定的であると捉えざるを得ないことであろう。これはいわば人口の〝借金〟であり、〝累積赤字〟である。このような状況で、出生率がある程度回復しても人口が長期的に減少するのは必然である。一方ではもちろん、われわれは以上の〝人口借金〟を減らすために出生率を回復させる有効な政策を打ち出す必要が大いにあると同時に、他方すでに既成事実になった「人口減少社会」への対応と適

応を現実的に設計しなければならないということである。

以上は少子化に関連する人口学的、とりわけ形式人口学的な説明の部分である。後出の第4章～7章では、出生率低下の内容的な解釈、そして少子化をもたらした要因・背景に関する理論あるいは仮説の説明を行う。

第4章　人口転換――「多産多死」から「少産少死」へ

数少ないグランド・セオリー

「人口転換」という用語は demographic transition の訳である。直訳すれば「人口推移」であろうが、過去の人口の歴史的変化、つまり多産多死の状況から多産中死を経て、少産少死にいたる出生率と死亡率の劇的変化をともなっており、日本語としては「人口転換」のほうがピンとくる。

さて、この「人口転換論」あるいは「人口転換学説」は人口学では数少ないグランド・セオリー（大理論）である。人口学は序章で述べたように、人口統計学と言い換えてもよい形式人口学の部分と、それを使って現実の人口現象を分析し、人口現象と社会・経済・環境的要因との間の関係を帰納的に積み上げて理論を構築する実体人口学の部分からなる。後者のなかで中心的な地位を占めるのがこの人口転換論である。

筆者が人口学を初めて学んだ1950年代には、社会が近代化し経済的に豊かになると、なぜ死亡率と出生率が低下するのかを説明する唯一の人口理論は、この人口転換論であった。

その後先進国・途上国での出生率低下を説明し解釈する理論が数多く登場するが、それらの多くはこの章で紹介する古典的な人口転換論の修正、あるいは拡張であると考えてよい。

人口転換とは、18世紀の産業革命を契機として、近代的経済発展、都市化、工業化を経験した北・西ヨーロッパ、すなわちヨーロッパのなかのヨーロッパと言われるイギリス、フランス、ドイツ、オランダ、ベルギー、スイス、そしてスカンジナビア諸国などで、死亡率と出生率がそれぞれ異なるタイミングで低下する過程であり、その途中経過で人口増加の必然性を示したものである。非常に簡単に言えば、歴史的にヨーロッパ人口は多産多死から少産少死にいたる過程を18世紀後半から20世紀初期までに経験したが、その途中経過のことを人口転換と言う。

人口転換理論は、一人の学者が構築したというよりも、20世紀前半、フランスのランドリー、アメリカのトンプソン(Warren S. Thompson)、ノートスタイン(Frank W. Notestein)、デービス(Kingsley Davis)、イギリスのブラッカー(John Blacker)ら複数の学者によって提唱された、ニュアンスが少しずつ異なる学説の集合体である。

「人口転換」という用語はデービスによって創られたが、社会経済的変化との関連によってこの理論を一つの明確なモデルとして構築し、その後の人口転換論の発展にもっとも影響を与えたのは、プリンストン大学人口研究所の初代所長ノートスタインである。ちなみに同研究所の創立はおそらく各国の人口研究所のなかでもっとも古い1936年である。

ノートスタインはこの人口転換が北・西ヨーロッパ以外の南欧、東欧、さらに西欧諸国以外にも繰り返される可能性を示唆した。特に第二次世界大戦後の途上国での死亡率低下、その結果としての人口増加を予見し、それが的中するに及んで、人口転換論の巨視的見解の正しさを立証する。ただし実際には、途上国の死亡率低下は予想された規模よりもかなり大きく、先進国よりもはるかに速い速度で進行した。

途上国の出生率は、概して欧米諸国の転換以前の水準よりも大分高い上に、長期間低下しはじめなかった。そのため出生率と死亡率の格差が非常に拡大し、その結果想像を絶する巨大な人口増加が生じた。これが一時世界人口の「人口爆発」として喧伝された現象である。

途上国はいまだ急増しているか

これは余談であるが、この「人口爆発」という考え方は、アメリカ国務省や国連が当時行った効果的な宣伝が利きすぎて、いまでも途上地域の人口はとめどなく増加していると思っている人が多い。ともあれ、ほとんどの途上国の出生率は、死亡率が低下しても当初低下の兆しがまったくなかった。1963年、インドのニューデリーで最初の「アジア人口会議」が開催され、政府官庁の人口問題関係者とともに筆者も政府代表の末席として参加した。この人口会議も終わりに近づいたときに、インドの内務大臣が全参加者を招待し大きなパーティーを催した。筆者はたまたま同じテーブルの横に座った高名な人口学者に「インドでは出生率は下がるのでしょうか」と尋ねてみた。その学者は「君、いまスピーチしたインドの大臣の顔を見たら、低下する気配がまったくないことがおわかりだろう」と囁《ささや》いたものである。

閑話休題。人口転換学説の骨子はある意味で「開発は最良の避妊薬」である。当時は経済社会発展が起きた状況で出生率は低下するが、それがなければ高出生率は低下しないという議論が支配的であった。当時のインドの経済発展は緩慢《かんまん》であり、欧米諸国と比べ桁《けた》違いに貧しかった。だがその貧しさから抜け出る徴候はなく、また出生率はきわめて高かった。当時インドの合計特殊出生率は5.8のレベルにあり、低下する気配はほとんどなかったのである。

1960年代後半から東アジア（韓国、台湾）、シンガポール、そしてカリブ海の島々で出生率が低下しはじめ、次いで中国、ラテンアメリカ、東南アジア、そして意外にもインド亜大陸の国々がその後を追って徐々に低下していく。2007年現在、45の先進国と28の途上国、すなわち世界人口の43％を占める国々で、出生率は人口置換え水準以下にまで低下している。これらの途上地域で目覚ましい出生率低下は、これまた人口転換論の巨視的先見性を見事に示したものと言える。

このように途上地域のなかで、東アジア、東南アジア、カリブ海地域の国々ですでに少子化が現在進行している。一方、サハラ砂漠以南のアフリカだけは出生率が依然非常に高く、現在5.5をわずかに下回る程度であり、アジアやラテンアメリカでみられた1980年代以後の急速な低下はほとんど認められない。

〈4-1〉イギリスの人口転換

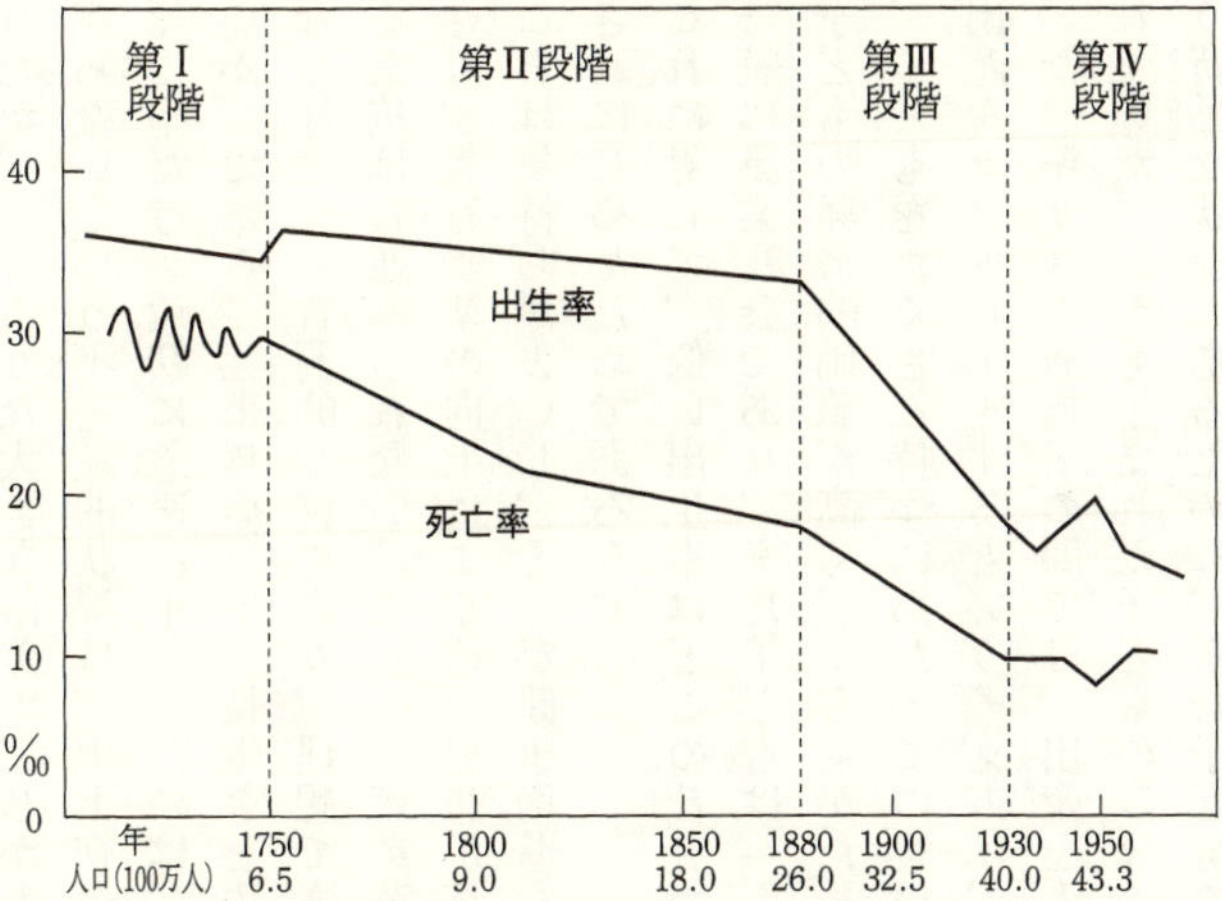

出所：Political and Economic Planning.1955. *World Population and Resources*, London.
ただし部分的変更を加えた

人口転換の図式

さて、人口転換はイギリスでもっとも早く、そしてほぼ完璧な形で実現した。図表4-1はイギリスで起きた多産多死、多産中死、中産少死、そして少産少死の四つの段階の出生率と死亡率の変化をモデル化して示したものである。

第I段階は出生率・死亡率ともに高いが、死亡率が鋸《のこぎり》の歯のように上下に振動しているのが特徴である。第I段階から第II段階に入ると死亡率の低下が著しくなる。同時にその初期に出生率がいくらか増加したのが特徴である。イギリスでは第II段階に入り死亡率が本格的に低下しはじめる。それまでにも死亡率が低下したことは人類の歴史の上でしばしば見られたが、このような大きな落差で、しかもいったん低下しはじめると再び元の高い状態には戻らないという不可逆的状況は、史上初の画期的な出来事であった。

死亡率だけが最初に急速に下がったのは、死亡率のほうが出生率よりも機械的に低下しやすいからである。元来無病息災で長生きをすること、死亡率をできるだけ下げることは、いかなる社会でも普遍的な善であり、理想である。そのため、医療・公衆衛生技術の導入に対する抵抗は普通みられない。さらに、産業革命による生活水準の向上によって栄養状態が改善され、教育水準の向上により衛生思想が高まってきた。身体や身のまわりを清潔にしておくことは気持ちがよいし、それが健康増進をもたらす条件であることが市民の間に徐々に認識されはじめたためであろう。

これに対して、低い出生率はどこの社会でも普遍的善とは限らない。高い出生率を示す国は一般に農業社会であり、また子どもは「天からの授《さず》かりもの」だという考えが強い。そして子どもの経済的価値が高く、子どもがたくさんいれば老後は安心だと考えられている。一方、子どもをたくさん持つにあたっての費用はあまり感じられていない。

出産をコントロールするという考え方は、一般に近世以前のヨーロッパには普及していなかった。キリスト教信者の間では、出産を人為的に調整することは神を冒瀆《ぼうとく》するものだと思われていた。しかも生まれた子どもの3分の1ないし2分の1は成人に達するまでに死ぬという苛酷《かこく》な状況にあるために、産む子どもの数を減らそうという考え方は生まれてこなかったのである。

ともあれ、一方で死亡率が低下したが、他方出生率の低下はこの第II段階ではほとんど起こらなかった。このため第II段階になってしばらくは多産少死、あるいは多産中死の時代が続き、高い出生率と低下する死亡率の格差によって人口増加が起きた。

第III段階では、死亡率の低下も続いたが、それにも増して出生率が低下しはじめた。しかも途中経過では、出生率低下は死亡率の低下よりも著しくなり、ここに人口増加率は減少しはじめる。この増加率減少期間はイギリスでは50年間続いた。第IV段階は少産少死の段階でイギリスは１９３０年以後経験した。しかし後述するように人口転換はここで止まらなかったのである。

日本、そして途上国の場合

次ページ図表４－２は日本の人口転換を示す。図表４－１はイギリスの人口転換を模式化したものであるのに対して、図表４－２は実際の粗出生率と粗死亡率をそのまま使って描いているので、図表４－１のようにスムーズではなく、特に第二次世界大戦以前は出生率、死亡率ともに鋸の歯のような短期間の上下振動が特徴的である。しかし戦前の上下振動は戦後ほとんど消滅していることが注目される。

日本の場合、全体としてイギリスのモデルとはいささか異なる。死亡率は１９１８年に流

〈4-2〉日本の人口転換

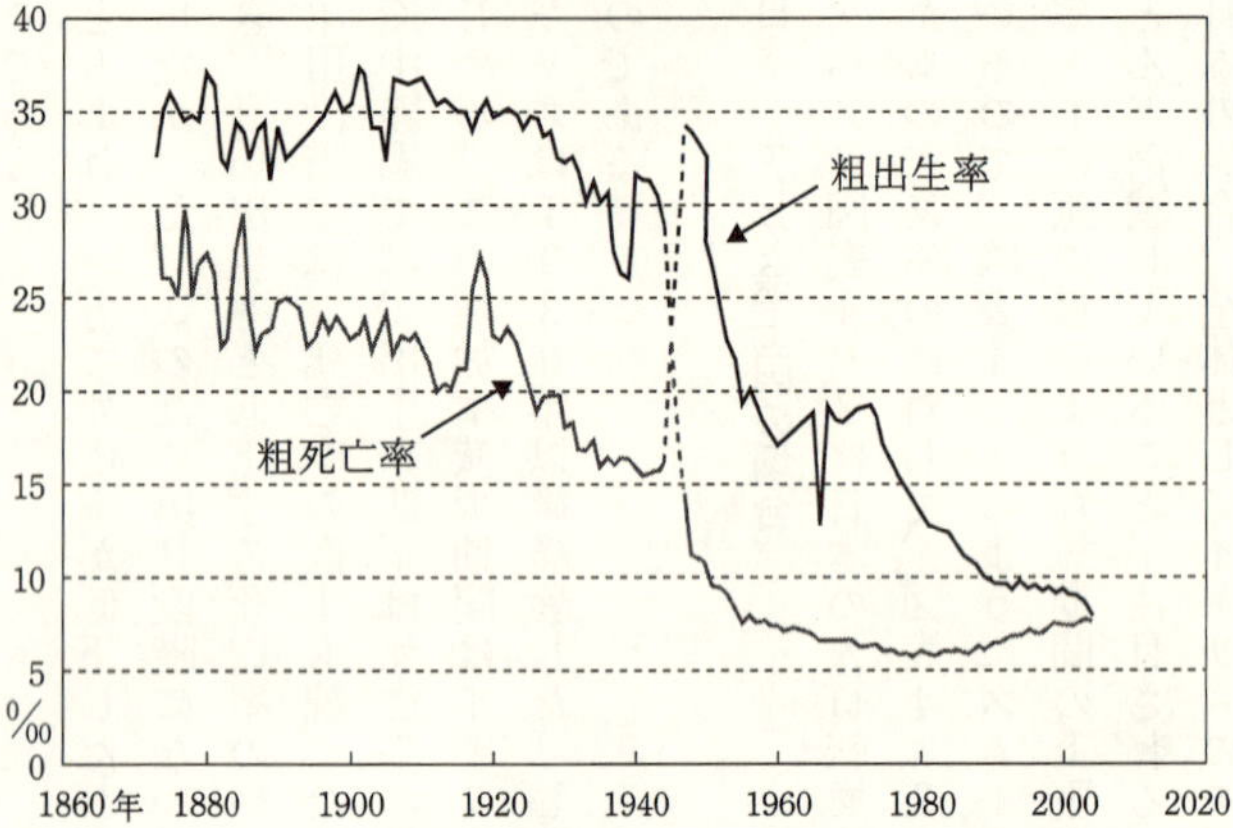

出所：国立社会保障・人口問題研究所『人口統計資料集』より作図

行したスペイン・インフルエンザの影響と第二次世界大戦の戦中・戦後の上昇を除くと、20世紀初頭から現代まで緩慢に、しかも着実に低下しているが、出生率の動きはもう少し複雑であって、19世紀の終わり頃からむしろ上昇し、1920年頃から趨勢《すうせい》として低下に転じているのを見ることができる。以後、1930年代後半から起きた戦争、敗戦、第一次ベビーブーム、そして第二次ベビーブームという特異な人口現象によって攪乱されてはいるが、今日まで長期的な低下の傾向をたどり、最終的には死亡率と同じ水準にまで低下していることがわかる。日本では人口転換は100年を少し上回る期間で起きている。

1930年代に出生率の低下が起きたのは、ヨーロッパ、アメリカ、カナダ、オーストラリアなど先進諸国に共通した傾向で、日本も世界的な経済大不況の余波を受けたと考えられる。戦後の1947〜49年にベビーブームの影響で粗出生率は上昇したが、やがて低下した。しかし粗死亡率の低下も著しく、さらに第二次ベビーブーム世代を中心とした比較的大規模な出生集団が到来して、1963〜76年まで人口増加率は1%を超え、先進国では珍しい大規模な人口増加を示した。

この時期に筆者は国連人口部に勤めていたが、部長のフランス人から日本の人口増加は途上国並みに大きいではないかと指摘されたくらいであった。しかしその後、粗出生率と粗死亡率との格差は急速に縮小し、2005年には両者は逆転し、人口減少のはじまりとなったことは先に述べたとおりである。

一方、アジアやラテンアメリカなど途上地域でも戦後人口転換が開始するが、出発点の粗出生率が人口1000人に対し平均して40台の半ばであり、なかには50に近い水準の国も多くみられ、西欧諸国や日本の場合の転換初期値と比べてはるかに高かったことが大いに異なる。西欧諸国では転換初期値が40以上という高水準はきわめて稀であった。しかも、途上地域でそれが本格的に低下するのは1970年代あるいは80年代になってからである。

粗死亡率は、1950年代初期すでに人口1000人につき平均20台前半であり、それが半世紀の間に8〜9のレベルに急落した。つまり非常に高く、しかも戦後20〜30年間低下はしているものの、まだかなり高かった出生率と、戦後急速に低下した死亡率との格差が、途上地域に一時年間平均2.5%の人口増加率をもたらした原因であり、人口が20世紀後半の50年間で2.9倍になったという「人口爆発」なのである。

なぜ人口転換が起きたか

すでに述べたように、人口転換で何が最初に起きたかというと、それは死亡率の低下である。まず死亡率低下が起こり、次いで出生率が低下したというのが、人口転換論の考え方である。産業革命によってなぜ死亡率が低下したかについては、多くの理由が考えられる。それらの主なものを考えてみよう。

まず考えられる大きな理由は、産業革命とともに農業革命が進み、農機具の発達、農作物の品種の改良、施肥などによって農作物の収穫量が非常に増えたことである。じゃがいもやとうもろこしのような新しい品種がヨーロッパに導入され、また特に運輸通信の発達によって、農業技術のノウハウの交換が地方間で行われて全体的に技術レベルが向上し、生産力が高まったことが指摘される。

さらに、天候の不順による農作物の不作が生じてもそれまでのような飢饉《ききん》による死亡が起こらなくなったことも挙げられよう。物材の大量輸送が可能になれば、凶作の地方に食糧を送ることが可能になる。インドでは、鉄道が敷設されてから飢餓による死亡が激減したと言われる。また食糧の貯蔵・保管技術の発達も大きな意味を持っていただろう。

死亡率がなぜ18世紀から19世紀にかけてヨーロッパで低下したかについては、出生率低下の要因論ほど百花繚乱でなく、だいたい定説がある。それは、その時代の西欧社会で経済構造が近代化し生活水準が上昇、食糧の供給が適切に行われ、栄養状態、衣類、住居の質が大いに向上し、さらに公衆衛生の面で改善がもたらされたからである。

ただし、途上国の状況は異なる。プレストンによれば、所得水準の向上は非西欧社会における死亡率低下のごく一部しか説明できないという。そこではむしろ、近代的国家の成立が経済社会発展の効果に代わるような公衆衛生の改善や衛生思想普及の恩恵をもたらしたといえう。

一方、ヨーロッパでは、18世紀から19世紀にかけての医療の技術革新、予防接種、あるいは殺虫剤の利用は、多くの場合、マイナーな働きだったが、他方で、第二次世界大戦以後のアジアやラテンアメリカでは結核、チフス、マラリアのような感染性疾患による死亡を減少させ、平均寿命を着実に延ばすにあたって重要な役割を果たした。

さらに多くの途上国では、第二次世界大戦後、義務教育制度が敷かれて、小学校、中学校で衛生教育が行われ、一般大衆に公衆衛生教育のキャンペーンが実施された。外から家に帰ったら手を洗う、生水は飲まない、腐ったものは食べない、時々は風呂に入って体を清潔にするというような衛生教育が行われ、死亡率は着実に減少したと言われる。多くの途上国では、欧米のように目に見えた生活水準の向上がなくても、死亡率は大いに減少し、それが人口増加をもたらしたのである。

なぜ出生率も低下したか

産業革命以後の近代化の過程でヨーロッパを先駆として、なぜ出生率が低下してきたのか。先進国、途上国に共通した出生率低下の要因と背景、そしてダイナミックスについて考えてみたい。ここで注目されるのは、人口転換学説を構想した二人の学者、デービスとノートスタインとでは、何が出生率低下の原動力であったのか見解が幾分異なることである。その違いを受けて二つの学派の論争がいまだ続いている。

「人口転換」の名付けの親であるデービスは、産業革命、経済発展、生活水準の向上と並行して起きた死亡率低下を出生率低下の牽引《けんいん》車と考えた。それに対して、ノートスタインは産業革命とともに起きた近代化、すなわち工業化、都市化、家族の機能の縮小、あるいは世俗化といった変化が出生率低下をもたらしたとしている。すなわち工業化、そして企業の巨大化・官僚化の過程で子どもの経済的価値が低下するとともに、子どもの一人ひとりに教育やトレーニングを与える必要が生じ、そのために子どもを育てるコストが鰻昇《うなぎのぼ》りに上昇し、出生率が低下すると考えるのである。ちなみに「世俗化」と言えば、当時非常に強かったキリスト教の影響から逃れて、合理的あるいは個人主義的行動の選択を行うという意味である。

デービスが主張した、死亡率が低下することが出生率低下のための一番の基本条件であるという考え方は、彼が主張した１９６３年直後にはあまり支持者がいなかったが、１９７０年代、80年代、そして90年代になって、途上国の出生率と死亡率の変化に関する、より正確な情報が豊富に収集されるに及び、90年代後半になってメーソン（Karen Oppenheim Mason）、クリーランド（John Cleland）らによって、人口転換の出生率低下に及ぼす死亡率低下の影響・役割が再認識されるにいたった。メーソンによれば、死亡率の及ぼす影響が近年あまり強調されなかったのは、フランスで死亡率の低下以前に出生率が低下したというエピソードが今日まで喧伝されすぎたためだと言う。しかもメーソンは、フランスで死亡率よりも出生率が先に低下したという事実はやや誇張であり、出生率が明確に死亡率の低下以前から低下したわけではないとコメントする。

一方、出生率とその変化の要因との相互関連は複雑であり、これまで想定されなかった組み合わせで低下が起きている。たとえば、経済がよくなっても出生率が低下し、逆に経済が悪くなっても出生率が低下するという局面が現れるようになった。１９７０年代～80年代にかけて行われた、先進国・途上国に対する「世界出産力調査」のクリーランドらによる分析によれば、社会経済的要因はかつて予想されたほど重要ではないという結論に達している。

こうしてみると、いかなる局面にでも影響力のある出生率低下の要因は限られた範囲の数に絞り込むことができる。それは、教育程度の向上、義務教育の普及、識字率の上昇、市場経済への移行、国際的な家族計画運動の推進、そして死亡率低下であるが、クリーランドは、近年の死亡率低下、すなわち生存確率の大幅な上昇こそが出生率低下をもたらす要因群のなかで中心的な位置を占めると言う。彼は、前述のフランスの出生率先行低下の例を除き、死亡率の低下のないところに出生率の低下はなく、もっとも単純明快で説得力のある出生率低下の要因は死亡率低下しかないと結論づける。

図表4－3が示すように、2003～05年当時の死亡状況の代表的指標としての世界各国の平均寿命（高い死亡率が低い平均寿命に、低い死亡率が高い平均寿命に相応する）と合計特殊出生率との関係をみると、両者の間に高いマイナスの相関が認められる。平均寿命の低い国で出生率の低い状況は稀であり、平均寿命の高い国では出生率の高い場合はほとんどない。

長期的な人口転換過程全般を通してみれば、死亡率低下がもっとも基本的な要因の一つであったことは認められよう。また、一般に死亡率の低下が出生率低下の要因と考えられているが、人口転換の過程で出生率低下が死亡率低下を促進する効果も多少あったことを付記しておきたい。

昔はたくさん死ぬからたくさん子どもを産んだ。多く産んだ子どもは部族や家族における人口再生産のための予備要員あるいはスペアであった。この原理は多くの非肉食動物が多産であり、また鮭《さけ》のような魚が夥《おびただ》しい数の産卵をする例に認められる。人間の場合、産んだ子どもが皆成人すれば、昔ほど子どもを産む必要がなくなる。もし昔のような多産を続けていれば、家族のなかでマルサス的人口問題が発生するからである。もう一つ、死亡率が低下す

〈4-3〉**世界各国の平均寿命と合計特殊出生率の相関**　2003〜05年当時

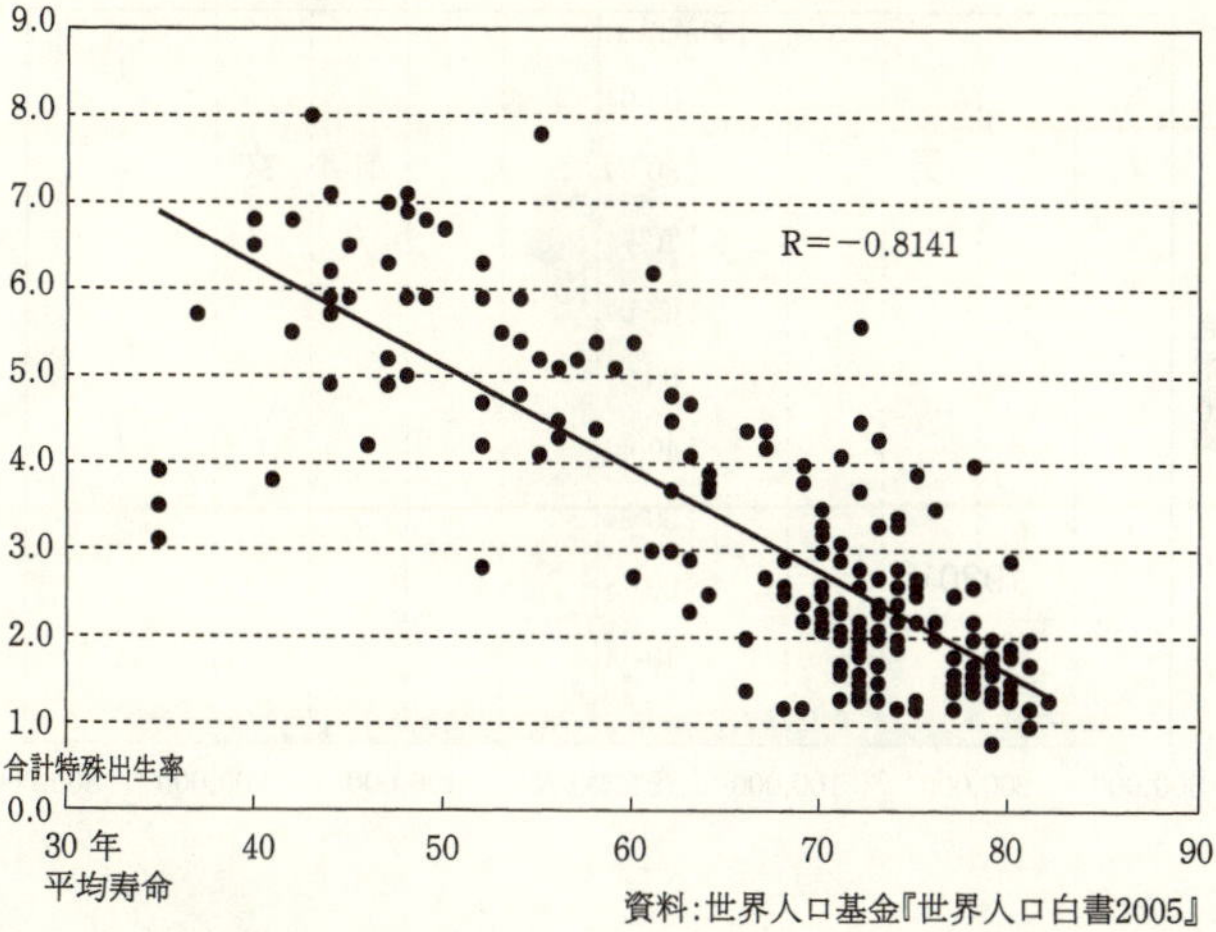

資料：世界人口基金『世界人口白書2005』

ると、運命主義的な人生に対する諦観《ていかん》が拭《ぬぐ》い去られ、人生をもっと計画的に運営しようという気運が生まれ、それが出産をより計画的にコントロールする行動に連繋《れんけい》していくと考えられる。

次ページ図表4－4は1920年と2005年との男女・年齢別死亡数のピラミッドの比較である。これは珍しい図で、死亡数のピラミッドである。普通見られる人口ピラミッドではない。1920年の段階で日本人の平均余命は40歳を少々上回った程度であった。図表4－4は、1920年から2005年にかけて、非常に劇的な変化が起きていることを表している。このように劇的な変化を示す人口現象のエピソードはほかに類を見ない。1921〜26年の生命表によれば、男の子は生まれて1年間以内に16%が死に、5歳まで

〈4-4〉日本の死亡数ピラミッド　1920、2005年

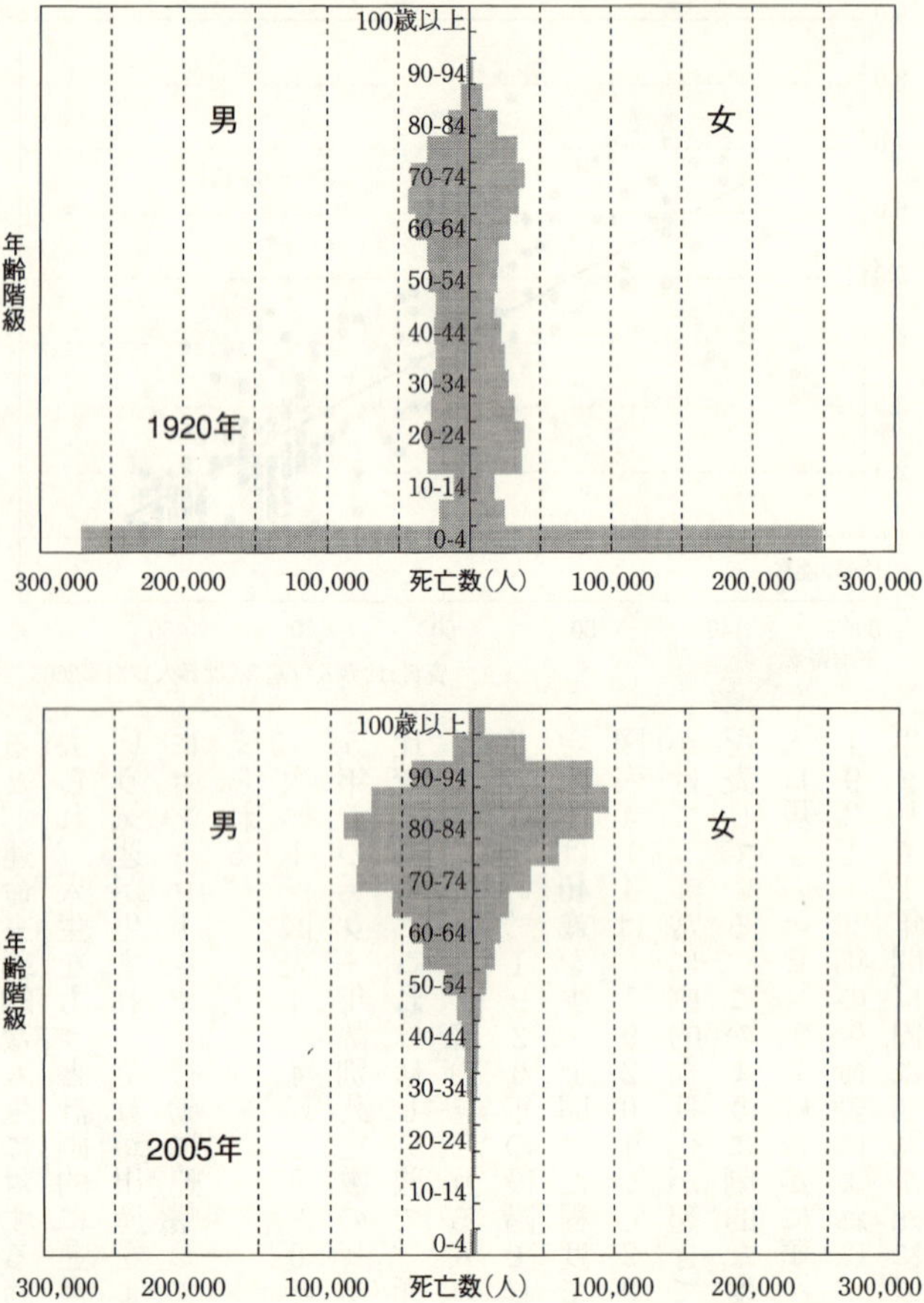

資料:1920年は内閣統計局『日本帝国人口動態統計』、2005年は厚生労働省『人口動態統計平成17年』

生存するのはわずか76％であった。当時自然は苛酷であった。20歳の成人式を迎える確率は69％にすぎなかった。したがって当時どの年齢で人間が一番死んだかといえば、それは子どもたちであったのである。

これまでの章で引用したコールとデメインのモデル生命表によれば、もし平均寿命がわずか25歳の時代であれば、5人の子どもを産まないと親世代と子世代の間で1対1の置換え関係が成立しなかった。江戸時代では4人の子どもを必要とした。しかし、もし平均寿命が80歳であれば、2・06人の子どもを産めば十分である。1920年代初期のように子どもが生まれて1年間に16％も死ぬ状況であれば、たくさんの子どもをスペアとして産まなくてはならない。しかし人口転換の過程で死亡率が著しく低下すれば家族のなかで当然人口過剰の問題が発生するので、早晩子どもの数を制限しなければならなくなるのである。

現在先進国の平均寿命、特に女性のそれは90歳に迫る勢いである。そのために、フランスの人口学者シェネー（Jean-Claude Chesnais）が指摘するように、現代の人びとは際限なく生きることができるものと錯覚しているようである。同じような錯覚が、日本人の間で人間の再生産、つまり自分と同じものを再生させる欲望を忘れさせ、少子化を推し進めているのかもしれない。

社会的・経済的要因

出生率低下のもう一つの考え方は、死亡率低下が出生率低下の究極的要因ではなく、社会経済的な要因の変化が根底にあることを強調する視点である。人口転換学説の生みの親の一人ノートスタインは、死亡率低下が出生率低下の要因だとは言っていない。むしろ彼によれば、死亡率と出生率の低下はともに、経済構造の変化と、多くの人びとが都市に移住し新しい環境、文化様式のもとで生活するという都市化に対する反応であるとする。

経済構造の変化によって特に子どもの経済的価値が低減する一方、彼らの養育・教育費用が増大し、文明の利器である新しいさまざまな消費財をもっと購入したいという欲望が喚起《かんき》された。さらに個人主義的な自己実現の傾向や教会の支配を逃れようとする世俗的な考え方が台頭して、その結果出生率が低下しはじめたのである。ノートスタインは社会経済的変化こそが出生率低下の原動力であると考えた。

西欧ではじまった人口転換を説明するために、子どもを育てるための費用と恩恵がもたらす経済的効果に焦点を当ててみよう。経済学の立場によれば、出生率低下のもっとも基本的な要因は、出産適齢期の夫婦が子どもを産める実現性が低下したことである。その背景として子どもを持つことは経済的に割が合わなくなったという事情がある。近代産業社会では知識と技能が何よりも必要である。子どもが満足できる職業に従事するためには十分な教育と訓練を与えることが必須《ひっす》となり、そのための費用が上昇した。さらに女性の就業が拡大し、

〈4-5〉世界各国の１人当たり実質国民所得と合計特殊出生率の相関　2003〜05年当時

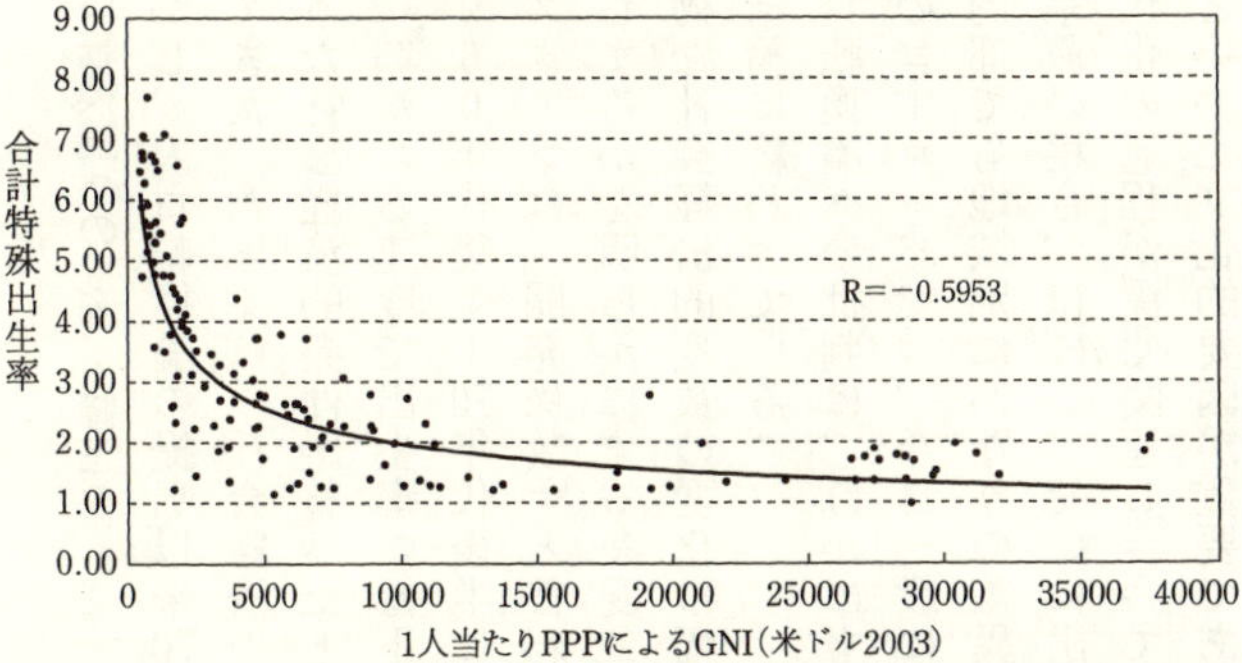

資料：世界人口基金『世界人口白書2005』

出産・育児の機会費用が増加した。他方、子どもの経済的貢献は激減する一方である。もはや子どもを産み育てることは昔のように投資ではなくなり、負担だけになったと言える。図表４－５に示すように、世界各国の１人当たり実質国民所得と合計特殊出生率とはかなり高いマイナスの相関を示している。すなわち、社会が近代化し所得が上昇すれば、一般に出生率が低くなるという状況が明らかである。

人口転換論は世界人口の将来を見通す上で大きな貢献をした。それまでの人口推計は単純に過去の増加率を将来に投影するとか、人口変動に何らかの数学的曲線を当てはめるといった機械的な方法によるものであった。しかし人口転換論によって出生率と死亡率の動向との間にあるいは経済発展と出生率・死亡率との間に一種の法則性が見出されることになり、国連や世界銀行による世界人口推計に有力な理論的根拠を与えたと言えるのである。

人口転換論への批判・修正

しかし、人口転換論の提唱以来70余年の間に、人口転換学説に対してさまざまな批判が行われてきた。たとえば、社会経済の近代化によって出生率が低下すると謳《うた》われているが、どのような社会経済的条件が整ったときに出生率の低下が起こるのか明示していない。また、いつ、いかなる速度で出生率の低下がはじまるかの予報能力に欠けているからである。

1960年代後半〜70年代後半にかけて国連人口部に勤務していた筆者の経験によれば、研究スタッフは「開発係数」と言われる社会経済的変数がどのレベルに達したときに出生率がはじまるかを明らかにする多変量解析をいろいろ試みていた。だが、出生率低下をもたらす有効な社会経済的変数の変化の幅が広くなりすぎて、厳密な閾値《いきち》は結局特定不能であるという結論に終わっている。

人口転換論への批判は、ほかにもいくつか挙げることができる。第一に、人口転換が起こる前のヨーロッパでは、今日一般に思われている以上に国別の社会経済的条件が異なり、国家の内部でも地域別にかなりの差異が見られた。それにもかかわらず、同一地域・文化・言語・宗教の場合、ほぼいっせいに出生率が低下したことからみると、出生率低下と社会経済の近代化の過程が深く関連し合っているとは必ずしも言えないのではないか。むしろ言語や宗教といった文化的要因が重要であるように見えるのである。第二に、すでに引用したが、フランスのように出生率低下が死亡率低下より早くから起こっているケースや、ドイツのように死亡率低下が出生率低下と同時にはじまっているケースもあるからだ。つまり、死亡率低下が必ずしも出生率低下の前提とはならないという批判である。

これに対して、プリンストン大学のコールを中心とした「ヨーロッパ出生力研究」グループは、一応の答えを出している。彼らは１９６０年代～70年代にかけての10年以上の研究を基にして、ヨーロッパで19世紀にはじまった出生力低下は、工業化や都市化という経済発展にともなう現象の当然の帰結として起きたというよりも、それまで未知であった出生抑制の考え方とその具体的方法が同じ言語・宗教の地域に伝播・拡散し、それで夫婦出生率が低下したためであると結論づけている。ただし、こうした状況自体が広い意味での近代化の過程だと言えないこともない。

近代化はなぜ出生率低下をもたらしたか

一方、人口転換論で依然曖昧なのは、近代化が起これればなぜ出生率が低下するのかである。すでに述べたように、ノートスタインは、西欧諸国で社会が近代化し産業化と都市化が進展したために出生率が低下したと論ずるが、さらに一歩を踏み込んだそのメカニズムの究明については、必ずしも十分ではなかった。

社会が産業化すれば、なぜ出生率が低下するのかを明らかにしようとしたのが、オーストトラリアの社会人口学者コールドウェル（John C. Caldwell）である。コールドウェルは、前近代的時代には目的合理性が支配せず、転換期に入り近代化の条件が整ったときに初めてそれが形成されるというこれまでの合理性の二元論を廃し、目的合理性はいかなる段階でも、先進国・途上国を問わず存在することを強調した。

そこでコールドウェルは、利益（富）の世代間の流れという概念を導入する。伝統的な社会では、子から親へと利益の流れが動いている限り、たくさんの子どもを産むことは経済的にも、住んでいるコミュニティーで威信を強化するためにも、さらに老後の保障を安全にする意味でも有利であるから、出生率は必然的に高くなる。一方、それとは反対に人口転換期の社会では、利益の流れがもはや子から親へと流れず、逆に親から子への方向に流れはじめているために、たくさんの子どもを持つことが不利になる。したがって出生率は必然的に低下せざるを得ないと言う。

コールドルウェルによれば、発展途上国におけるこの世代間の利益の流れを逆転させる力は、核家族的家族形態が西欧化を通じて途上国によって模倣《もほう》され、あたかもテレビやジーンズが日用品として流入するように彼らの生活に入ってくることである。同時に大規模な初等教育の普及であり、マスメディアによる小家族思想の伝播である。コールドウェルによれば、核家族化は出生力低下の帰結ではなくその前提条件である。

しかしこの利益の世代間の流れがどうして伝統社会から近代社会に変わると逆転するのか

は、いまひとつ釈然としない。また東アジアでは出生率が低下したあとでも核家族化が十分達成されているとは言えないし、大規模な初等教育の普及がどういう具合に出生率低下に結びつくのか、その点は必ずしも明確でない。おそらく、義務教育が学童を物理的に学校に拘束し、したがって親が子どもを家事でこき使おうと思っても、その機会が奪われて子どもの経済価値が低下するということであろうか。

さらに、人口転換論は、人口動態が少産少死の均衡に入った以後の状況を明確に示していない。現在欧米諸国では出生率が低下し、人口置換え水準、すなわち新・旧世代1対1の人口再生産がとても達成できない状況にある。これに対して旧来の人口転換論は、将来に人口置換え水準まで出生率が回復するのか、あるいは上下運動を繰り返しながら長期的にさらに低下するのかという質問に対して、答えを用意しているわけではない。

古典的人口転換論は、以上のように曖昧さを持っている。だが、それにもかかわらず人口のマクロな流れを解釈する際には依然有力であり、大きな意味を持っている。実際には人口転換論の予想通りにいかないケースも多々あるが、これまで人口転換論以外に世界の人口の趨勢を大局的に説明できる理論はなかったのである。しかし、新しい考えもゆっくりではあるが構築されつつあった。それが次に述べる「第2の人口転換論」である。この論は古典的な人口転換学説の、少なくとも西欧諸国の状況に対する本格的な一つの修正版あるいは拡張版となっていく。

「第2の人口転換論」の登場——新しい人口革命

人口転換論は、転換終了後の出生率・死亡率の水準について必ずしも明確に記述しているわけではない。だが、両者が低水準で均衡し、人口増加率がおおむねゼロになるものと暗黙に仮定している。しかし、人口転換後の人口は必ずしも人口置換え水準で安定し、人口ゼロ成長の状況になるとは限らないことは明らかである。

西欧諸国では1960年代後半に出生率がほぼいっせいに低下しはじめ、ほとんどすべての国が80年代以後、人口置換え水準以下に低迷している。出生転換の終着駅であると当初考えられた人口置換え水準を突き抜けて、出生率が低下し、半永久的に停滞し続ける状況が「第2の人口転換」である。このいわば人口転換論の改訂版は、オランダとベルギーの人口学者ヴァン・デ・カー（Dirk van de Kaa）とロン・レスタギ（Ron Lesthaeghe）によって1986年に「第2の人口転換論」として提唱された。

第2の人口転換理論の唱道者の一人、レスタギは西欧社会の家族形態の変化から、以下のように分析する。

まず第一段階として1965～70年の間に、三つの変化が起きた。第一は、すでに増加の傾向にあった離婚が加速したこと、第二は、15～20年間続いたベビーブームが終焉したことである。出生率はすべての年齢、結婚持続期間のグループでいっせいに低下した。またこの時期は、「避妊革命」と言われる避妊薬の新兵器、いわゆるピルの発明・普及、不妊手術の増加と時を同じくしている。第三に、1980年あたりから西欧で長期間続いていた結婚年齢の低下が終わったことである。これはベビーブームの終局と対応しているが、近年のもう一つの要因として、一方では前述の効果確実な避妊薬の導入によっていわゆる「できちゃった結婚」、あるいは「望まれざる出生」が減少したことにもよっている。

第二段階の著しい変化は、1970〜85年にかけての婚前同棲の増加である。これは北欧諸国に端を発し、ヨーロッパに急速に広がった現象である。ただヨーロッパでは北米とは違って、同棲は結婚減少の穴を埋めている状況であったし、同棲した男女の間の出産も大いに認められるようになった。多くの同棲は実際には同意婚、事実婚と変わりなく、したがって、スウェーデンをはじめとするいくつかの国で、婚外出産が正式に結婚している夫婦からの出産数を上回った。

第三段階に見られる顕著な傾向は、1980年代半ばからそれまで長く続いた高い離婚率が安定期に入ったことである。しかし一方、再婚率が近年上昇する徴候は見られない。さらに特徴的なことは、LAT（Living Apart Together）というような、週末は一緒に住み、そのほかの日は別々に暮らすといった新しい同棲形態が現れたことであろう。別の言葉で言えば、パートナーシップの多様化である。

第2の人口転換は、その結果の一部として、母子家庭を出現させ、「貧困の女性化」をもたらした。またそのような家庭における子どもの健全な生活の減退、喪失が1980年代から今日まで西欧社会で繰り返し論じられている。

筆者は、2004〜05年にかけてヨーロッパ諸国を訪問し、現地の人口学者にインタビューをしたが、その際にもっとも印象的であったのは、「第2の人口転換論」がヨーロッパの人口学者の間で広く知られ、ヨーロッパで人口置換え水準以下の低出生率の出現とその継続の現象を適切に説明できるもっとも有力な理論としてすでに認められていることであった。スウェーデン、デンマーク、ドイツ、オランダ、ベルギーなどでは、脱工業社会・脱物質主義社会の到来にともなうパートナーシップの多様化、家族の変容、そして出生率の低下の過程を十分に説明できるほとんど唯一のグランド・セオリーは、この「第2の人口転換学説」しかないという認識であった。ただし、イギリス、アメリカ、カナダ、オーストラリアというアングロ・サクソンを母体とする国々では、この理論はそれほどポピュラーではない。

背景と影響

すでに述べたように、ヨーロッパの出生率が、19世紀・20世紀の人口転換で最終的に到達し、そこで安定すると考えられていた人口置換え水準をさらに下回って低下したことが、第2の人口転換学説の一番の特徴である。そして第2の人口転換の唱道者ヴァン・デ・カーとレスタギによれば、第1の人口転換と決定的に異なるのは、20世紀後半以後に起きた脱工業社会、脱物質主義社会の状況のもとにおける価値観の変換である。

第1の人口転換では、家族、配偶者、そして子孫に対する利他的な関心が支配的であったが、第2の人口転換では、性的行動、異性との同居、結婚・離婚、出産に関する行動が伝統的な規範・道徳に拘束されなくなり、個人の権利の獲得と自己実現がもっとも重要な価値観として強調されるのである。

脱工業社会そして脱物質主義社会の重要な特徴は、生活の豊かさと人生に対する物質的な心配事の減少である。これまでは、毎日どうしたら家族全員が食べていけるかという懸念、心配が念頭から離れなかったが、工業化が進展し所得が増え生活水準が上昇すると、生活に余裕ができた。家庭に電化器具が導入されて家事・炊事が楽になった。女性にも暇ができて、家庭外での就業も可能となった。

一方、ソフト産業と言われる重労働のない小奇麗なサービス部門が隆盛となり、労働需要が増えると、女性の社会進出は大いに増加した。さらに、1960年代、70年代の「避妊革命」の所産である避妊効果100%の経口避妊薬（ピル）の普及は、女性を望まざる妊娠・出産から解放した。女性は、家族の呪縛《じゅばく》を離れて、これまで開発されることのなかった家事・育児以外の、自分の人生の可能性を伸ばす機会を得た。これがイングルハート（Ronald Inglehart）の言う「静かな革命」であり、デービスの言う「性別役割の革命」である。専業主婦はもはや結婚した女性の役割として主流ではなくなったのである。

第2の人口転換期では、家族や子どもに対する考え方が変わり、晩婚、非婚、同棲、婚外出産、離婚というこれまで正常な家族形成の形態から逸脱していると考えられたものが認知され、家族のあり方が根本的に変わった。「子どもは王様」であった時代は去り、今度は「大人が王様」になったとも言えるのである。アリエス(Philippe Aries)によれば、いままでは子どもは夫婦の鎹《かすがい》であったが、もはや親は子どものために犠牲になる必要はないという考え方に変わっていったという。すでに述べたように、北・西ヨーロッパでは1970年代から、人口置換え水準を下回る出生率が出現した。レスタギとヴァン・デ・カーは、これらの状況は一時的なものではなく、すでに〝構造化〟しており、昔に戻ることはないと主張するのである。ヴァン・デ・カー作成による図表4-6が示すように、近い将来出生率は回復しないと予想されている。

レスタギらの最近の論文によれば、第2の人口転換はすでに、北米・ヨーロッパ全域だけでなく、東アジア、南アジア、ラテンアメリカ、カリブ海の島々を覆う形勢にある。2005年現在、欧米諸国以外で合計特殊出生率が2.1を下回る国と地域は、日本(1・26)、韓国(1・08)のみならず、すべての中国系人口の住む国と地域、すなわち中国本土(1・73)、シンガポール(1・24)、台湾(1・12)、香港(0・97)、マカオ(0・91)がそれにあたり、また東南アジアのタイ(1・85)もそうである。一方でアジアでは、イスラム教国のカザフスタンが1・89を示しているのが注目を惹《ひ》く。カリブ海の島嶼《とうしょ》国は伝統的に出生率が低いが、

〈4-6〉「第１の人口転換」と「第２の人口転換」

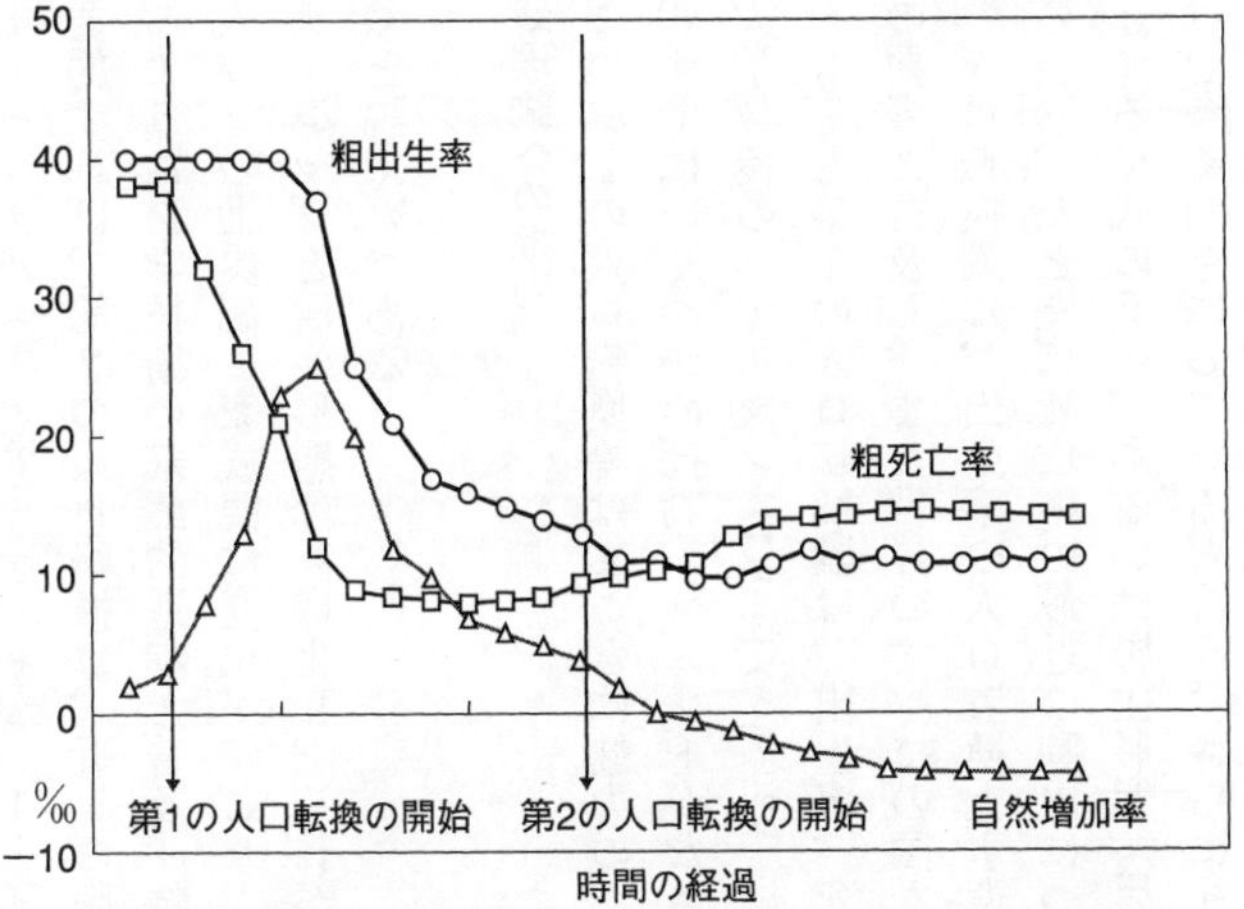

資料：Dirk van de Kaa. 2004. "Is the Second Demographic Transition a useful research concept?": Questions and answers, *Vienna Yearbook of Population Research*.

それはバルバドス（1・50）、キューバ（1・54）、トリニダード・トバゴ（1・64）、マルティニーク（1・80）、プエルトリコ（1・76）を含む。

さて、本章の最初に、1963年の第一回アジア人口会議のエピソードを紹介したが、驚嘆すべきは、当時出生率が下がるとは夢にも思わなかった人口巨大国インドのなかで、出生率が2.1を下回る州と特別区、そして数州以上で都市部地域が出現したことである。2004年現在で、州と特別区では、ケララ州（1・96）とゴア（1・77）連邦政府直轄領であり、さらに州のなかの都市部は、カルナタカ（1・89）、ヒマチャル・プラデシュ（1・74）、パンジャブ（1・79）、ジャンム・カシミール（1・66）、ウエスト・ベンガル（1・69）、アッサム（1・50）の各州のものとなっている。

要約すれば、第2の人口転換は、近年の脱工業社会への変貌、IT革命、情報革命と言われるような科学技術の飛躍的進歩と普及、特に近代的避妊技術の導入・普及とともに、世界の人びとの世界観・家族観に変化が起こり、出生率は置換え水準以下に低下し、男女のパートナーシップと居住形態は多様化し、それが以前の水準に戻ることはなくそのまま継続していくと説くのである。

新理論への批判

この第2の人口転換論はまことに魅力のある、グランド・セオリーのようにみえる。しかし、すでにいくつかの批判、コメントがなされているのはもちろんである。オックスフォード大学教授のコールマン（David Coleman）は次のように批評する。

そもそも第1の人口転換論は、出生率、死亡率、そして人口移動という、すべての人口変動の要素に言及し、また世界のすべての国を覆う普遍的な傾向を指摘していた。しかし、第2の人口転換論は、出生率の人口置換え水準以下への低下については論ずるが、他の人口変動の要素、たとえば死亡率の最近の動向については一言もない。むしろ人びとの性的関係に関連する様式の変化、あるいは居住形態（living arrangements）の変化といった限られた要素だけを多く問題にしていると言う。さらに社会学的あるいは政治学的な関連研究を中心として問題を展開しており、第1の人口転換学説のような概念の普遍性にいささか乏しい。たしかに、第1の人口転換論はこれまで世界中に適応する普遍性を持っていた。しかし、第2の人口転換論は、北・西ヨーロッパでは非常によく適応しているが、北・西ヨーロッパの特殊性の説明・解釈にすぎないのではないかとコールマンは厳しい。

コールマンは、この学説が一部の西欧諸国には当てはまっても、南欧・東欧諸国、さらに日本を含む東アジア、インド亜大陸を中心とする南アジア、アラブ諸国を含む西アジアと北アフリカ、そして最後にサハラ以南のアフリカには全面的に適用しにくいのではないかという疑問を呈している。たとえば、同じヨーロッパのなかでも、東ヨーロッパでは、ポーランドやウクライナのエリート階級には当てはまっても、所得の低い一般労働者階級にはなかなか適用できない。

ヴァン・デ・カーやレスタギの言う価値観の変換が出生率低下の原動力かというと、それだけでは不十分で、説得力が足りないというのが大方の意見である。レスタギは脱工業社会の到来で、特に価値観の変換、文化的要因の役割の重要性を説くが、人びとの共有する価値観がそれを支える社会経済的基盤あるいは科学技術の影響力を抜きにして、出生率に影響を与えるものだと考えているわけではない。文化的要因、イデオロギーには、それ自身だけで出生転換、人口転換を牽引する力はないと考えるのがより妥当であろう。それは出生率低下を促進する触媒的な働きを持っていても、蒸気機関車的な牽引力は持たないのである。

さらに、レザフォード（Robert D. Retherford）らの日本に対する研究、リンドファス（Ronald R. Rindfuss）らのアメリカに対する研究によれば、出生率低下のような人口動態の現実的変化が生じた後に価値観の変化が起きるという状況がみられ、その逆ではない。ただし、興味深いのは、レザフォードらが指摘するように、出生率低下によって引き起こされた価値観の変化が、今度はフィードバックして出生率低下を加速させる効果を示すことである。

日本への適用は可能か

われわれの関心事は、この理論あるいは仮説が、日本あるいは日本を含む東アジアに対して適用できるかどうかであろう。しかし、それが非西欧社会に対して適用されるのかどうかについてはいくつかの疑問がある。

そもそも先に列挙したアジアの低出生率国には工業化社会から脱工業社会への転換によって世界観・家族観の変化があったのか疑問が残る。同じように、物質主義から脱物質主義への転換があったのか当惑する。東アジアの女性の労働力率の年齢パターンを考察すると、日本よりも労働力参加率が低い。このような労働力参加率、あるいは就業率の低さをみると、脱工業社会への価値観の変換がどれだけアジアで実現しているのかは不明である。

レスタギの言うように、第2の人口転換が日本でも発動しているであろうか。

かつて高かった夫婦出生率が低下しはじめ、未婚率、初婚年齢が急上昇し、合計特殊出生率が人口置換え水準以下に低下したけれども、日本の人口・家族に関わる規範、レジームがそこで西欧社会のように変容するかどうかは疑問である。西欧のような脱物質主義的時代を迎え、レスタギの言うように「三つの革命」、すなわち①経口避妊薬の普及による避妊革命、②セックスを結婚した夫婦間だけに限らず、生殖の目的以外に行う性革命、そして③女性の解放、職業機会の均等など、男女平等を謳うジェンダー革命が日本で三拍子揃《そろ》って実現されているかというと、答えは「ノー」である。

たしかに出生率は非常に低い水準に低下し、離婚率は近年西欧諸国の一部より高くなってはいるが、同棲と婚外出産は非常に少なく、また適齢期の男女の居住形態が北・西ヨーロッパのように多様化するという徴候はほとんどない。

繰り返して言うと、出生率の人口置換え水準以下という状況は同じであっても、出生率低下の条件については細かいところで大いに異なる。現在の日本の状況からみて、家族と子どもに対する価値観に革命的変化が生じ、同棲、婚外出産が北・西ヨーロッパのように現在よりも一桁多くなる状況はとても予測しにくい。日本の場合、自己実現・自己充足というよりも、男性中心社会、男女役割分業社会、そして伝統的な家族の呪縛に対する女性の反乱、リベンジという意味で婚姻率が減少し、出生率が低下した面が強い。

一方、若者特に若い男性のひきこもり、あるいはパラサイト・シングル、フリーター、ニートといった人びとの存在、そして男女交際・性に対する積極性のなさという、西欧社会にはあまり顕著にみられない様相が起きている。これらは西欧の第2の人口転換の過程で見られた、過去の伝統・権威・規範に対する反抗、逸脱という意味では似ているとしても、北・西ヨーロッパでみられるような積極的な自己実現の行為とはとても考えられないのである。

若い人たちのひきこもり現象、キレやすい若者の増大、成人し就職しても親の家から離れ独立しようとしないパラサイト・シングルの存在、学校を卒業しても就職、さらに進学をしないニートと言われる人びとの増大が、最近にわかに注目されるにいたった。家族社会学者山田昌弘の言うように、彼らの存在が少子化を促進しているのではないかと考えられるようになったのはもっともである。

1980年代以降の画期的変化

コールマンは、「第2の人口転換」と言っても、それは新しい形での人口転換ではなく、近年の性活動のパターンの多様化、家族形態・居住形態の変化を論じたものにすぎないと指摘した。第1の人口転換は、出生率低下の背景と要因は細かい点で大いに異なるとしても、北・西ヨーロッパでも東アジアでも、人口転換の基本的なメカニズムとそれを起こす社会経済的条件はほぼ同じであった。しかし、第2の人口転換は、アジア、ラテンアメリカ、あるいはアフリカで、北・西ヨーロッパやその周辺のヨーロッパ地域と同じように価値観の変化が起こり、女性が自己実現に目覚め、離婚、同棲、婚外出産が増え、子ども中心の家族がカップル中心に変化し、そこで置換え水準を下回る出生率低下が同時に起きると考えるのは必ずしも容易ではない。

日本の場合、それにいたる経路は異なるが、しかし、子どもが王様の地位から滑り落ちたというよりも、さらに子どもの質への期待が高くなるところがみられ、子ども優先規範は揺るがないようである。コールマンが論ずるように、1992年ノーベル経済学賞受賞のゲーリー・ベッカー（Gary S. Becker, 1930～）とその弟子たちが提唱した、子どもに関する数から質への転換理論のほうが、日本の少子化現象により適合しているように思われる。

ただ、日本への第2の人口転換論の適用を一笑に付すという、強い否定の理由はもちろんない。一番肝心の出生率は1956年以後おおむね人口置換え水準を下回り、すでに50年以上も非常に低い状態にあって、回復の気配はないからである。このような半恒常的に続き、回復の可能性が見出しにくい最近の超低出生率をみれば、レスタギ、ヴァン・デ・カーの提唱する「第2の人口転換」理論はなかなか魅力的である。西欧と同じようにすでに1世代以上30年も続く超低出生率は、途中経過としてそれぞれの国の特徴的な社会規範や、文化的要因によって歪《ゆが》められながらも、北・西ヨーロッパのパートナーシップの多様性の形に結局は収斂《しゅうれん》していくのであろうか。

日本では同棲は少なく、婚外出産は稀であると指摘されるが、さまざまな意識調査の結果をみると、1980年代あたりから家族のあり方、男女の役割分業、老後の社会保障、離婚の当否について画期的な変化が見られるようになった。1980〜90年代に性、結婚、離婚に対する価値観は大幅に変化し、婚前のセックス、非婚、離婚に社会は寛容になっている。また毎日新聞社の2004年「第一回人口・家族・世代世論調査」によれば、同棲に対して抵抗感がないという女性の割合も20代と30代の前半で過半数を超えている。こうしてみると、現代の若い人たちは心のなかでは自己実現的意図を持っていても、いまのような伝統的な家族の呪縛と社会の規範と統制が依然強固である限り、意識の変化が行動にまで顕在化しない状態だとも考えられる。

第2の人口転換論は、第1の転換理論よりも精緻《せいち》である。しかし、その分だけ普遍性に欠けている。この学説は、人口変動の三要素である出生・死亡・移動のうち後者の二つについてほとんど触れていない。さらに出生力自身よりも、性行動、結婚、パートナーシップ、居住形態だけについて論じているところが多い。ただ出生率の低下は以前は一時的なものだと考えられていたが、それが構造的なものであるという見解は、現在の先進諸国の出生率動向をよく反映している。

ともあれ、この「第2の人口転換論」が、日本の少子化のゆくえを展望する上で大いに参考になることは疑いのないところであろう。

第5章　生殖力と出生率——生物的・行動的「近接要因」

近接要因とは何か

「出生」自体は、生物的現象である。それには生物として意図的に変えられない初潮、閉経の年齢、受精から出産までの受胎期間などが関連する。さらに、初婚年齢、生まれた子どもを母乳で育てるか人工乳で育てるか、避妊実行率、人工妊娠中絶率などによって規定される。これらの背景に社会・経済・環境的な要因があり、たとえば夫婦の教育水準、就業活動、所得、地域全体の経済社会水準、女性の地位、価値観、人口密度によって影響を受けることになる。

人口学の場合、出生力を二つの要因群で考える。一つは「近接要因」と言われる人間の生殖をめぐる生物的、行動的要因。もう一つはその背景にある「社会・経済・環境的変数」である。

近接要因とは、次ページ図表5－1に示すように、出生率水準の決定と社会経済的な要因との間にある媒介的な要因群である。以前は「媒介変数」あるいは「中間変数」と呼ばれた

〈5-1〉出生力モデル

註：John Bongaarts. 1978. "A framework for analyzing the proximate determinants of fertility", *Population and Development Review*, Vol.4, No.1, March.

こともある。

出生力の水準を決定する要因群の配置は、古典的なものではフリードマン（Ronald Freedman）が１９６５年、当時のユーゴスラビアの首都ベオグラードで開催された世界人口会議で提唱したモデルがある。

フリードマンのモデルは、図表５－１のように社会・経済・環境的要因が根底にあり、それぞれの国・社会に存在する出生行動に関する規範によって影響を受け、これがデービスとブレーク（Judith Blake）の媒介変数を通じて子どもの出生、つまり、子どもを産むか産まないか、何人産むかを決めるとするところである。

フリードマンの考え方の特徴は、一つには社会・経済・環境的要因は広範囲かつ非常に影響力があるが、直接出生力には働かず、近接要因を通してのみ出生力に影響を及ぼすというものである。もう一つは、出生の過程は死亡と異なり、人間の（ここでは両親の）意志的・意図的な要素が加わって実行されるというものである。現代は子どもを産むかどうか、いつ産むかを親が決めることができるからである。

さて、先に挙げたデービス＝ブレークの媒介変数は、（１）性交、（２）受胎、（３）妊娠の三つの再生産過程を経過する一三に及ぶ変数から成る。しかしこれらは必ずしも数量的に特定されておらず、実際の分析のための再生産モデルに発展できなかった。

そこでボンガーツはこれを整理統合して七つの近接要因を考えた。（1）結婚、（2）永久不妊のはじまり、（3）産後の不妊、（4）自然的受胎確率あるいは性交頻度、（5）避妊法の使用と効果、（6）子宮内胎児死亡（自然流産）、（7）人工妊娠中絶である。なかでも結婚、産後の不妊、避妊、人工妊娠中絶の四つを直接的に出生率を決定するものとして特に重要と考えた。デービス＝ブレークの媒介変数には、途上国で重要な役割をする長期間の母乳哺育による産後の不妊の変数は含まれていなかったので、これを入れたのはボンガーツの貢献である。

ボンガーツは近接要因を「それを通して社会・経済・環境的変数が出生力に及ぼすところの生物学的・行動的要因」と定義した。この定義で明らかなように、近接要因は純粋に生物的なものにとどまらず、避妊・人工妊娠中絶など社会的な色彩の濃い生殖行動に関する変数を含んでいる。

ここで「産後の不妊」とは、産後しばらくは女性には排卵がない（月経がない）、つまり妊娠しない現象である。少なくとも1ヵ月半～2ヵ月は卵巣から子宮への排卵（月経）がなく一時的な不妊現象が起こる。これは神が女性に授けた産後の休息期であるが、母親が授乳をするとその間さらに排卵がない状態が続く。多くの途上国では母乳哺育期間が長い。一方、先進国では長い授乳期間を取らない。

五つの異なった社会状況

ここで興味深い、出生力の異なった社会状況を図表5－2に示したい。これはボンガーツとポッター（Robert G. Potter）が1983年に提示した図を基に、筆者が日本の状況をアメリカのそれと置き換えて作成した。異なった社会・経済・文化的条件のもとで女性が子どもを産みはじめる年齢、出産間隔、産み終える年齢、出産回数に大きな差の出る状況を示している。ただし、これらはあくまで平均的なモデルである。

ここでグレー色の期間は結婚から最初の受胎までの待機期間である。次の黒い色の期間は受胎期間であり、そのあとの白地に横線のある期間は出産後の一時的不妊期間を示す。そしてもう一度出てきたグレー色の期間は次の受胎までの待機期間となる。

受胎開始から分娩（出産）までは9ヵ月（約280日）であり、この期間はどの時代、どの社会でもほぼ同じである（もちろん個々のケースの偏差はある）。これは明らかに純生物学的現象だと言える。また初潮の年齢、閉経の年齢、産後の一時的な不妊期間はそれぞれの社会を通じてほぼ同じである。

しかしほかの要素、たとえば結婚年齢、結婚から最初の受胎までの待機期間、母乳哺育期間、排卵再開から次の受胎との間の待機期間などは異なる。これらは生物学的関連性がある

〈5-2〉異なった社会における女性の平均的再生産過程

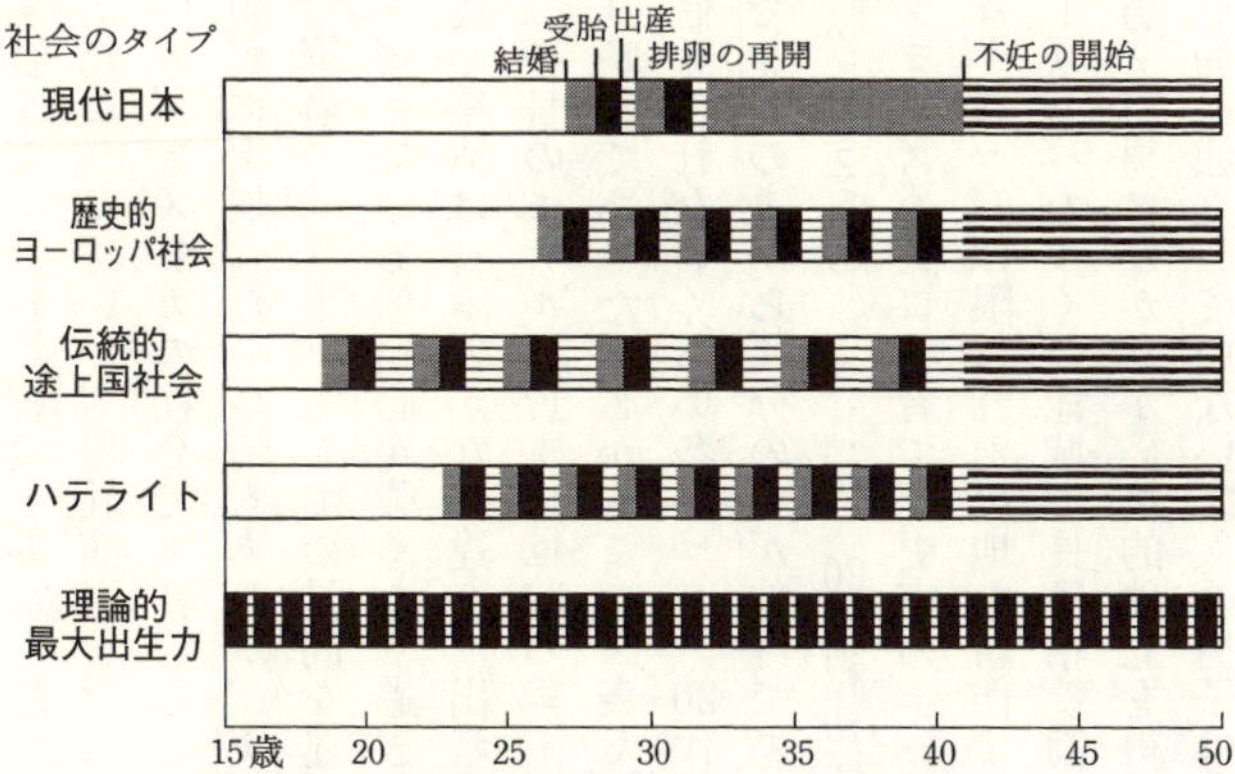

資料：John Bongaarts and Robert G.Potter. 1983. *Fertility, Biology and Behavior*, New York, Academic Press. 現代日本は筆者の作成による

にもかかわらず、同時に社会・文化・環境的要因が介在して、違いをつくっている。

第一は現代日本の状況である。現代日本では平均的パターンとして、結婚と第１子、第２子の出産が非常に遅い。また受胎までの待機期間が比較的長い。出産間隔は２年半から３年未満である。そして何より特徴的なのは、第２子の出産が終わった後は排卵の再開があっても再び受胎（妊娠）せず、３人以上産まないことである。明らかに第２子の出産後は避妊・中絶による出産コントロールを行っているのである。

対照的な例として、図示はしていないがアメリカはどうか。その特徴は、日本より結婚が早い、第１子の妊娠、出産のタイミングが比較的遅い、出産後の母乳哺育期間が日本よりも短く排卵の開始が早い。一般に西欧社会の場合、女性の母乳哺育の期間が短いが、アメリカの都会の場合平均1ヵ月半程度と非常に短い。母乳哺育をしている間は母体のホルモンの関係で排卵が起こりにくいが、母乳哺育を行わなくても1ヵ月半〜2ヵ月は排卵がないことが知られている。アメリカの社会で母乳哺育を早くやめる傾向にあるのは、母親が外で働いており早く現場に復帰したい事情もあるが、実は小児科のドクターが早い乳離れを奨励するからである。筆者のニューヨークでの見聞を述べると、アメリカでは子どもがなかなか乳離れをしないと親に対する依頼心が強くなり過ぎると言われ、小児科の医者は早期の離乳を薦める。この辺の事情は日本とかなり違う。出産間隔は2年から3年の間である。

二番目のモデルは17〜18世紀のヨーロッパの出産活動である。当時のヨーロッパは晩婚であり晩産であった。しかもこの図表だけではわからないが、当時は生涯独身が今日の常識では信じられないくらい多かった。20代前半では女性の4分の3が独身であり、また40代の前半で5分の1から4分の1が独身であった。リグリー（E. A. Wrigley）とスコーフィールド（R. S. Schofield）によれば、20世紀初頭でも、イギリスでは40代前半の17％は未婚であった。

フランスの人口学者で歴史家のエマニュエル・トッド（Emmanuel Todd）によれば、当時のヨーロッパは限られた農地を耕作する農業社会であり、しかもドイツ語圏を中心に大陸部のヨーロッパの多くの地域で長子相続制であった。長男は家を継いで結婚し子どもを産んでも、次男・三男はなかなか経済的独立を得ることはできなかった。しかも当時のヨーロッパでは、経済的に独立していない成人の男子は結婚すべきではないという強い規範があったようである。多くの若い男女は教会に送られ僧侶として一生独身で過ごすか、長男の家に居候し結婚することなく生涯を終えた例も少なくない。

当時の西欧社会では、結婚した女性は平均6人の子どもを産み6～9ヵ月の母乳哺育を行い、受胎期間と同じくらいの受胎待機期間、つまり排卵再開後の受胎可能な期間があったと言われる。当時意図的な避妊は特に行われていなかったので、閉経前の受胎確率が急速に低下する年齢まで女性は子どもを産み続けた。歴史的ヨーロッパの場合平均出産間隔は2.5年くらいであった。

三番目のモデルは、1970年くらいまでの貧しい途上国の典型的なパターンである。当時の南アジア、アフリカ、ラテンアメリカの国々である。結婚は非常に早く、10代後半には通常結婚し、避妊をしないので受胎待機期間は近世のヨーロッパと同じように比較的短い。しかし母乳期間は長い。特にインド、バングラデシュ、インドネシアでは非常に長く、なかには2年に及ぶ場合もあった。そのため出生間隔は長く平均約3年であったと考えられる。早婚でしかも避妊をしないのにもかかわらず、長い授乳期間のため無排卵（無月経）期間が長く、子どもの数は平均7人くらいにとどまり、後述のハテライトほどではない。

四番目のハテライトとは、第3章でも触れたがアメリカ北部中央のノースダコタ州からカナダ南部の中央にかけて住み、独特のコミューン的生活を営んでいる白人プロテスタント・再洗礼派の家族である。彼らは宗教的理由から避妊・中絶といった人為的な出生抑制を一切行わず多産で有名である。彼らは非常に克明な出産記録を持っていることでも知られている。1950年に、女性は1人当たり平均10人の子どもを産んでいたという記録がある。彼らは未婚率が低く、前述の伝統的途上国社会のように特に早婚ではないが20歳代前半にはほとんど結婚する。しかも産んだ子に対する授乳期間は比較的短く5〜6ヵ月程度で、出産間隔は短く平均2年である。この事実は、もし人為的な産児調節を行わなければ、人間集団としてどのくらい高い出生率を達成できるかという「自然出生力」を実現したモデルとして、人口研究でよく参照される。受胎待機期間が歴史的ヨーロッパの状況や途上国の伝統的社会よりも短いのは、アメリカやカナダという高い生活水準と保健医療レベルの恩恵を受け、受精後の胚《はい》または胎児の生存確率が高く、自然流産の確率がやや低いためであろうかと推察される。

五番目は理論的に最大の出生力を示した図である。仮に15〜49歳の間が出産可能であり、1年のうち受胎期間が9ヵ月、そしてその後の排卵のない期間と受胎待機期間が3ヵ月として、15歳で結婚し次々に毎年子どもを産めば、双子などの複産がなくとも一生に35人の子どもを産み得ることになる。しかし、実際にはほとんど不可能であろう。ただし1984年のギネスブックの記録によれば、イギリスのマーガレット・マクノート夫人は、28年間に22人の子どもを一度に1人ずつ産んだという。この場合の出産間隔は1.3年だが、彼女は子どもに母乳を与えず人工乳で育てたという。

現代人が多産でない理由

図表5－2の最後のケースは、すでに述べたように理論的最大出生力であるが、これまで信頼できる人口統計学的な記録で、そのような数が実現したことはない。なぜそうなのかを以下考える。出産のメカニズムをより適切に理解するためである。

再生産過程から言うとまず結婚、男女のセックスありきで、順番から言うと結婚あるいはパートナーシップの成立が最初だが、結婚は出生現象と同じく生物学的現象でありながら、多くの側面で社会経済的要因と密接な関わりを持ち書くべき内容が多いので、便宜上それは次章に廻し、受胎確率、受精卵の損失、不妊、産後の不妊と母乳哺育、避妊、セックスレス、人工妊娠中絶の順序で論ずる。ここで受胎確率、受精卵の損失、永久不妊は生物学的関連性が非常に強い要因であるが、その他の要因は生物学的に必ずしも固定されているわけでなく、人びとの意志・意向あるいはその位置する社会の文化や時代によって大いに異なり、それにしたがって出生率に影響を与えるので、ボンガーツは特に重要な近接要因と考えたのであった。

受胎確率

男女間で規則的にセックスが行われると仮定して、1ヵ月平均受胎確率は通常0・15

〜0・25の範囲である（最高は1.0）。なぜ低い確率になるのか。まず1ヵ月間で受胎可能な日数は意外と短く2日程度しかないからである。残りの日数は、女性が月経の状態か排卵がない場合であり妊娠する可能性はない。つまり、非常に限られたときに性交しうまい具合に受精が行われなければ、妊娠・受胎とはならないのである。

受精卵の損失

卵子が受精したのち生育して出生にいたる確率は意外に小さい。妊婦が妊娠を自覚する場合、胚または胎児の発育が4〜20週の間では約20％が（自然）流産（胎児死亡）になる。そのうちの80％は最初の12週間に起きる。その後流産は少なくなり20週ではその確率は4％以下に低下する。アメリカ人口協議会（Population Council）のシーガル（Sheldon J. Segal）によれば、この傾向から逆算すると、受精から出生にいたるまで胚または胎児の死亡率は50％にものぼる。つまり2回の受精が1回の完全な出生にしかならないのである。しかし流産があったことを初期の妊娠では妊婦が自覚しない場合が多い。それは往々にして月経の遅れあるいは不規則性と混同されやすいからである。妊娠初期のほとんどの流産は受精から次に起こる月経までの間に起きることが多く、女性にとって妊娠自体も流産も気づきにくい。

妊娠初期の自然流産の原因はまだわからないことも多いが、通常胎児の染色体異常あるいは胎児の奇形によるものと考えられる。その関連要因としては子宮の病態、卵巣機能不全などが挙げられる。ある研究によれば流産の60％は受精後の胚の性染色体分裂の異常によるという。後天的な要因として母親の喫煙が、胎児死亡や出生児の過少体重にしばしば関連するとされ、さらにカフェイン、アルコールの摂取も悪影響をもたらすと言われる。

不　妊

もしその社会が貧しく栄養状態が悪ければ、15～49歳までの生殖可能年齢で結婚した女性の20％以上が不妊だと言われる。不妊は「一時的不妊」と「永久不妊」を区別することがある。前者は出産後の無排卵期を示し、それが終わると回復するが、後者は男女関係がありながら一度も子どもを産むことができないことであり、「原発性不妊」とも言われる。永久不妊がどれくらいか正確に推定することは難しいが、フランスで夫婦に関して3.7％という数字がある。日本の国立社会保障・人口問題研究所（以下、社人研）の2002年「出生動向基本調査」によれば、妻が45～49歳の夫婦で一度も妊娠の経験のないケースは3.3％である。一般的に生涯不妊の確率は夫婦当たり5％以下が妥当な線であろう。

産後の不妊と母乳哺育

すでに述べたように、母親が母乳哺育をすればその期間は排卵が起こりにくく、出生は抑制される。母乳哺育期間は3ヵ月から1年半も続く場合があるが、稀には2年にも及ぶことがある。先進国では一般に人工乳哺育の割合が多く、また母乳哺育でもその期間が短い。あまりこうした調査はないが、アメリカのボストンの例だとわずか1.5ヵ月である。日本の場合全国的な数値は得られないが、旧厚生省人口問題研究所（現在の社人研）の調査で1981年、日本の東京都杉並区、福岡市、青森県弘前市の実地調査では5〜6ヵ月という数字を示している。同時期の母子愛育会の調査によれば、出産直後の母乳哺育率は70％、生後6ヵ月で30％に減少する。母乳哺育といっても一貫して母乳哺育をしているわけではない。

南アジアでは、インドネシアの平均26ヵ月、バングラデシュの25ヵ月、インドではパンジャブ洲カンナの21ヵ月、ボンベイ（現・ムンバイ）の16・5ヵ月という記録がある。なぜ南アジアでは母乳哺育期間が長いのか。筆者がインドのボンベイに1年半滞在した経験では、母乳哺育をしている間は女性に排卵がないので、これはインド社会に慣行として組み込まれた暗黙の出生抑制戦略だと思った。しかも母乳哺育をしている間は性交をすると精子が母乳に混じって乳児に悪い影響を与えるという迷信があり、夫婦はその間性行為を避ける慣習がある。20世紀の、まだ近代化する以前のインドの女性は10代半ばで結婚し次々と出産していたが、この母乳哺育による長い生殖の休養期間は母体の保護のために大いに有効であった。そして特に意図されなくても間接的に地域社会の人口増加を緩和する結果となったのである。

1975年に国連人口部が行ったマイクロ・シミュレーションによれば、出生率の決定にあたって、長期間の母乳哺育が出生率抑制に向かって相当な効果をもたらしていることがわかる。たとえば、１９７５年頃のパキスタンの例を用いて計算すると、母乳哺育が６ヵ月の場合、合計特殊出生率は7.2と高いが、ほかの条件を一定としてそれが30ヵ月に及ぶとすると、出生率は6.0まで低下する。１９７５年当時は避妊実行率が21％であったけれども、それが70％までに上昇したときの効果に等しい（それでも出生率6.0と高いのは、希望子ども数が高いなどほかの要因が関連する）。

避妊

出生の抑制は、実は人類の太古の時代からあった人間の智恵である。避妊方法のもっとも古い記録は、エジプトで紀元前１８５０年に書かれたものであろう。そこには性交の前に膣《ちつ》内に挿入する混合物の処方が記されてある。おそらく避妊方法はもっと古い昔から伝承されていたに違いない。避妊の方法は、体外射精、出産後の禁欲、周期的禁欲、コンドーム、ペッサリー、事後の洗滌《せんじょう》法といった避妊であった。さらに堕胎、嬰児《えいじ》殺しといった、避妊というカテゴリーを超えた出生抑制、人口抑制も行われた。

ヨーロッパで産業革命、農業革命が起きた18～19世紀より以前は、人口増加は食糧危機をしばしばもたらした。マルサスが18世紀に有名な『人口論』で予言したように、出生抑制をしなければ人類は食糧不足のために戦争や飢饉の悲惨な破局を経験しなければならないという認識が生まれた。20世紀になって産児調節を行い、貧困を避け、生活水準の向上を望むという気運が北米やヨーロッパに漲り、科学的な避妊法の開発がはじまったと言われる。

ボンガーツとポッターによれば、先進国の生活水準の高い環境で、健康な女性が20歳前後に結婚し、正常な回数のセックスを行い、しかも産児調節をまったく行わなければ、15人程度の子どもを産む力がある。しかし今日先進国で女性が生涯を通じて1人か2人の子どもしか産まないのは、後で述べるように晩婚・晩産の効果も大いにあるが、実は結婚していても避妊や人工妊娠中絶をしているためである。このなかでもっとも出生力抑制に影響を与えているのは避妊行為で、約70%の効果だという。

国連の調べによると、15~49歳の結婚している女性の避妊実行率は、2000年前後ではアジアは平均63%、ヨーロッパでは68%、アメリカ73%である。その大部分は避妊効果の非常に高いピル（経口避妊薬）のような近代的避妊方法を用いている。避妊について現代日本で特徴的なことは、結婚している15~49歳女性の避妊実行率が2000年現在56%と低いことである。日本の場合産児調節について各種の調査が行われているが、65%以上の数字になったことはない。最近はむしろ減少している。毎日新聞社全国家族計画世論調査によれば1992年は64%であったが、2004年調査によると52%であり、避妊をまったく実行したことがないカップルが18%もいる。ちなみに同調査で92年15%、2000年19%。調査方法が変わり定義の違いがあるが、実行率は明らかに低下している。しかし、日本は避妊実行率が低いにもかかわらず、合計特殊出生率が1・26のレベルと低い。これは一見謎である。

以上の疑問に対してたしかな実地調査の結果があるわけではないが、その理由はいくつか考えられる。第一に、俗に言われることでもあるが、日本では結婚した男女の性的行為の頻度が少ないらしい。ボンガーツとポッターの研究によれば、やはり性交頻度が週に1回と3回の場合を比較すると、3回の場合受胎確率は3倍にこそならないが2.4倍前後になるので、セックスの回数は重要である。日本では正確な全国的調査はないが、巷間《こうかん》言われているように、予想以上の比率の夫婦はセックスレスで、多くは避妊をする必要がないのだろうか。社人研の鈴木透はこの点を示唆している。

第二に、後でも述べるが日本では避妊実行率が低くても伝統的に人工妊娠中絶が多く、しかも1948年から事実上合法化されている事情も関連してくる。つまり、中絶がカップルの避妊実行率の低さを補っているという仮説である。人口学者の阿藤誠は、日本の避妊実行率は欧米先進国と比べて10〜15%低いが、これは避妊方法がコンドームと膣外射精（性交中絶法）に偏り、失敗の場合に女性が中絶に依存するパターンが定着したためであると述べている。

一般に2〜3人の子どもを産むまでは出産間隔の調節はそれほど強く行われていなかった、と指摘される。日本の場合、英語でいうスペーシング（spacing）すなわち出産間隔の調整はほとんど行わないから、出産間隔調節に失敗しても中絶に走ることはない。しかし全体の出生数の調節のために避妊を行い、そこでもし失敗したときには安全弁として中絶を行うのである。日本で中絶が近年減少したとはいえ諸外国に比べて依然多いのは、そもそも避妊実行率が低いからであると考えられる。

もう一つ日本人の避妊行動で特徴的なことは、避妊は男女のうち男性の責任となっており、男性のコンドーム使用が依然主流で圧倒的に多いことである。また膣外射精も多い。以上の二つの方法は失敗の確率が比較的高い。2004年の毎日新聞社調査によれば、避妊方法が二つまで選択できる複数回答の結果では、男性のコンドーム使用が断然トップの78・4%、次は膣外射精が27・1%であり、女性型の避妊は11・7%、ピルはわずかに1.4%である。欧米では一般にもっとも使用が多いピル、IUD（子宮内避妊具）といった女性用の薬品や器具を使うケースは少ない。ここに、日本人カップルの避妊実行率の低率を読み解く鍵がありそうである（ちなみに1990年代の調査によると、西ヨーロッパではピルの使用は全体の避妊実行カップルの63%。アメリカはピル使用が20%と意外に低く、女性の不妊手術31%が一位である）。

避妊のようなデリケートな行為の調査で、予想外な差が国ごとに出ることは、この種の調査が国勢調査や人口動態統計の指標とは異なり国際比較が容易でないことを示している。同じ文化を共有するヨーロッパ諸国でも、だいたい同じ水準の出生率を示しながら避妊実行率に大きな差が出てくるのを見ることができる。たとえば、1994年のオーストリアは実行率がわずか50・8%であるのに対して隣国で同じ言語圏のドイツは92年74・7%である。一方、同年の合計特殊出生率は、オーストリアの1・47に対してドイツは1・40。オーストリアの実行率の数字がやや過小ではないかとの疑いを持たせるところがある。

セックスレス

この点で問題は日本人のセックスレスの多さである。往々にして興味本位に取り上げられることが多いが、科学的な信頼のおける調査も最近は見られるようになった。『朝日新聞』が2001年インターネットを使って500組の夫婦を対象に実施した調査によれば、夫婦の28％はセックスレスであった。

自治医科大学の佐藤郁夫と日本家族計画協会の北村邦夫が2004年に行った「第2回男女の生活と意識に関する調査」は、結婚している16～49歳の男女3000人を対象に性の意識、性行動、現在行っている避妊法を尋ねたものであるが、16～49歳の既婚夫婦のうち前月セックスが一度もなかったケースは31・9％（男性が28・4％、女性は34・0％）であった。東京大学医学部の武谷雄二が厚生労働省の科学研究として2006年11月に全国の16～49歳男女3000人を対象に実施した調査によれば、1ヵ月にセックスをしなかった夫婦は35％であったという。こうした調査でも、最近わが国でセックスレスが増えていることは、おおむね間違いではなさそうに思われる。

どうして、日本の青壮年カップルの間で出産につながる性的活動が低いのか。それは、欧米社会と比べて仕事時間が長いことによるのか、通勤時間が異常に長く混雑することから来る疲労が原因なのか、住宅が狭く夫婦だけの独立した部屋が確保できないためなのか、あるいは環境ホルモンの影響で男性の性欲が減退しているせいなのか、まだ十分わかっていないし、そこまで立ち入ることはやめる。

人工妊娠中絶

人工妊娠中絶とは人為的に流産を引き起こし、成長中の胎児を子宮内から除去する方法である。日本人が欧米人ほど避妊をしない一方、人工妊娠中絶が非常に多いことは戦後から半世紀の間、外国での学会に行くと必ず指摘されることであった。日本では、たとえば2005年、出生数106万2530人に対して中絶は28万9127件であった。これは出生数の27・2%にあたり、先進国のなかでは非常に高い数字で、現在非常に中絶の多い東欧地域諸国に次ぐ水準である。ちなみに先進諸国では最近の国連人口年鑑によると、オランダ6.1%、ドイツ6.6%、イギリス13・8%、フランス14・3%、アメリカ21・0%である。

しかし、日本でも最近は少なくなってきている。1957年には112万件の中絶があり、これは当時の出生数の72%であった。戦後の日本の夫婦、パートナーは、すでに述べたように、計画的な避妊行動を必ずしも十分、慎重に行っていない面があり、それは男性の責任であるとする風潮がある一方、ピルのような避妊効果の非常に高い方法が女性の間に普及していないために失敗が多く、人工妊娠中絶によってカバーする傾向が強かった。日本では中絶が未だに出生コントロールの最後の手段、安全弁となっていることはすでに述べたとおりである。

出産を規定する結婚・同棲、母乳哺育、避妊、中絶の四つの基本的要因の影響は、人口転換の過程のどの時代にあるかでそれぞれ異なる。合計特殊出生率が6.0以上の多産の時代には産後の不妊と非婚・晩婚の効果が大きい。一方で、出生率が低下して3.0以下になると、非婚・晩婚は同じだが、産後の不妊ではなく避妊の効果が大きくなる。現在の先進国ではほとんど非婚・晩婚と避妊だけで、元来15人産める可能性を2人のレベルに引き下げてしまっている。

第6章 結婚の人口学——非婚・晩婚という日本的危機

「7割」という数字

近接要因のなかで、日本で特に重要なのは結婚である。欧米諸国では同棲から生ずる婚外出産が非常に増え、結婚の要因は最近あまり論じられなくなった。結婚そのものの人口学的分析も多くない。一方、日本では結婚の代わりとなる同棲、パートナーシップ、そして婚外出産は非常に稀であり、出産はほとんど結婚を通じて生ずる。したがって、結婚への関心は一般的には高い。だが、結婚は当人の意向、選好だけでは決まらず、相手の意向、選好との一致が必要な双性モデルなので、家族人口学的な観点から定量的な分析に耐える調査データは国立社会保障・人口問題研究所（以下、社人研）による「出生動向基本調査」以外あまり見るべきものがない。そのこともあって、これまで出生力モデルに見合う精緻な、定量的な結婚形成モデルは構築されていない。

日本では、これまで少子化の流れにもかかわらず、期間別からみた（コーホート別ではなく横断面的という意味）有配偶出生率（結婚したカップルの出生率）が比較的安定していた。

それどころではなく、1990年頃に低かった有配偶出生率が2000年、05年になってむしろ増加したとさえ言える。社人研が5年ごとに行う「出生動向基本調査」によっても、結婚しているカップルの各コーホートの15〜49歳の年齢で産んだ子ども数は安定していた。一方、年齢別の有配偶率は男女ともに近年急速に低下している。これらの事情から、近年の少子化の主因は結婚しているカップルが子どもを産まなくなったのではなく、適齢期の20歳代、30歳代の男女が結婚しなくなったためであると結論づけられてきた。実際、伝統的な要因分解の計算の上では過去四半世紀の低下は、男女が結婚をしなくなったからだと言える。つまり、結婚しているカップルが前より子どもを産まなくなったのではない。

しかし、最近の新しい研究によると、1990年以降夫婦の子どもの産み方にも変化が生じている。近年の少子化は、結婚適齢期の女性が以前よりも結婚しなくなった効果が約7割、結婚している女性が子どもを以前より産まなくなった効果が約3割という数値を人口学者の廣嶋清志、金子隆一、岩澤美帆のそれぞれの研究が示している。だがいずれにせよ、合計特殊出生率が2.1を恒常的に下回った出発点である1970年代中期から、今日の1・26という超低出生率時代にいたる過程で、適齢期の男女が結婚しなくなったことが日本の少子化の最大の要因であることは間違いない。

晩婚化・非婚化の状況

出生率低下の大きな要因の一つは晩婚化・非婚化である。「晩婚化」とは結婚が遅れて現在結婚していないが、将来はするかもしれない含みを持った言葉である。「非婚」とは「晩婚」とは違った概念で観察の時々で結婚していない状態を言い、別に一生涯結婚しないわけではない。しかし現在「非婚化」と言えば、一生結婚しない状態の男女の比率が増える意味で使われることが多い。いずれにせよこの二つは、日本人が結婚しなくなった状況を表す用語で、一般によく用いられる。

晩婚化・非婚化を端的に表すのが、国勢調査による男女・年齢別の未婚率の推移である。未婚率とは、各年齢（階級）人口のなかで結婚を未だにしていない状態の人口の比率（％）である。次ページ図表6－1に1930年から約10年きざみで2000年まで、そして最新の2005年のデータを付け加えた未婚率を示した。

図表6－1を見ればわかるが、未婚率の変化はまことに著しい。たとえば男子の場合、30～34歳では1930年に未婚率はわずか8.1％であった。しかし、1970年には11・6％となり、2005年には47・1％となった。約半数が未婚なのである。

一方、出産を直接担当する女性はどうか。男子と同様に未婚化・晩婚化が劇的に進行している。30～34歳では、1930年ではわずか3.7％であったが、1970年には7.2％となり、2005年には32・0％となっている。また女性の平均受胎確率がもっとも高い20歳代の未婚率が1970年の47・0％から2005年の73・0％まで増加しているのをみると、同棲

〈6-1〉日本の男女・年齢階級別未婚率の推移　1930～2005年

男

（単位：%）

年齢階級	1930	1950	1960	1970	1980	1990	2000	2005
20～24	79.6	82.9	91.6	90.1	91.5	92.2	92.9	93.4
25～29	28.7	34.5	46.1	46.5	55.1	64.4	69.3	71.4
30～34	8.1	8.0	9.9	11.6	21.5	32.6	42.9	47.1
35～39	3.9	3.2	3.6	4.7	8.5	19.0	25.7	30.0
40～44	2.4	1.9	2.0	2.8	4.7	11.7	18.4	22.0
45～49	1.8	1.5	1.4	1.9	3.1	6.7	14.6	17.1
50～54	1.5	1.4	1.1	1.5	2.1	4.3	10.1	14.0

女

年齢階級	1930	1950	1960	1970	1980	1990	2000	2005
20～24	37.7	55.3	68.3	71.7	77.7	85.0	87.9	88.7
25～29	8.5	15.2	21.6	18.1	24.0	40.2	54.0	59.0
30～34	3.7	5.7	9.4	7.2	9.1	13.9	26.6	32.0
35～39	2.4	3.0	5.5	5.8	5.5	7.5	13.8	18.4
40～44	1.8	2.0	3.2	5.3	4.4	5.8	8.6	12.1
45～49	1.6	1.5	2.1	4.0	4.4	4.6	6.3	8.2
50～54	1.4	1.2	1.7	2.7	4.4	4.1	5.3	6.1

資料：総務省統計局『国勢調査報告』

や婚外出産の比率が非常に低い日本では、超少子化が起こるのは当然とも言える。

日本では結婚はなかなかしないが、ひとたび結婚すれば子どもを2人産むというパターンであった。しかし後述するように、晩婚が進めば結婚しても子どもを平均3人以上産まなくなる、あるいは生物学的に産めなくなる。合計特殊出生率は、結婚している女性が何人子どもを産むかという指標ではなく、15～49歳の全女性人口に対しての指標であるから、受胎確率のもっとも高い年齢階級の未婚率がこのように著しく減少すれば、合計特殊出生率が1.3を割るのも不思議ではない。

平均初婚年齢

いままでは、年齢・配偶関係別人口構

造の変化を通じて日本の晩婚化・非婚化の状況を考察したが、もう一つ平均初婚年齢という指標を使って晩婚化の状況をみることができる。初婚年齢の計算方法は概して二つあり、一つは人口動態統計を用い、ある年に新しく結婚した各年齢の人の数にその年齢の値を掛け、その積の合計をその年に結婚したすべての年齢の人口で割る方法である。もう一つはSMAM、日本語では静態平均初婚年齢といって、国勢調査の年齢別未婚率から計算する方法である。それぞれ長所と短所があるが、ここでは人口動態統計による指標を用いて近年の晩婚化を概観する。

〈6-2〉日本人の平均初婚年齢の推移

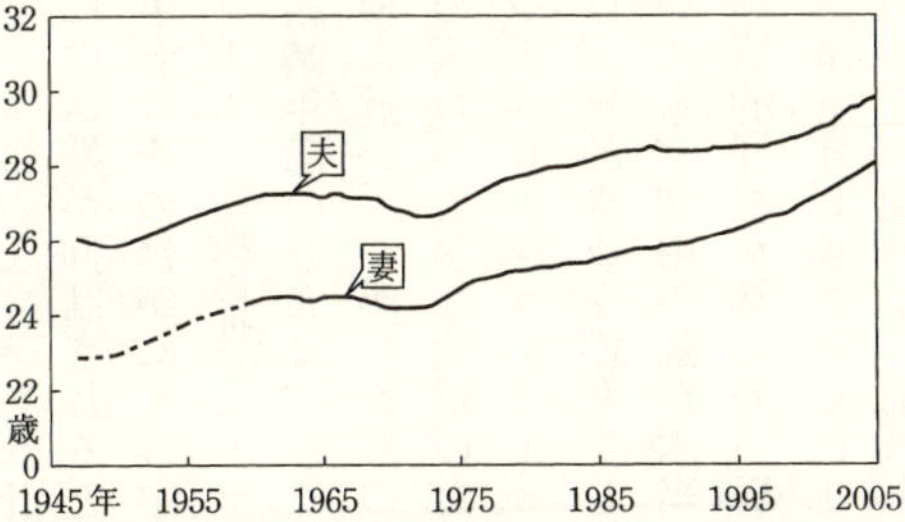

資料：国立社会保障・人口問題研究所（2007）『人口統計資料集2007』

図表6-2は人口動態統計に基づき、1947～2005年の平均初婚年齢の動向を示したものである。これによると、数年間一時的に初婚年齢が低下したこともあったが、1947～2005年の間に全体の流れとして夫は26・1歳から29・8歳へと3.7歳、妻は22・9歳から28・0歳へと5.1歳伸長している。

ここで興味深いのは平均初婚年齢が1968～72年の間低下していることである。この期間だけに、夫婦ともに、そして初婚だけでなく実は全婚姻も低下しているのは興味深い。家族社会学者の山田昌弘は、経済の高度成長期には結婚は容易であり、反対に低成長期には結婚が抑制されるという理由を挙げている。

筆者はそのほかに人口学的な要因もあることを付け加えておきたい。それは、巨大なベビーブーム(団塊の世代)・コーホートが結婚適齢期人口となって通過する攪乱効果である。元来結婚年齢の分布は、若くて結婚する人がいる一方、年を取って結婚する人もいるので正規曲線に近い。だが、大型のベビーブーム・コーホートが結婚市場に参入し次々結婚すると、その人口の大きな比重のために全体的に平均初婚年齢が若返ることが、家族人口学者鈴木透のシミュレーションによっても明らかである。実は動態統計による平均初婚年齢算定法の欠陥は、年齢構成を標準化していないことであった。ただし、この大型人口通過の攪乱要因を除いても、初婚年齢が本当に低下し、そして上昇したことが認められている。

経済的好況が常に若い男女の早婚を促進し、平均初婚年齢の低下をもたらすとは限らない。1965年以前あるいは1975年以後90年くらいまでは、日本経済はきわめて好調であったが、その間初婚年齢は上昇しており、長期的な晩婚化の進行は著しい。おそらく1960年代後半と1970年代前半では、経済的好況と、以上述べた団塊の世代通過の人口学的効果が重なって初婚年齢若齢化へ働き、晩婚化の趨勢をしばらく食い止め、上回ったと推察される。

晩婚化・非婚化のさまざまな研究

最近の出生率低下は適齢期、産み盛りの女性が結婚しなくなったことが主な要因となっている。いわゆる晩婚化・非婚化の傾向である。では、なぜ日本の男女は結婚しなくなったか。それについては、いくつかの理論や仮説がある。ゲイリー・ベッカーの理論もその一つである。彼によれば、近年の先進国における晩婚化・非婚化は、結婚のもたらす経済的社会的利点が減少し、一方そのマイナス面、たとえば家庭を持つことによって女性は職業を断念せざるを得ないというような機会費用が増大してきたためであると言う。

これまで晩婚化・非婚化について多くの研究が発表されている。多くは社会学の立場から論ぜられるものが多い。しかし最近は経済学の立場からの研究も増えている。本稿はその厖《ぼう》大《だい》な文献の解題を目的としていないので、詳細は避ける。古典的なものとしてはディクソン(Ruth B. Dixon)が、結婚が成立する条件として①結婚の機会、②経済的な面での結婚のしやすさ、③結婚することへの圧力、だとしている。また1988年の国連人口部の研究では、①社会的要因、②結婚規範、③結婚市場を挙げている。

国連人口部の初婚のパターンと要因に関する研究は、おそらくこの領域で初めて体系化され発表されたものである。その構成は次ページ図表6－3に示されるが、もっとも根源的なものは社会的要因群である。その影響が途中の媒介変数である三つの要因群、すなわち人口学的要因、結婚規範、個人的要因を濾過《ろか》して結婚市場へと導かれ、結婚が成立・不成立とな

〈6-3〉国連人口部による結婚要因モデル

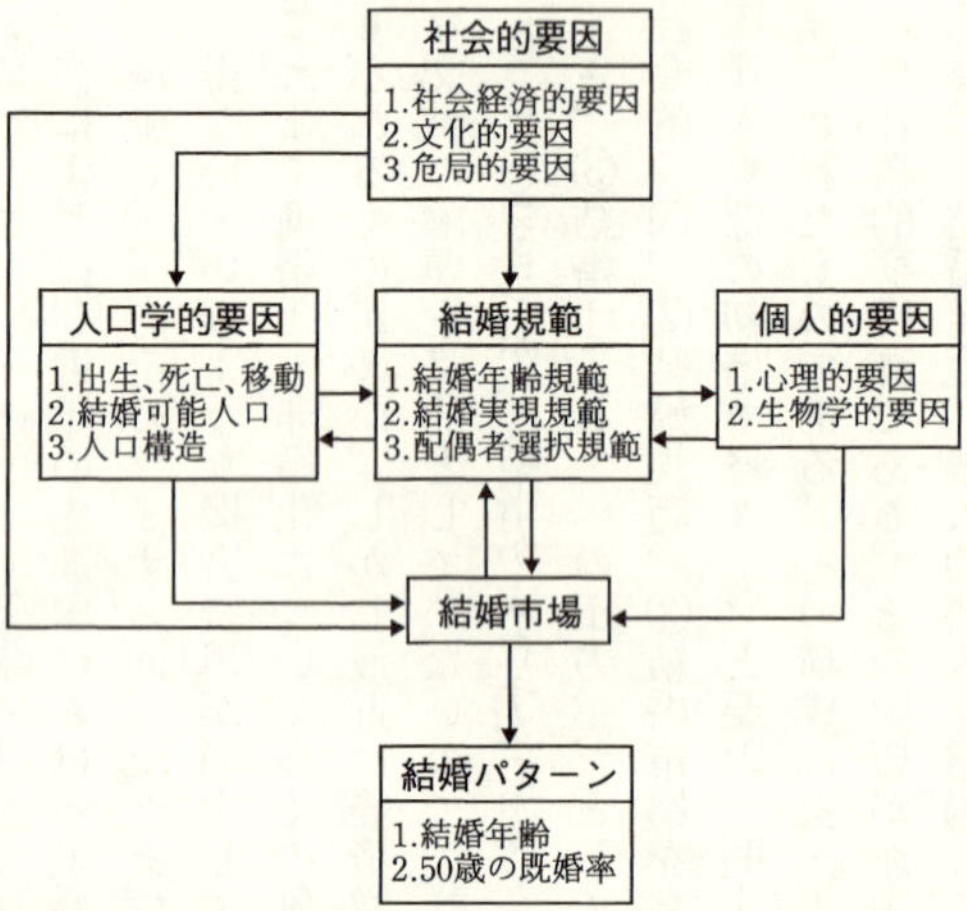

資料：United Nations. 1988. *First Marriage:Patterns and Determinants* (ST/ESA/SER. R/76), New York, p.14.

る。ここで少し註釈を加えると、社会的要因群のなかの「危局的要因」とは、たとえば、第二次世界大戦によって適齢期の男女の性比のバランスが崩れ、女性が結婚から縁遠くなるといったことが挙げられよう。その下の「結婚規範」第二番目の「結婚実現規範」とは、たとえば中世ヨーロッパの農民で農地の継承権を持たず経済的に独立する力もない次男・三男は結婚の資格がないといった規範である。次に第三番目の「配属者選択規範」とは、たとえば江戸時代の武士の子弟が原則として武士階級の同じ階層のなかから配属者を求めるといった同類婚の規範を言う。

そのほか結婚をめぐる要因の考え方として、アメリカの家族人口学者チャーリン（Andrew Cherlin）は、結婚の条件を①結婚できる人の供給、②選択、③資源だとしている。供給は結婚をしたいと思う男女の結婚有資格者がどのくらいいるか。選択は自分が相手に何を求めるのか、相手のどのようなところを結婚したい魅力と考えているかという条件。「資源」とは自分のセールス・ポイントである。

日本の場合、阿藤誠は、結婚成立の条件を①供給条件、②需要条件、③仲介メカニズムの三つに分け、近年の晩婚化、未婚化はそれぞれについてのマイナス要因が増加し、プラス要因が減少したためであるとする。①の供給条件は独身男性の独身女性に対する相対的人口過剰現象と女性の高学歴化が、女性の「上昇婚」志向と結びついて結婚市場のミスマッチを増大させていると説く。②の需要条件は、(A)20歳代の男女、30歳代の男子の間でモラトリアム(結婚猶予)の風潮があること、(B)1970年代半ば以降、20歳代の未婚女性にとって、家庭外就業の機会が拡大して、独身生活の魅力が増大していること、(C)女性の社会的地位と役割の変化によって、女性にとって結婚生活の相対的魅力が低下したことを挙げている。③の仲介メカニズムは見合い結婚についてであり、その減退が顕著となっている。家族社会学者の湯沢雍彦は、1980年代以降、①若年女子の就労の長期化と高学歴化、②適齢期性比の不均衡、③若年女子にとっての早婚への誘因の減少を挙げている。

筆者も1990年代初頭に三つの要因を挙げたことがある。①結婚が男女にとってあまり魅力的なものでなくなったこと、②適齢期の男女のミスマッチ、③男女の出会いの場の狭隘性である。③については、見合い制度の衰退に代わる自由恋愛市場の機能が十分に作動していないことを挙げた。

以上の研究あるいは研究の枠組みには共通点が多い。いずれも結婚の供給面と需要面を挙げ、結婚のミスマッチ現象と結婚の経済的・情緒的魅力の減少を指摘しているからだ。あとはたとえば、結婚適齢期という規範が弱くなったことを挙げている。かつて日本では女性は25歳になったら当然、結婚しなくてはならないという規範があった。日本の場合、規範の弛《し》緩《かん》は特に見合い制度の衰退と大いに関連している。そして見合い制度が衰退しているにもかかわらず、それを補うべき有力な紹介制度がなく、結婚市場が機能不全に陥っている。これも大方の共通点である。

適齢期の男性過剰

結婚適齢期における男女の人口の不均衡が、晩婚化・非婚化の要因の一つであることは明白である。ほかの条件が一定ならば、性比の不均衡は出生率を低下させる。ここで性比という概念をもう一度説明すれば、人口学において性比は、男女の数の比較であるが、必ず女子の数が分母で男子が分子となる。そして通常パーセントのように100倍する。たとえばある年齢で性比が200ということは、男子が女子の2倍いることを意味する。

しかし、男女別の人口を同じ年齢階級で比較する限り、男子が特に過剰だとは言えない。また性比が結婚の適齢期で最近著しく上昇したわけでもない。図表6-4は1930年、1

〈6-4〉**日本人口15～39歳性比の推移**　1930～2005年

年齢階級	1930年	1990年	2000年	2005年
15～19歳	103.0	104.9	104.9	105.6
20～24	103.7	103.1	104.7	104.4
25～29	105.3	102.2	102.9	102.9
30～34	106.7	101.6	102.2	102.3
35～39	107.5	101.0	101.9	101.6

資料：総務省統計局各年次の『国勢調査報告』
註：女子人口を100とした場合の男子

990年、2000年、2005年の日本人口15～39歳までの性比を5歳階級別に示したものである。この表から、もし男女が同じ年齢階級で結婚すると仮定するならば、男子はせいぜい6％しか過剰ではない。しかも25～29、30～34、35～39歳の三つの年齢階級で人口性比をそこに掲げられた年次間で比較すると、性比がむしろ高く男性過剰であった1930年の男女の未婚率が断然低かったのである。こうしてみると、何か別の人口学的メカニズムが働いていると考えざるを得ない。

結婚における人口の供給の問題を論ずるためには、男女間の年齢別人口をそのまま比較するよりも、結婚予備軍としての無配偶人口（現在配偶者がいない人口）、つまり未婚＋死別＋離別の同じ年齢の人口を男女間で比較するのがより適切である。このようにして女子の年齢をヨコ軸にとり、無配偶人口性比を1960年、1980年、2000年および2005年に対して示したのが次ページ図表6－5である。この図によれば様相が大分変わってくるのが認められる。

無配偶者の性比は1960年では24～28歳の間が非常に高く、26歳がピークで200を超えるが、31歳を過ぎると100を割り、

〈6-5〉日本における無配偶人口性比の年代的変化　1960〜2005年

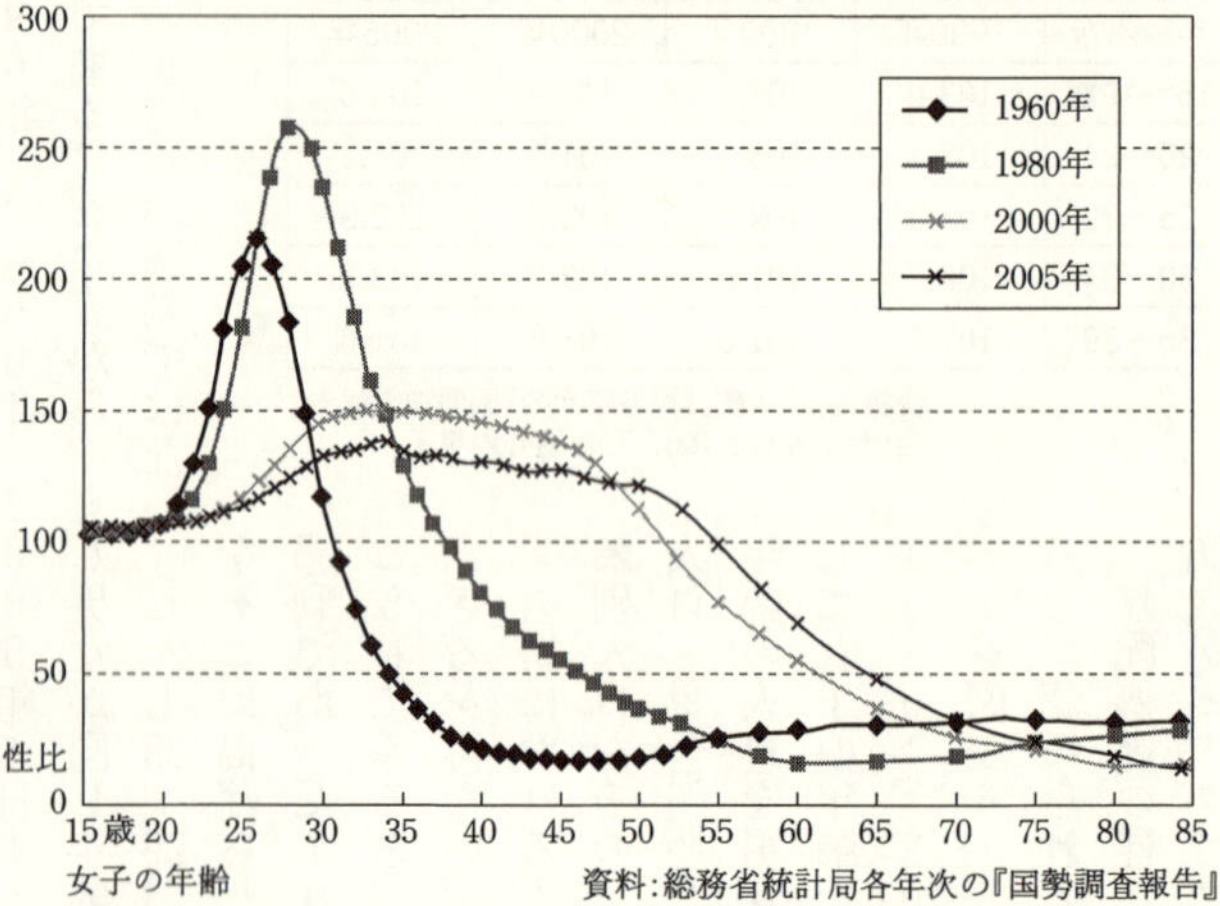

資料:総務省統計局各年次の『国勢調査報告』

さらに年齢が増加するにつれて低下の一途をたどる。この時代に無配偶者は常に男性過剰ではなかったのである。20歳代ではともかく、30歳代になれば性比は逆転し、男性の人口学的状況が必ずしも不利であったとは言えない。

１９８０年では20歳代後半、30歳代前半で性比が非常に高く、最高が28歳で性比は２５０を超える。しかしその後急速に低下し、38歳を過ぎると１００を割り女性過剰になる。一方、２０００年では曲線は大分平たくなり、52歳までは男性が女性よりも多いが35歳のピークでも１５０を超えることはない。男性過剰は結婚の適齢期を過ぎても起きている。２００５年になると曲線はさらに平坦になり、ピークは34歳で性比は１３０程度、男性過剰は55歳くらいまで続く。このように近年分布の形が変わり中高年まで高い性比が続くことは、晩婚化の影響が強く、男女ともいつまでも未婚者―無配偶者として滞留するようになったからである。

なぜ20歳代あるいは30歳代で無配偶者の性比が異常に高くなるのかと言えば、男性が求める女性の年齢の選択幅は狭く、逆に女性のほうはかなり広いからである。次項でさらに説明する。

相手に求める結婚の条件

厚生労働省の人口動態統計によれば、2005年の平均初婚年齢は夫29・8歳、妻28・0歳でその差は1.8歳である。ヨーロッパでは、2000年のイギリスは夫29・3歳、妻27・2歳で差は2.1歳、同じ年のイタリアは夫30・4歳、妻28・4歳で差は2.0歳、2003年のドイツは夫30・6歳、妻は28・1歳で差は2.5歳である。日本と共通な点は男子の結婚年齢が女子よりも高いことである。

なぜ一般に新郎が新婦よりも年齢が高いのか。このことに関連して、ミシガン大学の心理学者バス（David Buss）の33ヵ国、1万人以上の対象者に対する国際比較研究がある。これについての詳細な紹介はできないが、概略だけを述べる。

ここで興味を惹くのは、結婚相手に対して求める条件が男女で大きく異なり、国際的にその条件がよく似通っていることである。バスが明らかにしたのは、国や文化を超えて男性は女性の若さと美貌を望むのに対して、女性は男性の容貌よりも男性の経済力、甲斐性、将来性を重視する。女性の若さと美貌は年齢的に制限されるから、女性には男性よりもかなり明瞭な結婚適齢期が存在することになる。さらに結婚を通じて男性が女性に対し子どもの出産を望んでいるとすれば、女性の受胎確率は年齢20歳代で最高に達しその後は徐々に低下していき、40歳になると最盛期の半分くらいになるので、30歳代後半に結婚すれば3人以上の子どもを産むことは困難となる（後出の図表6－7を参照）。

一方、女性が男性に対して主に求めるのは、前にも触れたように男性の若さとハンサムなことではなく（無論それもいくらかはあるだろうが）、経済力であり、年齢はそれほど問題ではない。男性の結婚適齢期は女性と比べてかなり幅広い。ただし、通常年齢が高いと所得が多いので、自分よりも年上の男性がよい。アメリカで興味ある調査が1987～88年の「全国家族世帯調査」で行われている。それによると女性は男性ほど相手が美貌であることにこだわらないし、また男性は相手の女性が職を持っているかをあまり問題にしない。ただし、女性が定職のない男性を敬遠する選好は非常に強く、男性が美貌でない女性を敬遠する傾向よりももっと強い。女性にとっては、男性が定職を持ち経済力があれば、子どもを産み一人前に育てる長い期間中確実に妻子を守り扶養してくれる保障があるからである。

こうしてみると、たとえば20歳代～30歳代の男性が40歳代の、より経済力のある男性と若い女性をめぐって競合しなければならないことも、彼らの未婚率を高める要因の一つになる。

ここで、男性が女性に求める結婚の条件にいささか註を付け加えておきたい。旧厚生省人口問題研究所が1992年に実施した「第10回出生動向基本調査」は、独身の男女が相手に対する条件を調査している。これによると、結婚相手の条件として「重視する」という項目の筆頭は「人柄」であり、男性80％、女性89％が「重視」すると答えている。問題は「人柄」以外の項目に対する未婚男女間の重視の度合いの違いであって、男性が重視する割合が多いのは「容姿」22％、「続柄（跡取りかどうか）」10％などであり、ほかの項目は数％にすぎない。一方、女性では「人柄」の次に重視される項目は「経済力」34％、「職業」23％、「続柄」16％、「容姿」13％、「学歴」9％である。以上のパーセンテージは複数選択なので合計はもちろん100を超える。

旧人口問題研究所の調査は前述のミシガン大学調査と比べ調査方法、質問の形式に違いがあり、直接には比較できないが、「人柄」は、相手に求める第一番の基本的前提であると考えられ、それを抜いてみると、男性の側からは相手の「容姿」、女性の側からは男性の「経済力」「職業」に対する重要度が高いのは、以上の二つの異なる調査の共通点である。

男女の出会い——「見合い」の凋落

最後に男女の出会いの場についてである。次ページ図表6-6は、既出の「出生動向基本調査」によってこれまでの結婚が見合いであったか恋愛であったかを示す。日本では戦前か

〈6-6〉 結婚年次別にみた恋愛・見合い結婚構成比率の推移　1935〜2005年

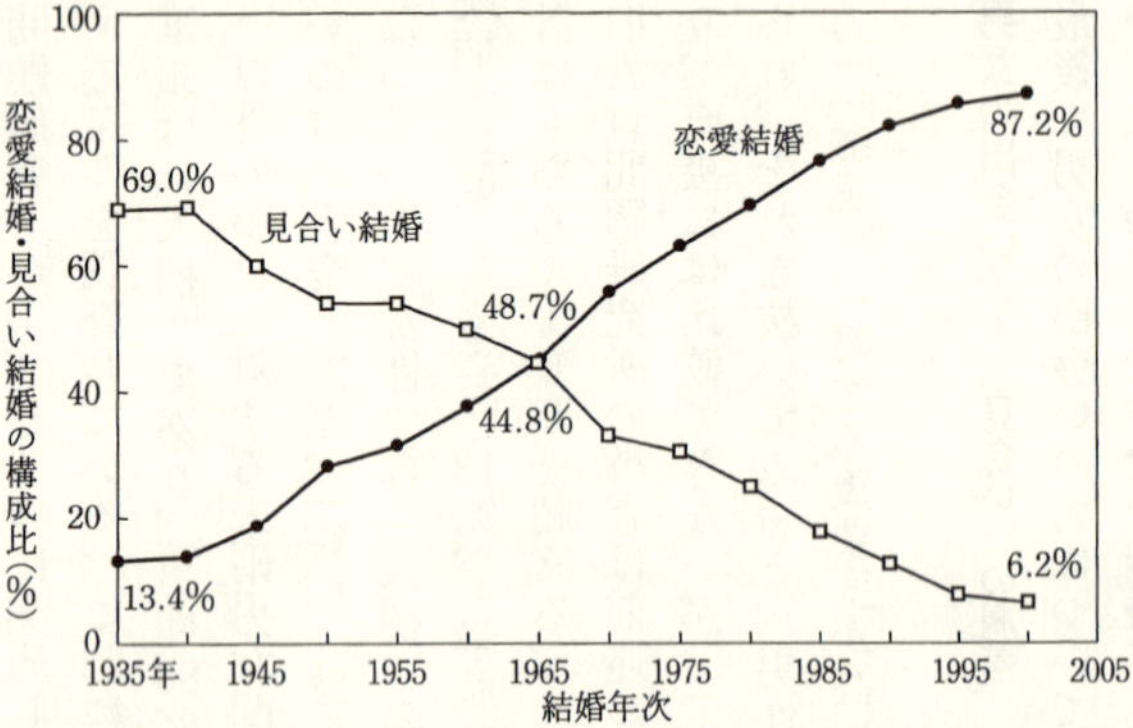

資料：国立社会保障・人口問題研究所(2007)『平成17年第13回出生動向基本調査（結婚と出産に関する全国調査）第Ⅰ報告書』「わが国夫婦の結婚過程と出生力」

ら戦後1950年代にかけて見合い結婚が大勢を占め、恋愛結婚は少なかった。しかし1960年代後半に逆転し、現在は恋愛結婚が主流で見合い結婚は衰退している。仲人を通じての見合い結婚が主流であったときには、その選択範囲はだいたい同じ社会階層、階級ごとに「お互いに釣り合う」という同類婚の原理でできあっていたと言える。しかし現在のように見合い結婚が減少し、恋愛結婚が圧倒的多数になれば、同じ階層内の結婚市場というわけにはいかなくなる。

社人研の2005年「出生動向基本調査：独身調査の結果概要」によれば、18〜34歳の独身者のうち男性の52%、女性の45%が現在交際している異性がいないという。しかもこの比率は以前よりも増加している。現在、恋愛結婚志向となったけれども、日本における恋愛結婚の市場は発達不全で、十分に作動していない。戦前に比べて近年男女共学は当たり前となり、課外活動も盛んで、結婚市場は大きく開かれているように見えるが、実情はそうではない。

人口学者の岩澤美帆と三田房美は、一度は見合い結婚に代わった職場の恋愛結婚が最近低調となり、それに代わるべき恋愛結婚の形態が出現していないことを指摘する。1950年代までは夫婦の出会いの主流は「見合い」であり、次が「幼馴染・隣人関係」といった地縁結婚が続いていた。その後、1970年代に入ると「職場や仕事の関係」といった職縁結婚がトップになる。職縁結婚はその後しばらく三組に一組という割合を維持するが、最近は減少し、「友人、きょうだい」を通じた友縁結婚の割合が徐々に増えている。

見合い結婚から恋愛結婚への流れは、結婚市場という無限の空間のなかで、個人が自由にパートナーを選べるイメージを生んだ。しかし現実には1970年代前半に隆盛を誇った企業社会によるマッチングシステムが弱体化した分だけ、結婚が減少したと岩澤・三田は指摘する。

「出生動向基本調査」によれば、現在結婚意欲があるにもかかわらず、25～34歳の未婚者たちが「独身にとどまっている理由」として挙げたなかでもっとも多かったのは、男女とも「適当な相手にめぐり会えない」だった。この理由は、「出生動向基本調査」の1992、97、2002、05年の四つの独身調査を通じて常に最高のランキングを示す項目であり、年の調査では複数三つまでの回答可で、男性53％、女性55％もあった。ちなみに2005

年調査では男性45%、女性49%である。二番目の理由は、男性は「(結婚の)必要性を感じない」、女性は「自由や気楽さを失いたくない」である。

では、見合いや職縁の代替になるものはあるのか。将来は大学、専門学校が男女の出会いの場としてもっと重要になるかもしれない。あるいはインターネットの利用が盛んになるであろう。もっと入会しやすく会費の安い、大規模な結婚紹介の会社ができ、それを通じて行われる可能性も考えられる。さらにインドでは昔から *Times of India* のような有力紙に結婚の広告欄があって、男性・女性の候補者が自分の履歴・資格と相手に対する条件・希望を掲載しているが、そういう形が日本でも行われるべきなのであろうか。

晩婚化と出産機会の逸失

図表6-7は年齢別受胎確率モデルを示す。これはすでに述べたとおり、アメリカの北部中央からカナダにまたがって居住するハテライトの出生記録に基づいたものである。図表6-7は女性の年齢別平均受胎確率(月単位)を描いているが、それは別の関連で引用した人口学者アンリの言う年齢別自然出生力に相当する。女性は初潮とともに受胎確率が急速に上昇し、20歳代半ばで最高水準に達し、以後次第に下降していく。35歳を過ぎると最盛期の4分の3くらいに減少し、40歳を過ぎると約半分になる。50歳前後になると閉経期を迎え、受胎確率はゼロになる。このように、女性の妊孕力は限られた年齢範囲でしか作動しないこ

との理解が、少子化を論ずる際に重要である。

　現在の日本、ヨーロッパ、東アジアの低出生率は、やや乱暴な言い方をすれば、ポスト工業社会の状況のなかで、生物体としての再生産能力を、晩婚、非婚、避妊、人工妊娠中絶、あるいは性行動の欠如を通じて、いわば有効に使うことができなくなったために起きたものである。女性の受胎能力の比較的高い年齢は18～33歳までの15年間である。ところが現在日本の第1子平均出生年齢は28・5歳であり、15年の高い受胎確率期間のうち10年間は出産に参加できないのである。

　50年前の１９５５年では、第1子の平均出生年齢は25・1歳であ

〈6-7〉日本人女子の年齢別受胎確率モデル

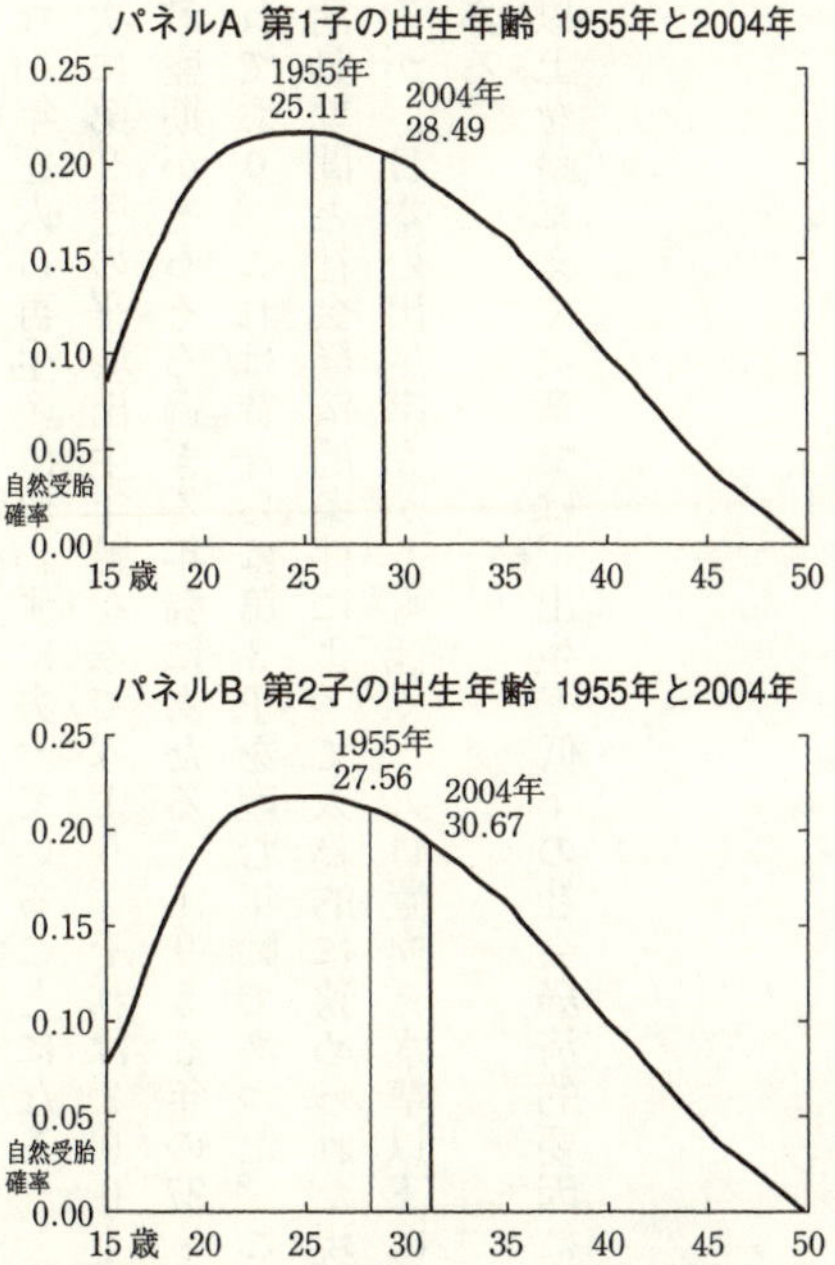

資料：河野稠果ほか(1984)『出生力の生物人口学的分析』人口問題研究所。昭和55-58年「人口推計の精密化とそのための人口モデルの開発に関する総合的研究」

った。それと比較すると2004年は28・5歳であり、女性は妊孕力の高い年齢における貴重な3.4年を人口再生産に使わずに失っていることになる。

次に第2子の平均出生年齢をみてみよう。それは2004年では30・7歳であり、妊孕力の最盛期がそろそろ過ぎる年齢にあたる。1955年の27・6歳と比較すると、3.1年上方にずれており、これは昔ならば第3子を産む年齢であった。このように、生物学的な人口再生産活動期間と社会経済的条件によって人為的に狭められた現実の再生産活動期間のギャップこそが、日本の出生率をかくも低く、人口置換え水準以下に押し下げている直接的原因なのである。

以上を踏まえて次章では、出生率低下の社会経済的要因に関する理論の解説を行いたい。

第7章　出生率低下と戦後社会——五つの社会経済的理論

五つの理論

第5章で示したように、人間はすぐれて生物学的存在であり、男女の性的交渉がなければ、受胎、出産はない。受胎、母乳・人工乳による哺育、避妊、人工妊娠中絶を含む「近接要因」と呼ばれる生物学的、行動的な要因を通して出産が行われる。しかし、近接要因それ自体が子どもを産み家庭を築く動機・要因ではない。その背後には経済、社会、環境といった条件がある。現代の少子化の問題を理解するには、社会経済が発展・成熟するとなぜ出生率が低下し、低水準が続くかを考える必要がある。そのためには社会経済的背景と条件による説明、解釈を試みた出生力理論の助けが必要である。

出生率変動の社会経済的要因についての理論・仮説は近年非常に多い。これらの分類・整理の仕方はさまざまだが、もっとも古くそして基礎的な考え方は人口転換論である。人口転換論はすでに第4章で説明したが、近代化にともなって出生率が低下する過程・原因を説明するものとして、１９３０年代から70年代にいたるまで、世界の人口学者の間で定説になっていた。

現在、多くの出生力の社会経済的要因についての理論は、この古典的な人口転換論への批判、修正として行われたと言ってよい。オーストラリア出身の人口学者マクニコル（Geoffrey McNicoll）によれば、これまでの人口学的研究の大部分は人口転換にまつわる人口動態の変化とそのメカニズム、さらに社会経済的要因との関連をより精緻に理解することであり、また人口転換後のゆくえを展望し、論ずることであったと言う。「人口学的研究」という言葉は出生力研究と置き換えてもよい。

筆者は同じくオーストラリアの人口学者マクドナルド（Peter F. McDonald）の見解に近いが、社会経済的な出生力理論で代表的なものは、人口転換理論を除くと次の五つに絞り込まれると考えている。

1　合理的選択の理論――新古典派経済学的アプローチ
2　相対的所得仮説
3　リスク回避論
4　価値観の変化と低出生率規範の伝播・拡散論
5　ジェンダー間不衡平論

以上の五つの理論は相互背反的なものではなく、実は互いに関連し重複も多い。それは現代の社会経済的現象に重層的なところがあり、複雑に錯綜《さくそう》するところが多いからである。

社会学から経済学へ

少なくとも１９６０年代までに出生力決定理論として指導的地位にあったのは、すでに紹介した人口転換論である。この学説によれば、産業革命以前に高かった西欧諸国の出生率が産業社会の進展とともに低下していく過程は、工業化、都市化、世俗化、生活水準の上昇、核家族化、家族機能の縮小など、総じて近代化の過程と対応関係にあるとする。

元来、途上国で出生率が高く先進工業国で低い現象を、あるいは国内で貧しい階層は子どもが多く、比較的高い所得の階層は子どもが少ない傾向を、純粋に経済学の立場から説明することは難しいとされていた。１９４０年代、50年代に、近代化が進展するとなぜ出生率が低下したのかを研究したのは、社会学者であって経済学者ではなかった。元来社会学は、経済学ではうまく説明できない現象を解釈する学問だと考えられていたようである。出生率の変動の過程は複雑で、経済学の立場からでは理解しがたいものとされていた。

１９４０年代、50年代における欧米の社会人口学の思考の枠組みによれば、人口転換論が暗黙のうちに認めていたように、途上国や産業革命以前のヨーロッパで出生率が高かったのは、人びとの間に経済合理性が支配せず、最小の費用で効用・便益を極大化するといった経済学的発想がなかったためだと考えられていた。

当時子どもは「神からの授かりもの」であり、子どもの数を制限することは神を冒瀆するものだという考え方が根強かった。産業革命以後になって、少数精鋭主義的な家族のライフスタイルが来るべき産業社会では有利であり、子どもに十分な教育を与えることができ、ひいては家族の福利向上や国家の経済的発展につながるとの思想がヨーロッパに生まれたが、革命以前にそういう考えはなかったとされた。

つまり、多くの途上国や産業革命以前のヨーロッパには、家族計画のアイデアもその方法の知識もなかったことによって、「貧乏人の子だくさん」という一見予盾する出生力格差、出生率低下の現象を説明せざるを得なかった。理由は経済外的原理によるもので、社会学、人類学、宗教学といった文化的領域にまたがる学問によってしか解釈できないとされていた。

しかし、出生力の経済学理論は、近代的社会の発展の過程で子どもを産み育てることの費用と便益（効用）の関係が変化したことに着目し、現代の出生率低下の基本的要因は、人びとがこれまでのようにたくさんの子どもを産み育てることが経済的に困難だと感じるようになったためであると教えるのである。実は経済学こそが、出生率低下の本当の理由を解明できるのではないかという思考点に到達したのである。

古典派経済学は周知のようにアダム・スミス（Adam Smith, 1723～90）によって最初の礎石が置かれ、それを土台に幾多の発展が行われた。その基本的命題は消費者主体の合理性であった。つまり、社会を構成する個人は原則として固定的な嗜好《しこう》を持ち、それが外部から与えられた制約の下に自分が満足する状態を最大にするように行動するという前提である。この基本的前提に基づき、現代の新古典派ミクロ経済学のより鋭利な分析方法の武器を用いて、これまで経済学の対象外にあると考えられていた犯罪や出生行動などのすべての人間行動に応用しようとしたのが、1992年にノーベル経済学賞を受賞したゲイリー・ベッカーである。

このようにすべての人間行動が経済学の原理で動くものとして分析する方法は、人間はそのように合理的な動物ではないとして、往々にして批判の対象になる。しかし科学的研究としては、事象をまず合理主義的枠組みで考え、それに当てはまらない条件はどういうものなのか、どうして現実はうまく当てはまらないのかという順序でものごとを考えるやり方が議論を進めやすくし、学問として発展できる状況に導く。はじめから反合理主義的な事例に取り組み、その要因を考えていくと、不必要に事態が錯綜し、泥沼に陥ってしまう。

合理的選択の理論

さて、このように経済学の合理主義的発想を導入し、元来社会学の問題とされていた出生率の決定要因の解明に迫る試みは、1957年に経済学者ライベンスタイン（Harvey Leibenstein）によってはじめられた。ライベンスタインは、子どもを持つ効用と不効用（費用）の原理から、人間の出生力行動は経済合理性の枠内で解釈し得ると構想する。ライベンスタインによれば、所得が上昇するにつれて子どもの効用は全体として低下するのに対し、費用（不効用）が増加し、その差は徐々に小さくなって子どもを産まなくなると考えた。ライベンスタインは、効用には「消費効用、所得効用、年金効用」があるとし、費用には「直接費用」と「間接費用」があるとする。直接費用とは子どもの衣食住のコストであり、教育の費用である。それに対して間接費用とは、女性の社会進出にともなって発生する機会費用である。

このライベンスタインの考え方は、途上国的状況から先進国的状況に推移する過程で出生力が低下するメカニズムをうまく説明しているように思える。しかし彼は基礎概念のいくつかを提示しただけで、理論的にはまだ初歩的段階にとどまっていた。

ミクロ経済学の消費者選択の理論を応用して、もっと一般的な出生力の経済学的モデルを構築したのが前述のベッカーである。ベッカーの1960年の画期的な論文の発表を契機として、多くの経済学者が出生力決定理論の構築に参入し、ベッカーを中心として新家政学派（New Home—Economics Approach）と言われる学派を形成した。シカゴ大学を中心として行われたので、シカゴ学派とも呼ばれる。

その理論のエレガントなこと（理論が簡潔にして明晰なこと）に加えて、特に先進国の出生力の現状をかなりよく説明できるものとして評価が高い。ベッカーも、子どもを産むにあたっての合理的選択は、ライベンスタインと同様に、子どもから得られる利得・便益とその養育・教育にかかる経済的、心理的費用との間のバランスによって行われるとする。子どもを持つことの精神的喜びと満足、そしてそれから派生するもろもろのプラスが、子どもを持つことによって生ずる生活上の制限・不便さと子どもを育て教育を施す費用よりも多ければ子どもを産むし、逆に少なければ産まないといったところは変わらない。

ただし、いくつかの重要な新しい考え方の導入がある。特に時間にも費用があると構想したことは画期的である。さらにベッカーらが出生力と所得の関係を説明しようとした「子どもの質」という概念、女性の家庭外就業が出生力水準を押し下げる効果を適切に説明する「機会費用」という概念の精緻化は、後年この学派の発展にあたり有力な基礎となった。

われわれは金があるからといって、１人が自動車を何台も買うわけではない。その場合台数を２か３に絞って、高級車を買うのである。このような状況で量と質とのトレードオフ（交換）が働くが、子どもを持つ場合も同じであり、所得が高いからたくさんの子どもを産むわけではない。むしろ子ども一人ひとりを手塩にかけて育て、高い教育を与え、少数精鋭主義によって新しい産業社会に対処しようとするのである。

また「時間の経済学」という新しい考え方を開拓し、子どもを持つことは、女性が貴重な時間を奪われ、所得や人生の生き甲斐を失うことでもあるという機会費用の概念によって、現代社会の少子化傾向を経済学的に説明しようとした。

このように、親となる人びとが子どもを産む場合に、どのような利益・恩恵が得られ、どのような費用・負担がかかるのかの十分な情報を持っているとの仮定のもとに、出産がそれらを秤《はかり》にかけて、プラスであれば子どもを産み、マイナスであれば産まないという冷静な比較検討の結果であると考えるのは興味深い。さらに「時間」が現代社会の営みで経済的な価値あるいは意味を持ち、そのため女性の家庭外就業と出産・育児の間の不調和を起こして高い機会費用を生じ、出生率低下をもたらすという事情を数式によって説明しているところは、これまでの社会学的アプローチにはみられなかった学問的展開である。ベッカーたちの新古典派経済学理論の応用によって、現在の日本や欧米諸国の低出生率はかなりうまく説明されると筆者は考える。またこの考え方は先進各国の少子化対策の理論的根拠となっている。多くの場合各国政府が行っていることは、子どもの養育コストを軽減し、さらに女性の就業と育児の両立支援を強化し機会費用を低減する方向に導くことである。

ただこの経済学的出生力理論は、それ自体完結的で、エレガントではあるが、歴史的観点が欠けており、往々にして思考の回線が循環的であると言われる。問題は社会学的な意味合いの濃い人口転換理論などと比べてはるかに精緻なこの理論が、残念なことに将来の出生率推計にはまだほとんど利用できないことである。

その理由は、第一に経済学的アプローチで重要な概念を占める機会費用の計量化の方法が十分確定していないことである。総じて、これらの経済学的変数の推計は人口指標の推計よりもさらに難しい。第二に社会経済が発展し、教育水準や生活水準が上昇するにつれて、親は子どもの数よりも質を問題にしてその数を制限すると言うが、子どもの数がその質と完全な代替関係にあるわけではない。生活水準が上昇したからといって、親が子どもの数を減らし彼らの質の向上を選択する必然性はないからである。

子どもの数と質の代替関係が成立し出生率低下が起きるという考え方は、西欧や先進諸国には当てはまっても、途上国の出生率低下を説明できるものではない。それは後述する新しい考え方、すなわち低出生率規範の拡散・伝播の仮説にも関連するが、さらに途上国では子どもを産まないと一人前の家族員として認められない制裁や圧力といったコストがかかり、子どもを産む選択しかないという状況があるのである。その場合、コストとは経済的なものではなく、心理的、社会的な意味でのコストあるいはプレッシャーである。

相対的所得仮説

一方、ペンシルバニア大学出身で同校に長く教授として籍を置いたイースタリン（Richard A. Easterlin）は、出生率のサイクル的変動に着目し「相対的所得仮説」を用いて出生率の変動の要因を経済学的立場から説明しようとした。それゆえベッカーの理論がシカゴ学派と呼ばれるのに対して、イースタリンに率いられる研究はペンシルバニア学派と言われる。

イースタリンの相対的所得仮説とは、夫婦が子どもの時代に経験してきた生活水準と現在置かれている経済状態あるいは将来の見通しとの比較が、彼らの子どもの産み方を決めるというものである。男女が結婚したとき、もし今後の生活水準が彼らの育った時代の生活水準よりも満足のいくものであると予想すれば多くの子どもを持とうとするが、さもなければ子どもを持つことをためらい、あるいはより少ない数の子どもしか持たないというものである。ベッカーの経済学では個人の嗜好は固定されており、経済社会の変化とは無関係であるとしたが、イースタリンの場合は一定ではなく、ある人が所属するグループと自らが育った経験とが組み合わさって変化すると考えた。

イースタリンの相対的所得仮説を実証する指標として、しばしば用いられるのが相対的なコーホート規模である。小規模なコーホートの世代にとって1人当たりの利用可能な経済的資源は、大規模なコーホートと比べ相対的に多くなると考えられ、小規模コーホート世代はより高い生活水準を持つことができ、したがって家族規模を拡大し大きなコーホートを生み出す。大きなコーホートは反対に利用可能な経済資源が相対的に限られるところから家族規模を縮小し、小さなコーホートを生み出すことになる。

図表7－1に掲げるように、アメリカ、カナダ、オーストラリアは戦後20年もの長きにわたり、一時は途上国並みの高さを示す出生率を示した。戦後の長いベビーブームを説明する有力な経済理論はイースタリンによる相対的所得仮説、あるいはコーホートの相対的規模の大小による説明である。どの国でも戦争が終わったあとに出産の遅れを取り戻すベビーブー

〈7-1〉カナダ、アメリカ、オーストラリア、イギリスの合計特殊出生率の推移　1921～2003年

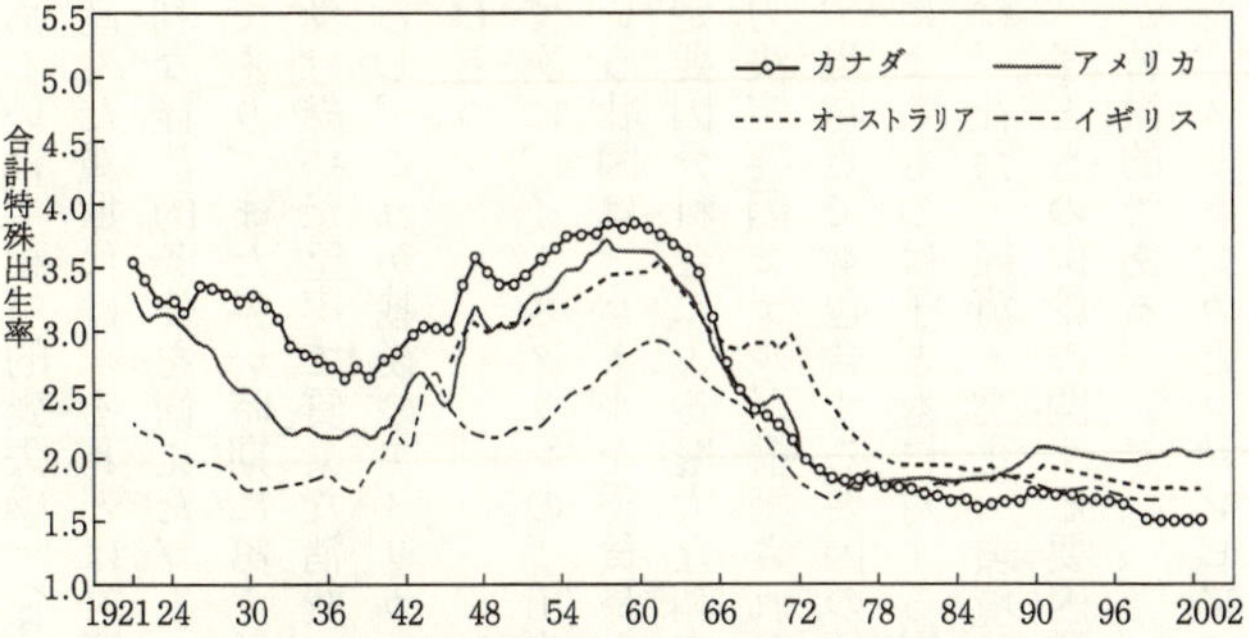

資料：カナダはStatistics Canada, *Vital Statistics*; A. Romaniuc. 1984. *Fertility in Canada.* アメリカはU. S. National Center for Health Statistics, *Vital Statistics Reports.* オーストラリアはBureau of Statistics, *Australian Demographic Statistics Quarterly.* イギリスはここでは England and Wales. *Registrar-General ONS/OPCS Birth Statistics,* Series FM1.

ムが起こるが、それはせいぜい3～4年の短期であり、このように長いブームの継続は説明できないからである。

一口に言えば、戦前の経済不況を経験した世代は、1940年代～50年代に就業しはじめた労働力であり、その消費性向は1930年代の大不況期に辛酸《しんさん》を嘗《な》めた家庭で形成されたので生活スタイルは質素であった。また、この世代は比較的数の少ないコーホートであり、それゆえ戦後急速に発展したアメリカの好況のなかで、彼らに対して貴重な労働力としての需要と期待が高く、多くの利点を持つことができた。たとえばその前後のコーホートよりもワンランク上の大学に入学し、ワンランク上の企業に就職することができたのである。

アメリカの社会学理論には「相対的剝奪《はくだつ》

感」あるいは「相対的喪失感」（relative deprivation）という概念があるが、ベビーブーマー世代を産んだ親世代は、それとは対極的な立場にあったと言える。相対的に小さい人口数ゆえに有利な経済的条件を備えたコーホートは、前後のコーホートに比べて早く結婚することが可能であり、また早い時期に第1子、第2子を産むことができた。しかも、彼らが親の世代から受け継いだ堅実で質素な消費パターンと伝統的な家族志向の地道な生活観が相乗効果をもたらし、これが戦後のアメリカのベビーブームを長く継続させた原因となったとイースタリンは言う。

さて次に、イースタリンの、出生力の社会人口学的要因を経済学的需要モデルと統合しようという壮図は、コールを委員長とするアメリカ学術会議の人口・人口学委員会による出生力決定要因分科会による厖大な調査研究の最重要な枠組みの一つとなった。これまで多くの出生力決定要因モデルが構築されたが、イースタリンが中心となって作ったと言われるモデルが、現時点でも包含する要因の幅がもっとも広い。これまでの出生力決定要因、特に経済学者によるものは子どもに対する需要モデルが多かったが、人口・人口学に対する委員会モデルは、社会・経済・文化・環境的背景と近接要因（媒介変数）との間に、子どもの需要要因群、子どもの供給に関する要因群と出生力抑制コストの要因群が並列的に考慮されていることが特徴的である。

また、スリランカとコロンビアでの世界出産力調査と、台湾とインドの調査データを用いて、イースタリンは需要・供給統合モデルの応用についての研究を、永年の同僚であり妻であるクリミンズ（Eileen M. Crimmins）と共同して行っている。イースタリン＝クリミンズの共同研究の結論の一つとして、途上国の調査で子どもに対する需要（希望子ども数）は4.2人から4.8人と比較的範囲が狭いのに対し、現実の出生率が非常に違うのは、途上地域では望まれざる子どもの出産が多いといった供給サイドの要因が需要サイドより大きく働いているからだと指摘している。さらにイースタリンらの研究は、家族計画の方法・知識の入手可能、費用といった指標が大きく関与していることも示している。このような次元の研究成果はベッカーらの研究ではみられない興味深い知見である。

イースタリンの相対的所得仮説、特にそれから派生してきた相対的なコーホートの規模によって出生率が決まるという考え方は魅力的である。だが一方で、第二次世界大戦後のアメリカのベビーブームを説明できるだけであったとも言われる。しかもヨーロッパや日本に応用した場合は、部分的には当てはまっても必ずしも長期的な趨勢に適合していない。そしてアメリカのベビーブーム期を通じて、単に1930年代の大不況期に生まれた規模の小さいコーホートだけでなく、それ以外のコーホートでも出生率がいっせいに増加しており、それはイースタリンの言うコーホート効果よりもブーム期の同時代的影響が大きかったことを意味する。

イースタリンの相対的所得仮説は、アメリカ、ヨーロッパ、そしてヨーロッパ系の移民国であるカナダ、オーストラリア、ニュージーランドでは1990年代に第2のベビーブームが起きると予測したが、実際にはそうはならなかった。

たしかに図表7-1に示すように、アメリカだけは近年出生率が上昇し、1989年から合計特殊出生率が2以上の水準にある。しかしこれが、小さいコーホートが高い出生率を生むイースタリン効果なのかどうかはわからない。アメリカにはマイノリティー・グループであるヒスパニックと呼ばれる中南米から来た移民が近年急増し、総人口の12%を超える。彼らが本国から持ち込んだ高出生率の生活様式のために、アメリカ全体の出生率が上昇したのだという説が流布しているからである。さらに最近のアメリカ経済の好況が非ヒスパニック系白人も含めて、出生率を全般的に押し上げたという見方もある。

リスク回避論

現代の人びとは出産行動、子どもを持つことに慎重で、彼らの現在や将来の生活を考えて合理的な選択を行う――これが合理的選択の理論であった。しかし、子どもはいったん生まれると長い期間非常に経済的コストや肉体的・心理的負担がかかる。現状では将来が不透明でよくわからないために、そのようなリスクは負いたくないので産み控える。こうしたことは時として十分起こり得る。このリスク回避の理論は、人口の分野では国際人口移動の領域でスターク（Oded Stark）らによって1991年に主張されている。

1930年代の大不況期、西欧諸国の出生率はいっせいに激減し、少なくとも10ヵ国で人口置換え水準以下に低下した。戦争中も出生率は通常低下する。もちろん適齢期の男子が戦場に赴き不在であることによるが、同時に将来が不透明であり、リスク回避のために結婚・出産を控えるケースも多い。1990年代に旧ソ連圏の国々が、中央計画的経済から市場主義的経済に移行した際に大混乱が起き、出生率もほとんど「出生崩壊」と言えるほど著しく低下した。そのような大混乱期には結婚・出産を避ける思惑が働いたのは当然である。

マクドナルドは2002年の論文で、日本の女性が（男性も）近年結婚しなくなった理由として、結婚自体がリスクとなり、女性の就業やほかの自己実現を妨げるため結婚を回避していると説き、その現れが晩婚・非婚であると論じた。イタリア、スペインなど南欧の低出生率国では、若い世代の間で失業率が高い。その場合、結婚してもいずれかが失業すれば結婚、出産・育児に支障、破綻《はたん》をきたす。パロンバ（Rossella Palomba）はそのために、リスク回避の行動が晩婚化、非婚化、晩産化、あるいは第1子出生の延期となって現れると論ずる。

では、リスク回避が少子化に結びついていると考えられるとき、どのような政策的対応が考えられるか。答えは抽象的であるが、やはり安心して結婚ができ、子どもや子どもを持つ母親にやさしい社会制度を整備することが必要である。イタリア、スペインは失業率が高く、彼らが結婚するための資金調達が困難になっていることが多い。さらに適切で安価な住宅も不足している。住宅の支援まで踏み込まないと、若者の結婚・出産に対するリスク低減にはならない。

これに似た現象は日本にも見られる。日本にはフリーター、ニート、あるいはパラサイト・シングルという、現在のところ出産活動に直接関係を持つ可能性の低いグループがある。山田昌弘は、若者の将来にわたる経済基盤が不安定化していることが少子化の大きな要因だと考えている。さらに山田が指摘するには、1995年頃から若い男性の雇用が悪化し、また終身雇用や年功序列の見直しなどで長期的に安定した収入の見通しが立たなくなってきた。これによって結婚や子育て生活を「リスク」と感じ、結婚や出産を先送りしているのではないかと論ずる。

低出生率規範の伝播・拡散論

西欧諸国では1960年代後半に出生率がほぼいっせいに低下しはじめ、ほとんどすべての国が1980年代以後人口置換え水準以下に低迷している。出生力転換の終着駅だと当初考えられた人口置換え水準を突き抜けて、出生率が低下し、半永久的に停滞し続ける状況が続いている。第4章で述べたとおり、1980年代後半からこうした状況について人口転換論の改訂版として、「第2の人口転換論」が提唱されている。

要約すると「第2の人口転換」が「第1の人口転換」と決定的に異なるのは、価値観の変換である。第1の人口転換期は、家族や配偶者、そして子孫に対する利他的な関心がまだ支配的であったが、第2の人口転換は、性的行動、異性との同居、結婚・離婚、出産についての行動が伝統的な規範や道徳に拘束されなくなり、個人の権利の獲得と自己実現がもっとも重要な価値観として強調される。一般に晩婚、非婚、同棲、婚外出産、離婚に対して寛容になった。いままでは子どもは夫婦の鎹《かすがい》であったが、もはや親は子どものために犠牲になる必要はないという考え方に変わっていった。

古典的な人口転換理論の最後の段階である出生率低下を説明する有力な理論は、先に挙げたベッカーらによる経済学的な説明であった。一方、社会学でそれに匹敵し、近年注目されているのは「低出生率規範の伝播理論」(ideational theory/diffusion theory) である。これは少数精鋭主義のイデオロギー、情報、規範が、都市から農村へ、指導的な上流階層からその他の階層・グループへ伝播、拡散、普及することによって出生率低下が起こるとするものである。

具体的には、先進国のなかで死亡率低下、平均寿命の伸長がまず起き、のちに家族計画の考え方とそれに付随する家族計画技術が広がり、19～20世紀初期までの間に出生率が低下する。そして20世紀後半、途上国でも同じような変化が起きているとする。

実は後発の途上国の場合、死亡率、出生率ともに、その低下の速度が先進国よりも著しく速い。また経済発展の水準が異なっていても一国のなかでは、民族・言語・宗教・文化が同質であれば、低出生率をよしとする考え方や現象が、都市から農村へ、上流階級から中流階級、下層階級へと急速に拡散すると仮定している。社会経済学的にみれば依然発展途上にあるスリランカ、チュニジアなどで、出生率低下が予想以上に速く広がりつつあるのは顕著な事例である。

1970年代、80年代に「世界出産力調査」という66ヵ国の先進国・途上国を対象とする、人口学的、社会経済的な研究プロジェクトが施行された。クリーランドとウィルソン（Chris Wilson）は、ベッカー流の経済学的な説明、つまり子どもの経済的価値が低下しコストが上昇すれば、希望子ども数が減少し出生率が低下するという理論をこの調査データなどを使って検証しようと試みたが、芳しい結果は出なかった。たとえば、女性の家庭外での就業率と出生率との間には途上国ではほとんど相関がなかった。また伝統的な自営業的経営体制から近代的な非自営業的体制への転換が出生率変化に及ぼす影響も小さい。

つまり、特にアジア、ラテンアメリカの途上国では、社会経済変動にともない、たくさんの子どもはいらないという需要の減少が引き金となって出生率低下を起こすよりも、子どもは多くないほうがいいという考え方、家族計画の考え方の伝播、さらにピルなどの避妊法の普及によって出生率の低下が起きたと想定したほうが、よりよく説明できたのである（もちろん、途上国での家族計画の普及と伝播が出生率の低下の全部を説明しているわけではない。サハラ以南のアフリカの国々のように希望子ども数が非常に多ければ、いくら家族計画普及活動を活発に行っても出生率低下は急速には起こらない）。

一方、ヨーロッパを対象とした分析でもこの理論を補完している。1960年代と70年代にコールをリーダーとして行われた「プリンストン大学ヨーロッパ人口研究」では、出生率の低下が都市化・工業化の進んでいる都市地域から起こり、発展の遅れている農村部は後回しになるという状況はみられなかった。市町村間で社会経済的条件は違っていても、言語・文化が同じである地域では低下がいっせいに起きたのである。この現象は、社会経済変動にともなう子どもの需要変化が出生率を低下させるという新古典派経済学理論よりも、新しい考え方の伝播・普及学説がよりよく適合することを示している。

また、イギリスとその旧植民地であるアメリカ、カナダ、オーストラリア、ニュージーランドの出生率の歴史的推移がよく似ていることも注目される。旧宗主国のイギリス本国と、同じ英語を使うこれらの国々との間で、出生率の高さそのものは多少違うが高低の波が打ち寄せるタイミングが相似しているのである。

図表7-1に示したように、1930年代アメリカ、カナダ、イギリスでは出生率低下を経験した。次に1950～60年代には日本とは違って20年にも及ぶ長期の、途上国並みに多産の大型のベビーブームを経験したが、1960年半ば以降出生率は同じように低下している。他のヨーロッパの国々でも戦後のベビーブームは起きたが、総じて期間も短く規模も小さい。一般にこれらのいわゆる「ネオヨーロッパ」と言われる旧イギリスの植民地とイギリス本国とでは、国土の広さ、人口密度、社会体制などは大いに違ってはいるが、人口動態、

特に出生率の振幅のタイミングが似ている点は興味深い。

以上のいくつかの例から要約できることは、出生率低下開始の状況にあたって、社会経済的要因以外の効果、特に新しいものの考え方、世界観、イデオロギーの伝播・拡散の力が意外に大きいということである。そして、出生率の低下はある種の文化的条件のもとで発生し、あるいはその条件に触発されて低下の勢いを増幅するケースがしばしばみられることである。

そもそも伝播・拡散学説は社会科学では昔からある理論である。だが1980年代まではこの学説は影が薄く、日本では終始影響が弱い。言語・文化ともきわめて同質性が高い日本では、この学説がもっと受け入れられてもよさそうだが、マルクス経済学の影響が強かったせいか、伝統的に経済的要因への信頼（あるいは信仰）と構造的変数の尊重が強かった。

いずれにせよ、ひとたび出生率低下が起こり、出生率が10％低下すれば、あとは一気に低下するという経験則がある。これは言い換えれば、新しい行動様式の拡散現象であり、最初は文化的な抵抗、人口動態の惰性があるが、それがともかく一度動き出すと新しい行動様式が社会のなかで伝播・拡散する作用が働く。ただし、そこで当該国の社会経済がある程度発展していれば以後の低下は速いが、開発が遅滞していれば、低下速度は遅い。

低出生率規範の伝播・拡散論は、ベッカーらが主張する経済学的な主張とは対極的な出生率低下の有力な仮説である。しかし問題はアイデアの伝播・拡散が出生力転換の原動力になり得るかどうかである。現在の多変量解析の枠組みでは変数間の影響は相互的であり、どちらが原動力であるかを直ちに特定することはできない。だが、やはり出生率低下の主導的機関車は経済社会の構造的変化であって、伝播的効果はそれを促進する手段にすぎないと考えるのが妥当であろう。残念なことに、伝播・拡散仮説は定量的な数式モデルをまだ確立していないし、実証的研究の蓄積がいまだ不十分なところにとどまっているからである。

ジェンダー間不衡平論

20世紀後半、特筆すべきはジェンダー差別の撤廃であり、一般社会での男女機会均等である。特に教育・就業面で厳然と存在していた男女間の壁はほとんどなくなり、先進国では両性間の教育・就業機会均等性は確立したといってよい。ただし、家庭外では自由と平等の原理が支配的となっているが、家庭内では役割の不衡平性が依然支配している。

ヨーロッパでは、北・西ヨーロッパと南ヨーロッパの間で、あるいは北・西ヨーロッパと日本、韓国、台湾という非西欧低出生率国との比較で、大きな格差がみられることが明らかになっている。南ヨーロッパのイタリア、スペイン、ギリシアや、非西欧低出生率国の日本、韓国、台湾、シンガポールでは、家庭外の職場や公共施設では女性は自由と平等の権利を十分行使できるが、家庭内に男女の役割分業制度が存続し、女性は家事、育児、老親の介護を押しつけられ、夫からのサポートがほとんどない状況がみられる。そのために、女性は結婚することを忌避し、結婚しても当分の間子どもの出産を先延ばしすることになるのである。

南ヨーロッパと同じく低出生率の東ヨーロッパ諸国でも類似の状況がみられると思うが、研究データが乏しいので、ここでは考察を省略する。

さまざまな統計の上でも、マクドナルドの言う伝統的な家族志向の制度を維持し、男女役割分業制が残っている国ほど、出生率が低い。家庭内の男女役割分業のイデオロギーと、女性にのみ家事・育児を任せるという慣行が消滅しない限り、OECD（経済協力開発機構）加盟国内の出生率格差は消滅しないと予測する2005年のOECDの研究がある。マクドナルドは、この家庭内・外でのジェンダー間役割衡平に関する非対称性こそが、日本、韓国、南ヨーロッパ諸国の超低出生率のもっとも重要な要因であると言う。

エマニュエル・トッドが提示した、ヨーロッパの高出生率国と低出生率国とを区分する分割線のアイデアは魅力的である。これに啓発されて各国の数値を最近のものに更新した図表7-2を掲げる。合計特殊出生率が1.4以下の国々と、1.5以上ある国々がそこに示された出生率ディバイドの太い分割線によって画然と分けられている状況を示す（ただし旧ユーゴスラビアのムスリム系諸国とアルバニアは例外である）。

出生率が1.5以上の比較的高い国々は北・西ヨーロッパのフランス、オランダ、ベルギー、イギリス、フィンランド、スウェーデン、デンマーク、ノルウェーの諸国であり、他方出生率が1.4以下の比較的低い国々はドイツ語圏のドイツ、オーストリア、スイス、南ヨーロッパのイタリア、スペイン、ポルトガル、ギリシア、そして東ヨーロッパの旧ソ連圏の国々とな

〈7-2〉ヨーロッパ各国の合計特殊出生率の分布と
高・低の境界線　2004年

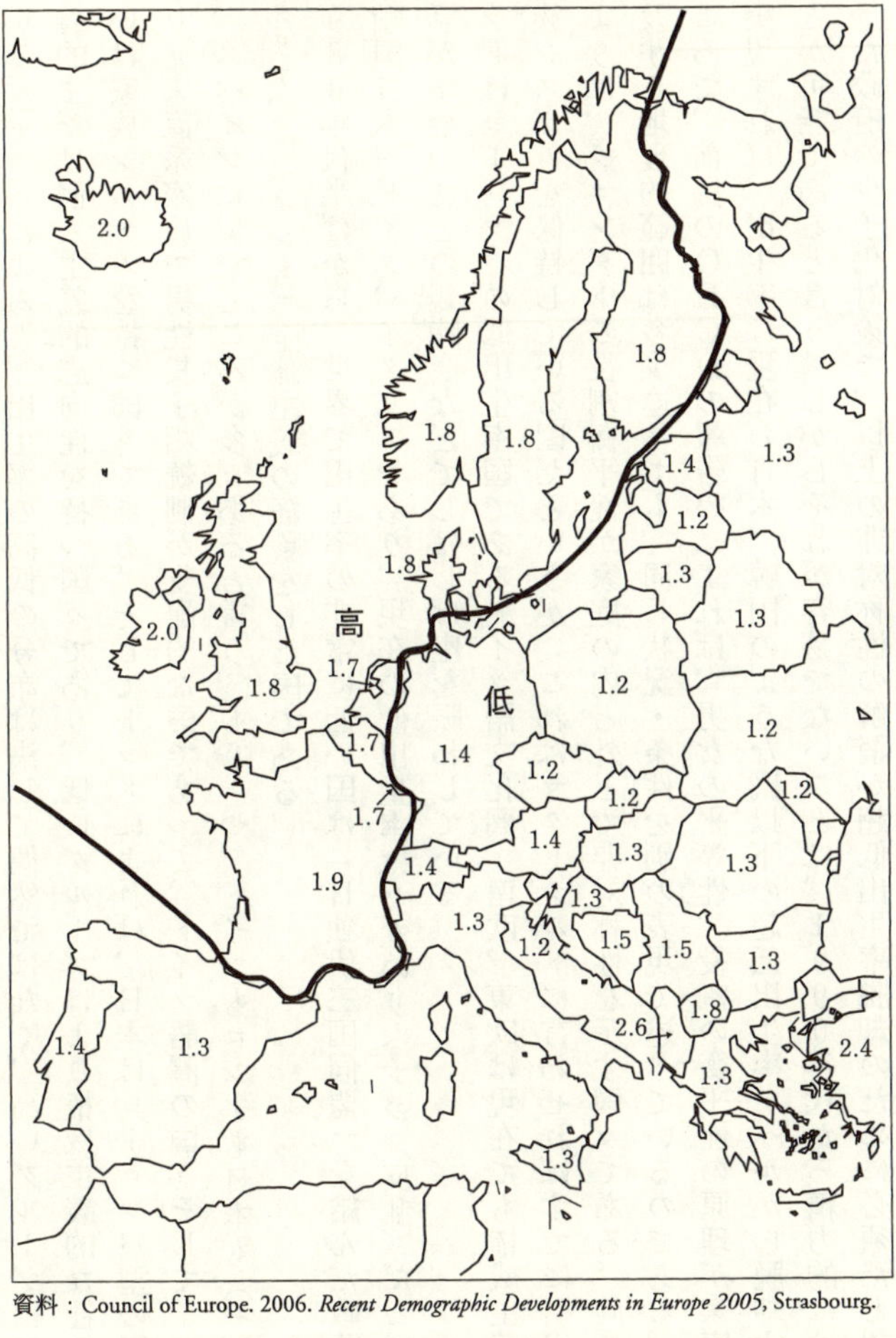

資料：Council of Europe. 2006. *Recent Demographic Developments in Europe 2005*, Strasbourg.

っている。トッドによると、出生率の高低の分布は決して偶然ではなく、高いグループは自由主義的または個人主義的志向性を持つ国々であり、低いグループはより権威主義的な社会あるいは家族システムを持つ国々である。そしてトッドによれば、日本はヨーロッパ型の国であり元来直系家族で男性長子相続制が支配的な国であって、ドイツ語圏の国々そしてイタリア、スペインに似たところが多々あると言う。もう一つ、ドイツもロシアも日本も（そしてイタリア、スペインも）全体主義の経験をした国である。

1980年代半ばから、世界で出生率の非常に低い国は「日独伊三国同盟」を結んだ戦前の枢軸国日本、ドイツ、イタリアであり、現在の低出生率は女性のリベンジ（反乱）だという小話が学会のあとの親睦《しんぼく》会などでしばしば座を賑《にぎ》わしている。

トッドはヨーロッパの低出生率国であるドイツ語文化圏、南欧、東欧は現在でも権威主義的家族システムを保持している国だというが、これはマクドナルドに言わせればすでに引用したように、ジェンダーの役割衡平性が家庭の内と外とで非対称性を示す国々である。両者の言及する地理的範囲は多少違っても、同じ状況・条件を別の表現で述べているのである。

ところで、前掲のOECDの報告書によれば、男女の平等性、役割の衡平性の原理が家庭内で実現すれば、出生率は現在の日本、韓国のような1.3以下の超低出生率レベルから脱却することが可能であると言う。しかしそれが容易でないことは、1990年代から精力的にはじまった政府の少子化対策で、以上の非対称性の解消が超低出生率脱却のために必須だと認識され取り上げられながらも、実際はあまり進展せず、出生率が低下の一途をたどったことからもわかる。いったん出生率が1.4以下に低下すれば、超少子化と超高齢化が悪循環の連鎖反応を起こし、超少子化のスパイラルに落ち込み、脱出は困難をきわめるという見方もある。

1997年10月に当時の厚生省人口問題審議会は、「少子化に関する基本的な考え方について——人口減少社会、未来への責任と選択」と題する報告書をまとめた。そこでは女性の社会進出を多様な選択の一つとして尊重する一方、家事・育児は女性の役割とする伝統的意識、そして家庭よりも仕事優先を求める企業風土のために、女性の就業と出産・育児が両立しがたいと論じている。この論点が、いまにいたるまで現代日本の少子化の背景についての代表的な見解であろう。ごく最近では、女性の就業と出産・育児の調和のことを「ワーク・ライフ・バランス」といった言葉で表現される傾向にある。

東アジアの熾烈な受験戦争

この章の最後に、理論として完成していないが、出生率低下の要因として、東アジアの日本、韓国、台湾、そしてシンガポールにおける受験戦争の熾烈《しれつ》さを取り上げ、その背後にある学歴偏重社会の存在を論じてみたい。

日本では、欧米と比較すれば社会階層を駆け上るチャンスは限られている。極言すればライフ・チャンスは一回しかない。大学受験である。そのため、一流大学に入るために一流高校、一流中学に入学しなければという受験戦争がある。もちろん、以上はいわゆるモデルであり、実際は単純ではない。日本が本当に学歴偏重主義であるかどうかの議論もここではやめる。

他方でフランスも学歴偏重社会で日本をはるかに上回る。しかし、日本ほど受験戦争が熾烈ではない。また出生率に影響を及ぼしているという噂さえない。それはごく一部の人しか一流大学、特にグランゼコールというエリート養成機関に進むことを考えず、一般の人は当初より受験をしようとは考えないからである。

受験戦争の背後には学歴偏重社会があると述べたが、教育社会学者の竹内洋によると、学歴偏重社会ゆえの受験戦争ではない。国際比較調査からみても、日本はアメリカやイギリスと比較して特に学歴偏重とは言えないという。男子高校生の意識調査でも、学歴がさほど将来の就職に関係するとは答えていない。竹内によれば、中学・高校生の半数以上が学習塾に通うのは、入試の際の偏差値が明らかにされ、大学が、一流、二流、三流とランク付け、序列化されたためである。つまり、学習塾を通じて偏差値による志望校のランク付けをされ、それ以前の一流大学対二流大学以下という競争の構図がすべてのランクの大学に広がり、受験生は現在の位置よりもワンランク上の学校に行くために勉強する傾向になったからだというのである。

いずれにせよ、2002年で中学2年生の50%は学習塾に通うという状況、1993年では中学3年生の67%が学習塾で勉強したという数字は、人生の早い時期から受験戦争がはじまっていることを示している。一方、少子化によって平均受験倍率が低下しても受験戦争が緩和する気配はない。また一般社会でそのような学生が卒業した学校の序列を学生の全人格の序列にすり替え、人間としての能力、知力に代わるものとして承認し判別するところは変わらない。

さて本題に戻る。受験戦争がどのくらい出生率に影響を与えているか、直接的に実証する調査結果は乏しい。だが、国立社会保障・人口問題研究所（以下、社人研）が5年間隔で施行した「出生動向基本調査」によれば、受験戦争に関連したであろう教育費の拡大が出産の抑制に大きな影響を与えている。

すでに述べたように、社人研の出生動向基本調査では、理想子ども数と予定子ども数という二つの異なる指標がある。前者は、現実の状況とは関係なく、夫婦にとって「もし可能なら」という理想数を尋ねた質問である。後者は、現在いる子どもを含めて何人子どもを産むつもりかという質問であり、現実的な生活を考えての出生力指標である。1992年には理想子ども数は2・64人だが、予定子ども数は2・18人、1997年には前者は2・53人だが、後者は2・16人であった。2002年は前者が2・56人で後者が2・13人となっている。最新の調査は2007年ではなく、2年繰り上げて2005年に行われたが、前者が2・48人、後者が2・11人であった。

さらに調査は、予定子ども数が理想子ども数を下回る、全体で約6割の夫婦に理想子ども数を実現できなかった理由を多項目選択方式で尋ねている。1997年の調査の結果を上位から挙げると「子育てには金がかかる」35・6%、「高齢で産むのが嫌だから」33・6%、「子どもの教育に金がかかる」32・8%と続く。近年の2002年、2005年の調査では「子育てには金がかかる」と「教育に金がかかる」という項目が合併されているので、「教育に金がかかる」という項目は1997年調査までであった。ちなみに2005年の調査によると、「子育てや教育に金がかかりすぎるから」が飛び抜けて多く65・9%、2002年では62・9%を占めている。

この調査から推測すると、もし受験戦争が熾烈でなく、大きな経済的あるいは精神的負担を親に与えなければ、子どもとともに生活し、子どもの成長とともに親も成長する過程を心からエンジョイすることができたかもしれない。子どもを産んで本当によかったと思い、もう1人くらい産んでみようかという気持ちになるのではないか。

韓国・台湾は実は日本以上にきびしい受験戦争の国（地域）である。合計特殊出生率は2005年に韓国が1・08、台湾が1・12、シンガポールが1・24と日本より低い。それが儒教社会の長年の伝統なのか、科挙制度の名残りなのかはよくわからないが、背景には東アジア特有のやや行き過ぎた学歴偏重社会があるためではないかと考えさせられるのである。

混迷の日本と韓国

欧米諸国では19世紀後半、日本では20世紀後半以後、出産は自然な生物学的行動から社会経済的条件を考慮する意志決定の領域へ移っていったと言ってよい。

日本の場合、昭和の戦前の時代、都会に住み、夫が高学歴である一部の家庭を除けば、一般家庭の人びとは出生をコントロールすることなど夢にも思わなかった。子どもは天からの授かりものであり、結婚の目的は家系を絶やさないこと、子孫を増やすことが最大の目的であり、結婚すれば出産は当然の生物学的行動であった。しかし戦後は、子どもを持つことは純粋に生物学的行動というよりも（もちろん出産が生物学的現象であることからは免れないが）経済学的、社会学的な関連と意味を持つ現象に変わってしまった。特に近年、産業のソフト化にともない女性の社会進出が活発になったが、旧来の権威主義的色彩の家族制度がまだ強固で女性の就業と出産・育児との両立が決して容易ではなく、子どもを持つことの機会費用が非常に高くなっている。そして一般に経済的不況の時代、将来が不透明であるときには、出産の先延ばしは当然となっている。

さらに出産に関する価値観が近年大きく変貌した。総じて子どもは親に恩恵あるいは利得をもたらすものではなくなり、やや誇張して言えば、親に経済的、心理的負担だけをもたらすものに変わっていった。「子宝」という概念もその意味が薄くなっている。以上の新しい状況の出現が、現在のヨーロッパ、日本、東アジアにみられる少子化現象のもっとも普遍的かつ基本的な要因であろう。

少子化はもちろん社会経済的発展、工業化、都市化、生活水準の上昇、教育水準の向上、価値観の変化というさまざまな近代化の流れのなかで起きた。しかし、日本、韓国、台湾、南欧のイタリア、スペイン、東欧のチェコ、ロシア、ラトビア、ブルガリアなどが今日のように超少子化になったのは、それらの国々のそれぞれ特殊ないくつかの社会的・文化的な要因が加わったと考えるのが妥当であろう。すべての先進国が合計特殊出生率1.3を割る「超低出生率」になったわけではないからだ。

アメリカは別として、現在北・西ヨーロッパの国々は、フランスは2.0、北欧の国々とイギリスは1.8前後、ベネルクスの国々は1.7前後と、合計特殊出生率が1.7台あるいはそれ以上の水準を保っている（アメリカは2.1前後である）。しかもこれらの国々は10～20年前はもっと低かったが、最近その水準が回復していることが注目される。

東アジア諸国や南ヨーロッパ諸国では、家庭内に依然として残る権威主義的な男女の役割の違い、家事・育児に関する参加の程度の格差は歴然たるものがある。それは一般社会で経験する教育、就職、政治参加などジェンダーの平等・衡平と非対称である。またこれらの地域では、成人してからも親離れをしないパラサイト・シングルの甘えの構造も指摘される。

以上引用した五つの理論と一つの補論を展望し吟味してみると、それぞれ全部が日本・韓国・台湾の低出生率の理由を適切に説明している。

また、日本・韓国の長い労働時間は、男性の家事・育児への参加を阻害し、伝統的性役割意識を温存する役割を果たしている。さらに日本の「失われた10年」と呼ばれる長期的不況や、同時期に起きた韓国の経済危機は、多くの若年労働者の経済的自立を挫折させ、将来に対する不安感を増幅し、結婚・出産意欲を減退させたと推測されるのである。

第8章　出生率の予測——可能性と限界

人口推計に対する期待

政治家やマスメディアは、経済予測に比べると人口予測は精度が高いと考える。たしかに人口推計の精度は高い。たとえば1963年の国連世界人口推計は、2000年の世界人口を61億2973万人としたが、実際の2000年の人口は61億2412万人（2006年国連推計）であり、その差は561万人にすぎない。40余年後の推計が実際とわずか0・09%の誤差しかないことは、いささか偶然もあるが驚くべきことである。一方で、バブル経済の崩壊、金融危機を1980年代に予測した経済学者が何人いたであろうか。

国立社会保障・人口問題研究所（以下、社人研）による日本の公式推計が、現実の合計特殊出生率の推計と厳密に適合していないと、しばしば批判されたが、実際の出生率の値は前回の2002年公式推計における中位値と低位値の仮定の中間に入っている。また総人口のピークは低位推計の場合2004年に到来すると推計していたので、まったく外れたわけではない。推計には中位値を中心として高位値と低位値があり、一般に人口推計ではその幅は誤差の範囲であるとする。いずれにせよ未来の人間行動の結果である。将来推計に誤差があることは免れない。

これまで日本の公式推計は、将来の人口がどのようになるのかを大局的に示した点で正しかったと言える。公式人口推計は20年近く前から現在の少子化、人口減少の可能性を予知し、30年以上前から高齢社会到来を予言し、実際そのとおりになっている。しかし、その点がほとんど評価されていない。日本の公式推計は、1970年代から日本の将来は非常な高齢化社会になると予測を示していたが、当時の世間一般の反応は芳しいものではなかった。遠い先の社会について悲観的なことを述べないほうがいいという見方もあった。

ただし、種々の社会の予測のなかで、人口推計への信頼性が高いのは、予測技術が経済予測に比べて特に優れているからではなかろう。戦争や天変地異がない限り、人口の動きは経済活動に比べて緩慢だからである。人間はひとたび生まれると、現在では80〜90年近く生き延びる。つまりストックの交代が緩やかにくるので、出発点の人口に内蔵された持続性のポテンシャルが非常に大きいからである。すでに何度も述べた「人口モメンタム」である。

比較的的中度が高い人口推計のなかで、もっとも難しいとされるのが出生率の予測である。出生率の動向は、経済変動や社会変化に対し複雑に反応し、ある場合は低下しある場合は反転上昇するというさまざまな方向性がある。寿命が完全な善として社会で受け止められているのに対して、出生に普遍的な評価はない。高い出生率が常に望ましいと思われているのでもなく、低い出生率がいつも適当だと認められているわけでもない。

米国センサス局の〝失敗〟

人口変動三要素の推計のなかで、一般に出生率の推計作業がもっとも難しい。そのため出生率の仮定の幅は死亡率のそれよりも広く取っており、日本の将来人口は出生率の仮定いかんによって大きな影響を受ける。

２００６年公式推計では出生率の仮定は中位、高位、低位の3通りであり、死亡率の仮定も中位、高位、低位の3通りである。したがって3掛ける3で9通りの推計がある（ちなみに、国際人口移動の仮定は1通りだけである）。そこでまず、出生率の仮定は中位に据え置き、死亡率の仮定が中位、高位、低位と変化する組み合わせの、２０５０年総人口推計値をみてみよう。それぞれ９５１５・２万人、９３５０・８万人、９６８０・３万人である。いま中位推計値を１００・０として指数を計算すれば、高位推計98・3、低位推計１０１・７となる。

次に、死亡率の仮定は中位に据え置き、出生率の仮定が中位、高位、低位と変わる場合の、同じく２０５０年総人口推計値をみてみよう。それぞれ９５１５・２万人、１億１９４・７万人、８９９６・６万人である。いま中位推計値を１００・０とすれば、高位１０７・１、低位は94・5である。出生率の変化による幅は死亡率のそれと比べて約4倍大きい。

情である。

「世界に冠たる」（と言われる）日本の国勢調査、人口動態統計、あるいは詳細な実地調査のデータをもってしても、あるいは戦後半世紀以上にわたって蓄積した出生力研究から導き出された出生力理論をもってしても、決定的な結論を導き出せない——これが出生率予測の実情である。

日本の合計特殊出生率は、厚生労働省統計情報部の発表によれば2005年に1・26まで低下したが、2006年は1・32に回復している。この回復は一時的なものであって今後再び低下するとしても、それが下がり続けてやがてゼロに達することはなく、どこかで低下が止まり本格的な回復に転ずるとするのが順当な考え方であろう。そうでなければ、いまの低出生率が続き、500年も経つと、日本人口は地上からほぼ消滅してしまうということになるが、そんなことは現実的ではない。

しかし、そのいわば「幻の本格的な出生率反転」がいつ到来するか、現在の人口学の最前線の知識、ノウハウをもってしても、残念ながら正確に特定できない。ただしこの状況は日本だけでなく、欧米諸国もほぼ同じ状況である。

人口研究の最先端を行くアメリカも例外ではない。人口推計の方法は「コーホート要因法」で、出生率推計は出生コーホートを用いてタイミング効果を除き、これを将来に延長し、次にそれを期間別（年次別）数値に戻して行うという方法は同じである。しかしアメリカの出生率の推計はしばしば当たらないという不名誉な歴史を持っている。

アメリカは1940年代後半から60年代前半にかけて20年近くの長きにわたり、途上国並みの高い出生率を保った超ベビーブームを経験した。だがこのベビーブームの到来をそれ以前に予測した研究機関はなく、またブームの途中にそれが想像を超えて長く続き、異常な高さに達すると予見したアメリカの人口学者もいなかった。さらにまたベビーブームが終わったのちに急速に低下した出生率の軌跡を、正確に予測した研究者もいなかった。

無残な不成績に懲《こ》りたせいか、推計の当事者である米国センサス局では1960年代からしばらくの間「低位推計」「中位推計」「高位推計」と名付ける従来の形式をやめていた。そこではさまざまな異なった出生率、死亡率、国際人口移動率の仮定を明記し、それらの仮定の組み合わせによる多数のA、B、C、D、E……の推計結果を並べ、後はユーザーに取捨選択させるという姑息《こそく》な方法を採っていた。日本の公式推計においては、このようにさまざまな推計を単に提示するだけではとても許されないであろう。

出生率推計の「三つの死角」

正確な出生率推計が難しい理由として、さしあたり次の三つがあると考えられる。

1　既存の出生力理論の人口推計に対する応用性の欠如
2　出生率変動解明のための基本的データの不足

3　出生率予測に社会経済的要因を組み込む難しさ

現在、出生率決定の要因、将来の出生率動向についての理論・学説は多いが、すでに第7章で概観したように将来の動向を俯瞰《ふかん》する、あるいは長期的な出生率の変動を見通す理論・学説は乏しい。

先にも述べたように、19～20世紀にはどの社会でも、工業化、都市化、世俗化が進展すれば、まず死亡率が低下し、ついで出生率が低下することが論じられ予想された。これが人口転換論である。このような人口転換はまず北・西ヨーロッパで起き、南欧、東欧、さらに日本や韓国のような非西欧諸国にも出現する可能性を予言して見事に的中し、この理論の巨視的正しさを示した。ただしこの人口転換論は出生率変動の方向性やその決定要因、メカニズムについてかなり大雑把であり、どのような社会経済的水準に達したときに出生率が低下するかの閾値を明確にしたものではなかった。多変量解析（ちなみに、「多変量解析」とは、出生率に影響を及ぼす多くの要因を同時に考慮して、それぞれの影響力あるいは寄与の程度を統計的に計測する分析法。そこで取り扱う要因を変数とも言う）によって計算した結果は、社会経済的変数の閾値の範囲が予想外に広く、どのくらいの臨界点に達したときに出生率が低下しはじめるかの水準を特定できなかったのである。

その上で第一の理由である。現在多くの出生力決定理論があるが、人口推計、特に将来の出生率の推計にどのくらい具体的に用いられているのかといえば、意外と応用例に乏しい。新古典派経済学的アプローチはとりわけ定量的な解析の側面に優れているので、その理論や仮説は大いに推計に利用されているだろうと思われるが、実際はそうではない。第７章で解説したそのほかの出生力決定理論はいずれも示唆に富むが、惜しむらくは抽象的であり定量的ではない。それから得た知見を、具体的な仮定として人口推計に取り入れることは難しい状況である。

プライバシーという壁

第二の理由についてであるが、日本は世界に冠たる「統計大国」である。正確で国の隅々までカバーする統計を非常に迅速に提供することで定評がある。その優れた「統計大国」でも結婚・出生については人口静態・動態統計ともに必ずしも十分でない、特に動学的なコーホート・データ、縦断的な統計データに乏しい。

より適切な出生力分析を行うために必要な基本的なデータの不足を述べておく。まず将来の出生率を予測する場合、日本で欠けているのは、結婚持続期間別女子人口と女性の年齢・出生順位別人口の二つの情報である。日本では、プライバシーの問題のために１９８０年度国勢調査から廃止されている。母の年齢・出生順位別出生率と結婚持続期間別出生率は、出生力分析やモデル構築の際に有力な資料を提供するが、分子となる人口動態によるそれぞれの属性別出生数は入手できても、分母となるべきデータがないのである。

次に、1970年代以後今日まで利用されている「予定子ども数」である。これは現在でも社人研の出生動向基本調査で調査されている。だが、日本では予定子ども数が実際に調査後そのとおりに実現したかをたしかめる追跡調査を筆者の知るところ行っていない。

一方アメリカでは、ライダー、ウェストフ（Charles F. Westoff）、フリードマン、モルガン（Phillip Morgan）、リンドファスらの社会人口学者によって追跡調査研究が行われている。アメリカの調査研究によると、予定子ども数はのちの出生行動の経過で必ずしも十分実現されていない。将来の予定子ども数は調査時に考えられたとおりの固定的なものではなく、出産の遅れ、実際の出産の経験を通じて変化するものであり、調査当時には可能性があると思われていても諸般の事情、経済の悪化によって実現が難しくなる場合がしばしば認められるのである。ウェストフとライダーの調査研究は、当初の予定子ども数は一般に実際より15％は高く予定されていたと推定している。

予定子ども数の概念の導入は1950年代～60年代に出生率推計を改善する切り札として、当時アメリカの人口学者の間で強く構想され、関連した調査が実施された。アメリカ以外でもこの指標は一時広く盛んに用いられた。しかしそれだけでは不十分で、追跡調査を行いその調査結果を使って、最初得られた予定子ども数を修正する修正係数を準備する必要があろう。幸いなことに最近パネル調査の隆盛期を迎えつつあり、そのような調査手段を使ってより望ましい数値を得る可能性が増してくるであろう。

社会経済的要因と出生率

第三の社会経済的要因を組み込むことの難しさについてである。直感的には社会構造変化や経済的変動が出生率に及ぼす影響は大きいと考えられる。だが定量的に計量することは簡単ではない。実際、多くの調査研究が社会経済的要因の影響力を十分に定量的に捕捉できなかった。もちろん、将来の社会経済変動の推計のほうが人口推計よりもさらに予測が難しいこともある。

アメリカで行われた出産力調査の先駆的研究は、1940年代「インディアナポリス研究」からウエルプトン（Pascal K. Whelpton）を中心とした「GAFスタディ」を経て、1970年代初期のウェストフとライダーが行ったプリンストン大学企画の全米出産力調査にいたる。そこで多くの社会学的・心理学的実地調査が行われ、大量の個票データを基に多変量解析が行われた。しかしその分析結果をみると、統計的に有意性の高い、確固たる結論を引き出すことができなかった。

当時、社会経済的・心理学的な説明変数は出生率に対してせいぜい10％前後の寄与で、予想外の小さい数値であった。1970年代初期にプリンストン大学人口研究所で行われた前述の全米出産力調査では、多変量解析の決定係数（寄与率）が10％以上になれば歓声が上がり、20％以上の成果が得られたならばその夕方は人口研究所の広間で祝賀のカクテル・パーティーが催されたという。社会経済的な出生率への影響は、少なくとも個票ベースのミクロ分析に関する限り、あまり大きいものではなかった。

日本では、1970年以後、厚生省人口問題研究所で行われた出産力調査でも、また1980年代以後のさまざまな統計学的研究でも、社会経済的変数の効果は微弱である。結局、出生率に影響を与えると考えられるそれらの要因が、実地調査の個票を用いたミクロ分析の多変量解析では意外に小さく、出生率の推計には役立たないのである。現在の実地調査における自計主義の設問形式では社会経済的要因の影響を的確に掬《すく》い取れないのかもしれない。

将来予測の最前線

出生率予測に社会経済的要因を取り入れるのは、なかなか容易ではない。欧米諸国の公式推計でも日本の公式推計と同じように、人口推計に社会経済的要因を取り入れるのは時機尚早という見解に立っている。国連推計も同じスタンスである。かつて国連の人口委員会で新しいメンバーが登場してくると、「社会経済的変数を取り入れたらどうか」という質問がよく出たものだが、答えは「残念ながら……」というものであった。それは現在も変わらない。

社会経済的要因を取り入れた人口推計を行うためには、人口変数と社会経済的変数との関係を厳密に定式化しなくてはならない。ただしこのアプローチを将来推計に用いるとすれば、社会経済変化と人口変数のすべてを内生化し（モデルのなかである変数が変化すれば、その影響に応じて他の変数が自動的に変化するように組み込まれていること）、相互作用によって自律的に変化するシステム・モデルを構築することである。

計量経済学でこれに挑戦した萌芽的モデルは存在し、この発展の方向に研究努力を傾けることは必要である。だが現在のレベルで実用的予測になるとは言いがたい。将来推計を準備するにあたって、現在での最善の策は、人口学者の金子隆一が指摘するようにおそらく人口変数と時代変化、あるいは人口変数と世代変化との関連性の理解に努めることであろう。

将来は、人口推計を基にして作成される社会経済的変数の推計が今度はフィードバックして（つまり逆に人口サイドに作用して）出生率に変化を及ぼすという、人口推計と経済推計が一体となるシステム的なものが構想される。だが先にも述べたように、残念ながら現在の段階ではそこまで発達していない。

近年、ヨーロッパの多くの地域で出生率の低下が底を打ち、緩やかな反騰現象が起きている。日本の場合も近い将来、本格的反転が起きるかどうか注目されるが、社会経済的な視点からの回復効果、特に「失われた10年」からの脱却と改善、そして育児の財政的援助と育児と就業両立支援政策の強化によって、これまで延引された結婚と出産が失地回復されるという観点を推計に取り入れないと、将来の合計特殊出生率が1.5以上に回復するメカニズムは生まれてこないだろう。そのあたりが人口学と経済学あるいは政治学との提携による学際的研究の課題であろう。

「アートである」

人口推計を行う人口学の実力、技術レベルは近年の推計モデルの精緻化にともなって、かなりの水準まで進んでいる。だが残念ながら日本の将来の出生率の動向を正確に推測できる水準に達していない。これが筆者の結論である。現在の人口学はまだ、推計に理論的根拠を与え、具体的な到達地点を提示できる応用力のある出生力理論を備えてはいない。また正確な推計をはじき出す推計テクノロジー、さらに基本的ベースとなる十分な人口・出生データに恵まれていない。

人口現象は物理学のように数式によって完全に説明され、予測が行われるものではない。マスメディアによって期待される正確無比な人口推計待望論は、ある意味ではありがたいことではあるが、現在のところ、ないものねだりにすぎないと言わざるを得ない。これは別に日本の人口学だけではなく、世界のトップレベルの学問の力をもってしてもそうなのである。

かつて国連人口部長のタバ（Leon Tabah）は、「人口推計は科学的な労作というよりもアートである」と述べたが、興味深い見解である。ここでのアートは、本来の芸術という意味のほかに技能、技、腕前といった意味でもある。つまり、人口推計は現在の人口学の技術、成果を結集したものであるが、100％科学的に予測されるものではなく、推計をする人の経験に裏付けられた技能が要求されることを言うのである。自然科学的現象であっても、天気予報で明日の気候が晴れか曇りか、気温は何度か１００％正確に予想できない。いわんや時代の価値観の変化によって大きく変わる人間集団の結婚行動、出産行動を１００％正確には予測できないし、それらの行動の原因を十分特定し、定量的に説明することさえできていないのである。こうした将来の不確実性に対して、その不確定の幅を確率で表現しようとする試みがはじまっているが、まだ発展途上である。

昨今の推計、特に出生率の推計が間違っているために現在の社会保障の体制が危機に瀕《ひん》していると言われる。しかし、人口推計には往々にして誤差がつきまとう。出生率の中位推計が実際の趨勢と厳密に適合せず、将来の年金制度が危うくなるという議論は、公的年金制度があまりにも中位推計の動向に敏感に設計されているからであろう。公式人口推計は、誤差の範囲として中位値よりも低い出生率レベルの低位推計を用意している。実際の合計特殊出生率の値はこれまで中位推計値と低位推計値との間にあった。もし低位推計を基に将来の年金制度が設計されていれば話は違っていたであろう。

第9章　将来の人口推計——未来をよむ人口学

なぜ人口推計が必要か

ヨーロッパでは、18世紀から19世紀に近代国家が次々と成立し、国家主権が確立してくるにつれて国勢調査が実施されはじめる。どれくらいの人口がいるのか、税金を課すことのできる就業人口がどれくらいいるか、どれだけ兵役を務める青年がいるか、国内の地域人口分布はどうなっているのか——統計情報は、国を統治するために必要であった。また5年先、10年先の人口の見通しも重要となってくる。さらに、年齢構成の変化——現役の人口、老年人口はどれくらいになるのか、どれくらい出産があるかも欲しい数字であった。

将来人口推計とは、人口学でもっとも実用的な意味を持ち、国や地方自治体のさまざまな経済社会計画と関連し、行財政施策策定の基礎になる資料を提供するものである。さらに民間団体・企業も将来の事業計画のために人口の見通しは必要である。日本では、将来の社会保障給付やサービスの規模は、その恩恵を受ける老年人口とそれを支える現役人口との比率に関連するところが非常に大きいとされ、それを予測する将来推計人口の数字が特に重要視される。そのほか、労働力推計、学齢人口推計、世帯数推計等を行うにあたり、将来人口推計はその基礎的ベース、あるいは重要な参考資料となっている。

この章では、人口推計の手続き、方法論を簡単に解説し、人口推計の意味を明らかにする。人口推計には全国推計と都道府県別推計のような地域推計があるが、ここでは主に全国推計を論じる。

数理的モデルによる総人口推計

推計の一番簡単な方法は、総人口に数学的成長曲線を応用して将来人口を算出する方法である。これまでは、たとえばロジスティック曲線と言われるS字状の曲線――最初は増加が緩慢で推計期間の真ん中あたりがもっとも増加率が高くなり、それを過ぎると徐々に減速して上限に漸近していく形の成長曲線が人口増加について当てはめるには有効であるとされ、20世紀初期まで盛んに用いられた。

この方法は、現在から近い将来まで総人口の数値はよく当てはまってはいるが、長期間に及ぶと的中度が低下する。男女・年齢別の人口構造の影響を考慮していないからである。つまり総人口をベースにして推計を行うと、そのなかに子どもや老人という出産活動に直接関係のない年齢層が含まれるが、彼らの総人口に占める比率が将来一定ではないからである。また人口変動の三要素――出生・死亡・移動の要因を推計の条件として取り入れていないからである。

これらの人口構造や変動の要因を取り入れることによって、より正確な推計が得られるであろうことは言うまでもない。また人口推計は、総人口だけでなく、将来の生産年齢人口や老年人口が男女別にどのくらいの規模になるのかといった男女・年齢別人口構造の情報が欲しいところである。だがそのようなものはこの簡単な方法では得られない。したがって、以上の条件を備えたコーホート要因法が開発されると、この総人口を基にして行う単純な方法は特殊な場合を除いて行われなくなってきた。

国際的標準――コーホート要因法

19世紀末から、男女・年齢別構造とともに出生率、死亡率、国際人口移動率を考慮に入れたコーホート要因法が開発された。1895年にイギリスのキャナン（Edmund Cannan）によってその方法の枠組みが考案され、20世紀の初期、1920年代にイギリスのボーリー（A. L. Bowley）、アメリカのウエルプトンによって発展し実用化されたものである。現在、国連、日本、アメリカ、イギリス、フランスなどの公式推計は基本的には全部このコーホート要因法の枠組みによっていると言ってよい。

基本的に「コーホート要因法」は簡明である。第1章で、基準人口をベースにし次の年次の人口を推定する方法として、人口変動の三要素である出生・死亡・移動の各数値を用いる人口変動方程式を紹介したが、実際の人口推計はこの計算をもっと細かく、男女・年齢別に行っているにすぎない。コーホート要因法の主な枠組みは図表9-1に示す。紙面の都合上、ここでは出産に直接関係する女子人口に限るものとする。

図表9-1は2005年の女子人口が死亡（生残率）と出生の二つの要因によって5年後の2010年にどう変わっていくかの経過を示している（複雑になるのを避け人口変動の残りの要因である移動には触れない）。まず左の2005年女子人口は年齢5歳階級別に区分けされている。ここでは図そのものを簡明にするため、たとえば再生産年齢については出生率が高い年齢階級の20～24歳、25～29歳、30～34歳しか示していない。もちろん15～19歳、35～39歳、40～44歳、45～49歳の女性もここに含まれる。

この図で、たとえば2005年の0～4歳階級女子人口は「生存」という矢印に沿って2010年には5～9歳となる。その場合すべての人口がそっくり5～9歳人口に移行するのではない。いくらかは死亡しコーホートから脱落するが、ほとんどは生き延びる。0～4歳人口が5年経って5～9歳人口に生存する数を求めるためには女子の年齢別生残率が必要である。それは第2章で説明したとおり、生命表の定常人口（生存延べ年数）から求める。つまり5～9歳の定常人口を分子とし0～4歳の定常人口を分母として割った生残率を用いる。

ここで用いる生残率は2005年から2010年にかけての5年間なので、2005年の生命表を用いると（死亡率がまだいくらか年々改善されているので）生残率がわずかながら過少になり、生存数が過少になる。そのため、２０１０年の推定生命表を作成し、そこから得た０～４歳と５～９歳の定常人口を用いた生残率と２００５年の生残率を平均して用いる。２０１０年の定常人口を得るために２０１０年の生命表をどのようにして作成するのか、あるいは一般的に将来の生命表をどのようにして作成するのかが次に問題になってくる。その方法については本章の後のほうで触れる。

〈9-1〉コーホート要因法による女子人口将来推計

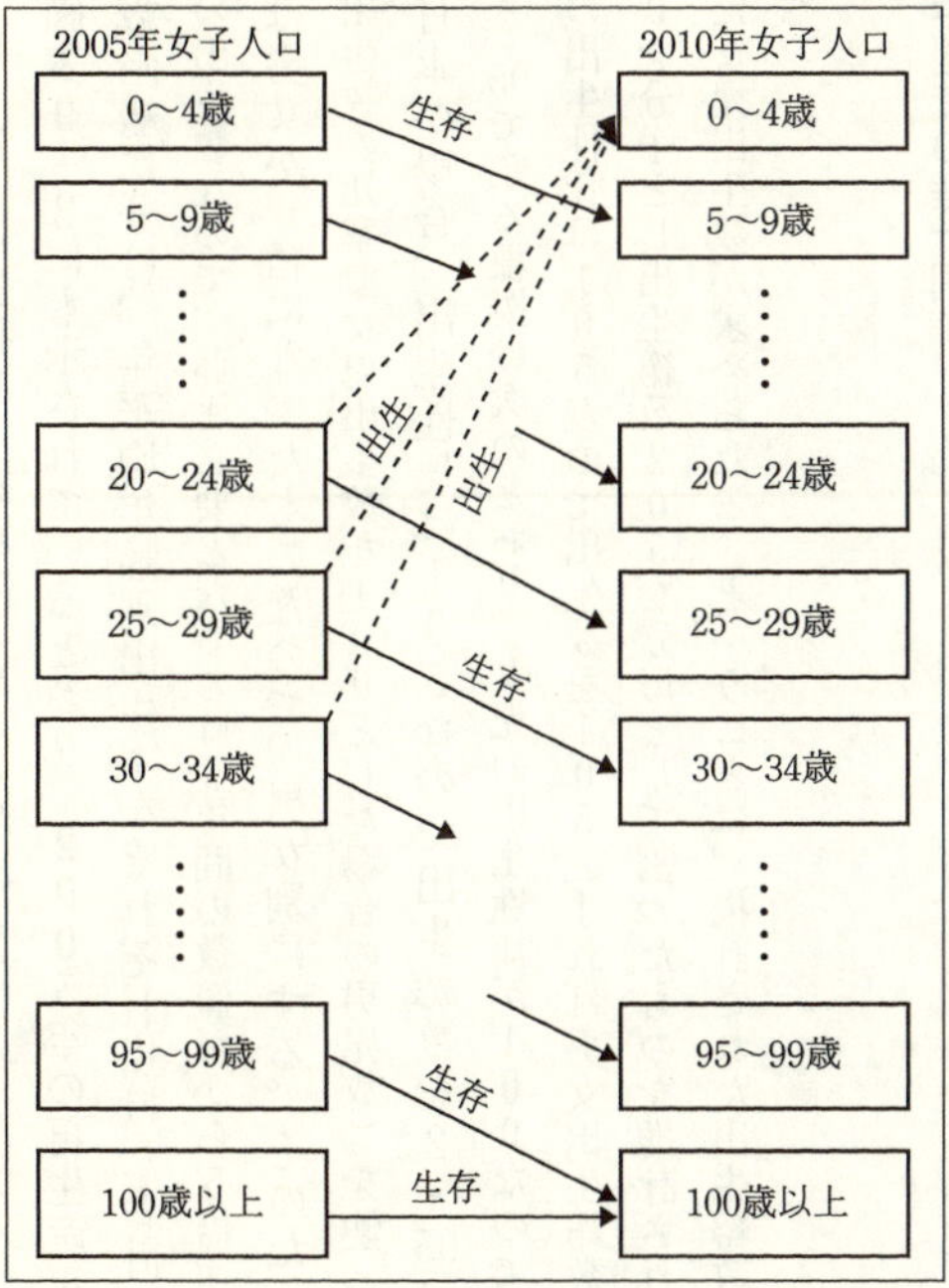

出所：筆者作成

　さて次に図表９－１で、２０１０年の０～４歳人口はどこからやって来るのか疑問が生じよう。それは２００５年から２０１０年に（たとえば２００５年の７月１日から２０１０年の６月30日までに）生まれた出生数のうち２０１０年（たとえば7月1日）に生存した女児が2010年の0～4歳女子人口になるのである。この出生数は図表9－2にも示されているとおり、2005年の再生産年齢15～49歳女子人口を七つの5歳階級に分け、年平均年齢別出生率をそれぞれ掛けた合計である（ただしこれは1年間平均の出生数なので、いま必要となるのは5年間の数値だから5倍する必要がある）。次にこの出生数は男女が一緒になったものなので、男女別にする。そのためには出生性比（出生時の男女の出生数の比率で女児出生数を100とした場合の男児数）を使って女児出生数を求める。現在の日本の場合、出生性比は105なので出生総数を2・05で割れば女児数が求められる（2・05で割る根拠は次のとおり。女児の出生性比が100なので出生数を100と仮定する。男児の出生性比は105なので出生数を105とすれば男女出生総数は205である。女児出生数100を分子とし出生総数205を分母として割ったものを推計された出生総数に掛ければ、推計された女児出生数が求められる。ということは、推計された出生総数を2・05で割ればよいことになる）。

中国での推計例

以上では計算のプロセスがわかりづらいが、国連が行った中国の推計の実例からあらためて説明しよう。図表9－2は図表9－1と関連した表であり、2005～10年の5年間の出生数を求める計算例を示す。⑵の2005年の年齢別女子人口と⑶の2005～10年の年平

〈9-2〉**中国女児出生数の推計例** 2005〜10年（人口と出生数の単位：1000人）

年齢階級 (1)	2005年 年齢別女子人口 (2)	2005〜10年 年平均年齢別出生率 (3)	2005〜10年 年平均出生数 (4)=(2)×(3)
15〜19	55,684	0.00454	253
20〜24	48,107	0.16218	7,802
25〜29	47,203	0.13556	6,399
30〜34	58,585	0.03948	2,313
35〜39	61,544	0.00881	542
40〜44	50,631	0.00383	194
45〜49	39,818	0.00158	63
15〜49歳合計			17,566

註:5年間に生まれた出生数=17,566,000×5= 87,830,000人。出生性比は110である（女児100人に対して男児110人）。そのなかの女児数= 87,830,000×100 / 210= 41,824,000人

均女子の年齢別出生率はそれぞれ別のところで推計されている数字である。女子の年齢別出生率は、母の年齢別出生率と言うほうがもっとよく理解されるかもしれない。

(2)の年齢別女子人口と(3)の女子の年齢別出生率を掛けることによって、(4)の年齢別出生数が求められる。これを女子の年齢15〜49歳の合計によって2005〜10年5年間のうち1年間平均の出生数が得られる。それが1756万6000人である。5年間の出生数を求めるには5倍し、8783万0000人という大きな数字になる。次に、この数字は男女合計なので男児と女児に分ける。そこで前にも述べたとおり、推定された出生比率を用いる(国連は中国の出生性比を110と推定している。110は女児100人に対して男児が110人という意味である。したがって女児出生数は出生総数×100／210であり、1000人以下はまるめて4182万4000

人となる)。

さらに、先に算出方法を記した生残率を2005〜10年に生まれた女児数に掛ければ、0〜4歳女子人口が4021万4000人となる。

ここで言い落としたことを一つ述べておきたい。第一は出生性比である。日本の場合、性比は大体105〜106の間で上下しながら推移している。1960年代後半から70年代はじめにかけて107以上に達したこともあったが、1980年以後106を超えることはない。ほかの先進国も105〜106の国が多い。途上国も大体105台である。しかし中国は110の高い性比を示している。これは「一人っ子政策」に関連して男児が女児よりも尊重される伝統があり、原則として1人しか子どもが産めない状況で、超音波検査によって胎児の性別が判明したあとに往々にして男性だけが選択されるケースを反映している。

次のステップとして、将来の年齢別生残率と出生率をどのようにして求めるか、順次項を改めて簡単に説明する。

将来の生残率の計算と推計

年齢別生残率については、もう一度図表9－1を使って考えてみよう。図表9－1は2005〜10年にかけての生残率である。これはすでに述べたように、分母を2005年と2010年のそれぞれの生命表のx歳の定常人口の値にし、分子をそれより5歳上の$x+5$歳の値にして得た二つの生残率を平均したものである。だが2010年はもちろん将来の仮定値である。したがって将来の生命表作成は中央死亡率（生命表の死亡確率 $_nq_x$ に転換されない前の $_nm_x$）の推計が必要である。その場合国連、日本の国立社会保障・人口問題研究所、アメリカセンサス局などはリー＝カーター（Lee-Carter）・モデルという死亡率推計モデルを用いている。

人間は乳幼児期を除いて、加齢とともに死亡率が上昇する。その上昇の仕方に時代、地域を超えて規則性がみられるところから、過去いくつかの数理的モデルが作られてきた。1825年のゴンパーツ（B. Gompertz）による「死亡の法則」と言われる指数函数はその最初のモデルである。その後いくつかのモデルが開発されてきたが、どれも的中度は悪くない。しかしなかでも「リレーショナル・モデル」と言われるリー＝カーター・モデルは、国連や多くの先進国の公式人口推計で最近用いられて、的中度が高いことで有名である。リレーショナル・モデルとは、標準となる死亡なり出生なりのパターンが決まれば、それをベースにし、関連するいくつかの係数を用いてたとえば将来の動向を推定するモデルである。

リー＝カーター・モデルは、年齢と死亡の関係について、元来生物学的規則性として死亡率のなかに恒常的に存在する部分と、将来改善する可変的な部分があることを分けて考える。まず、恒常的な部分については、最近の年齢別死亡パターンを基準にして設定し、可変的部分については死亡率水準が低下する速度の係数を取り入れ、この二つの要素を数理方程式を使って統合し、将来の年齢別死亡率を求めている。死亡率低下係数の算出は、過去の死亡率の趨勢を用いる。アメリカや国連の場合は、死亡率低下が著しい直線的モデルを使用しているのに対して、日本の場合はすでに平均寿命が非常に高く(死亡率が非常に低い)、他国のように死亡率が直線的に低下するモデルを用いると効果が強くなりすぎるので、代わりに低下率そのものが漸減する係数を考案して用いている。

日本のこれまでの公式推計では、当初は平均寿命が低く年齢別死亡率が高かったので、欧米諸国の生命表数値を目標とする推計方法が取られていた。しかし、日本の平均寿命が世界最高になるにしたがい、死因別死亡率の過去の趨勢を統計的に延長する外挿法によって将来の死亡率を推計する方法に切り替えられる。とはいえ、死因を考慮して行う方法は非常に煩雑である。死因の診断に関する医療統計上の問題もあり、また日本では死因の分類法の大きな改変が1990年代に行われ、死因別死亡統計数字の接続性、安定性の問題が生じてきた。そのため2002年推計から死因を用いないリー＝カーター・モデルが基本的アプローチとして採用されることになった。

リー＝カーター・モデルの長所は、優れた汎用《はんよう》性、簡明にしてかつ主観的判断の要素が介入しない点で、短い期間であれば非常に的中度の高い予測ができる。だが、数理方程式のなかに係数を固定した部分があり、20年、30年を超える予測だと的中度がやや低下することが最近指摘されるようになった。死亡は生物学的現象であり、生活習慣などが関係する行動的現象である。将来の死亡率と平均寿命の動向を完璧に予測することは不可能だが、誤差をさらに縮小することはできるであろう。日本では先の2002年公式推計後も平均寿命が予想以上に延び続けているので、新しい2006年推計ではボンガーツが考案した老化過程の遅延を考慮したモデルを組み合わせて用いている。この方面の研究は特にアメリカで最近学際的な規模で行われており、方法の精緻化はさらに進むと期待できる。

国連の出生率推計方法

将来の出生率はどのように算出されるか。国連推計の場合、女子年齢別出生率の計算方法は比較的簡単である。出生率の年齢別パターンが合計特殊出生率低下の速度によって変化することに着目し、種々な年齢パターンのモデルを作り、それを各国の出生率にケース・バイ・ケースで当てはめるからだ。

世界人口の大部分を占める途上国は、第二次世界大戦後当初、早婚・皆婚であり出生率が非常に高かった。第1子、第2子の出産は早く、しかも先進国のように第2子を出産したあとも出産をやめなかったので、多産であった（第4章、5章参照）。しかし近代化の過程で、徐々に晩婚・晩産、そして少産というパターンに変わっていく。国連推計では、将来の合計特殊出生率の変化（低下）は過去の出生率低下の速度によるものとして、さまざまなモデルを用意している。それに応じて早婚・若年出産・多産型から晩婚・晩産・少産型に移行するよう設計され、一番蓋然《がいぜん》性の高いと考えられる中位推計で究極的に合計特殊出生率1・85に低下するように仮定されている。

別の言葉で言えば、まず合計特殊出生率が過去どのように変化（主として低下）したかを見て、その変化の速度によって将来どのようなタイミングで1・85に達するかのコースを選択する。そして途中経過の合計特殊出生率の水準にしたがって、異なった年齢別分布（年齢パターン）のモデルを選択するのである。

先進国の場合も近年の趨勢にしたがい、いくつかの異なったコースがある。だが、現在人口置換え水準をかなり下回っている場合でも、中位推計でだいたい2050年に合計特殊出生率1・85に収斂すると仮定されている。

国連では期間出生率法を原則的に用いている。5歳階級別で5年ごとの年次の推計（たとえば2020年20〜24歳、2025年25〜29歳……という具合に）を行っている。多くの途上国からは十分な資料が得られないためもあって、コーホート出生率法を用いていない。推計する国と地域が200を超えるのでコーホート出生率法で行うには仕事の量が厖大すぎることもあるが、もう一つ理由がある。それは2300年までの世界人口推計のような超長期的推計を行う場合、年齢別出生パターンがどの国もそれより以前に安定化しかつ均一化していくと仮定されており、それを攪乱する要因である将来の戦争や大不況は予測できないので、コーホート出生率法による推計を行う意味があまりないという考え方にも基づくからだ。

日本の出生率推計とは

日本の出生率の推計は、死亡率の場合と同じようにかなり長い方法論改善の歴史がある。1930～75年は基本的にコーホート要因法を使っていたが、出生率の推計は「期間出生率法」によっていた。すなわちそれぞれの年齢の出生率を単純に年次ごとに横一列に並べ、それぞれの趨勢に数理曲線を当てはめて将来に延長する方法である。しかしこの方法は第3章ですでに論じたとおり、出生率のタイミング効果を考慮に入れないために、往々にして不都合を生ずる。

晩婚・晩産が進み、初婚年齢が高くなり、20歳代前半の未婚率が増加すると、その後20歳代後半以降になって産み戻しが起こり、そこの部分の出生率が高くなる状況が現れた。1976年推計から旧厚生省人口問題研究所推計でも「コーホート（合計特殊）出生率法」の利用がはじまり、以後公式推計にはこの方法が用いられている。コーホート出生率のほうが一般的に安定しているからだ。ただしコーホート出生率の詳細は第3章で述べたが複雑である。コーホート出生率法による推計はコンピュータのおかげで可能となったとも言えよう。一つ指摘しなければならないのは、最近結婚した若い女性の出産活動はまだはじまったばかりで、完結していないことである。彼らの出産は、最近の傾向を用いて女性50歳までのコーホート年齢別出生率を推計しなければならない。

〈9－3〉

コーホート合計特殊出生率
＝（1－生涯未婚率）×夫婦完結出生児数×離死別再婚効果係数
＝（1－生涯未婚率）×｛期待夫婦完結出生児数×結婚出生力変動係数｝×離死別再婚効果係数

日本の2006年の公式推計は、基本的にはコーホート出生率法であり、具体的には9－3のように求められている。

日本の場合、婚外出産が少なく、出産のほとんどは結婚している夫婦によるので、晩婚化・非婚化は大きな意味を持つ。将来の初婚年齢と生涯未婚率の推計から年齢別有配偶率を出し、それに期待された夫婦完結出生率の推計値を掛け合わせて出生率を得るという手順を取っている。途中結婚出生力変動係数のような係数を用いて適時新しい傾向に対応するよう修正を行っている。

図表9－4は新しい2006年推計で仮定された日本人女子1990年生まれのコーホートの結婚・出生変数値である。生涯未婚率を中位値で23・5％、平均初婚年齢28・2歳、夫婦完結出生児数を1・70（期待夫婦完結出生児数1・87×結婚出生力変動係数0・906）とこれまで以上の未婚化・少子化の水準を推定している。前回2002年推計でも当時想像できないくらいの少子化進展の予想だという印象があったが、2005年までの出生率低下の実績はさらにそれを下回ったのである。

ちなみに、公式推計で用いられた結婚モデルは、プリンストン大学でのコールとマックニール（D. R. McNeil）の初婚モデルが基礎になっている。この方法は、方法論的枠組みとしては古典的とも言える完成されたモデルであり、い

〈9-4〉仮定された日本人女子1990年出生コーホートの結婚・出生変数値および合計特殊出生率（2006年推計）

仮定の種類	生涯未婚率（%）	平均初婚年齢（歳）	夫婦完結出生児数	期待夫婦完結出生児数	結婚出生力変動係数	離死別再婚効果係数	コーホート合計特殊出生率
中位の仮定	23.5	28.2	1.70	1.87	0.906	0.925	1.20
高位の仮定	17.9	27.8	1.91	1.91	1.000	0.938	1.47
低位の仮定	27.0	28.7	1.53	1.82	0.838	0.918	1.02

出所：国立社会保障・人口問題研究所（2007）『日本の将来推計人口（2006年推計）』

までも多くの結婚・出生力分析研究で用いられている。

日本の公式推計出生モデルは１９９７年の段階ですでに二重底、三重底のように綿密な構造であり、２００６年の推計は方法論としてはこの１９９７年推計に準ずる。その特徴は第一に、推計する過程を通して推計者個人の恣意的判断の要素が入り込まない。第二は、社会経済的変数を「直接的」には考慮していない（つまり、最終段階の出生率算定の方程式は人口学的変数だけで組み立てられている）モデルである。社会経済的要因は、それぞれの時代、世代の変化がコーホートの結婚・出産行動に反映されているとし、間接的に取り入れられていると考えている。社会経済的効果は方程式のなかの「結婚出生力変動係数」に反映されているが、独立的な要因として直接的に組み込まれてはいない。

しかし、これだけ社会経済変動が起こり、価値観の変化とともに出生率が低下し、いまだに回復しないところをみると、社会経済変化の影響を直接的に出生率推計に取り入れたほうがいいという見解も一部にはある。

国際人口移動の推計

国際人口移動の推計について、ここでは出生や死亡のように表・図を用いてその推計方法を解説するのは省略する。国際人口移動の規模は出生・死亡に比べて一般にかなり小さいし、各国の公式推計の場合、男女・年齢別移動数あるいは移動率を一定としているケースが多い。男女・年齢別移動率が推計されれば、移動人口の計算は形式としては図表9－2の出生数の推計に似ている。移動の場合は入国と出国の双方の流れがあるので、移動率はその差し引きである入国超過率として推計に組み入れるケースが多い。男女・年齢別入国超過率を仮定し、それを男女・年齢別推計人口に乗じて求める。

日本の公式推計の場合、日本人と外国人では異なった入国超過率の推移と年齢パターンを示すので、それぞれに分けて推計する。日本人の場合おおむね出国超過を示しておりその動向は安定しているところから、1995～2005年の年齢別趨勢を補整したものを将来に応用している。

一方、外国人はおおむね入国超過でしかも増加の傾向にあるので、主要な相手国からの過去の趨勢を将来に延長して推計している。ただし2026年以降は一定である。外国人移動者の年齢パターンは2000～05年の平均値を2006年以降一定としている。わが国の場合、入国超過外国人の年齢パターンは20歳代に集中し、子どもや老人はほとんどいないが、

〈9-5〉**年齢３区分別日本人口の推移**　1950〜2100年

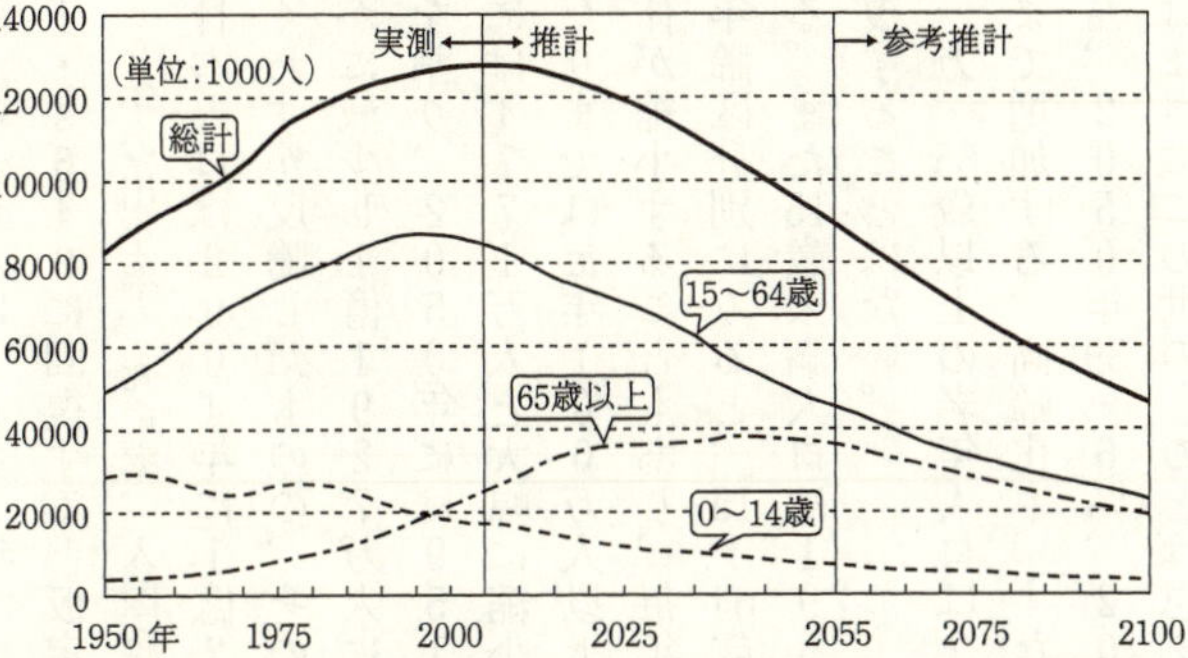

資料：国立社会保障・人口問題研究所（2007）『日本の将来推計人口（2006年推計）』

アメリカやヨーロッパでは若い現役人口以外の年齢層の入国も活発であり、日本でもこのような動静を今後注目する必要がある。

日本の人口のゆくえ

日本の将来人口推計の結果は、すでに第１〜３章で部分的に示した。図表９-５は日本の総人口と三大年齢区分（15歳未満、15〜64歳、65歳以上）による過去、現在、将来の動向を示している。ただしいくつかの説明が必要である。

まず、この図表は１９５０〜２００５年が実測であり、２００６年以後は推計である。２００６年の推計では出生率が「中位」「高位」「低位」、死亡率も「中位」「高位」「低位」の三つの仮定が設けられているが、ここでは出生率は中位で死亡率も中位の推計値のみについて解説する（「中位値」は、もっとも蓋然性の高い仮定値である）。２００６〜55年の期間では合計特殊出生率がいったんは2013年までに1・2134に下がり、その後2055年までにわずかに1・2640に回復すると仮定されている。2056年から先は「参考推計」である（2055年の出生率、死亡率、入国超過率が2105年まで一定で推移する推計）。

日本人口は2004年に1億2779万人ですでにピークに達しているが、2006年にごくわずか反騰したものの、その後減少の一途をたどる。2025年くらいまでは比較的緩やかに減少し1億1927万人になるが、以後減少が急速になる。2046年に1億人の大台を割り、2050年には9515万人となる見込みである。参考推計によれば、2100年には4771万人と大幅に縮小し5000万人を切る。2040年あたりから2075年あたりまでは毎年100万人以上の減少が予想されている。しかし2075年以降は総人口自体が縮小することもあり、毎年の減少の絶対数は小さくなる。

年齢区分別にみると、15～64歳の生産年齢人口は1995年頃からすでに減少期に入っている。また15歳未満人口は1955年頃がピークで、その後80年頃に回復するが再び低下し、回復することはない。

一方、65歳以上の老年人口は2020年頃から上昇が鈍化しはじめるが、2040年代初頭まで増加する。高齢化率、すなわち総人口に占める65歳以上人口の割合は2025年30・5%、2050年39・6%、2055年には40・5%という凄まじい超高齢人口となる。これはまさにこの世のものとは思えないシュールな世界と言ってよい。いまから20年ほど前、

〈9-6〉2025年・2050年以降人口置換え出生率・死亡率一定による日本人口の推移

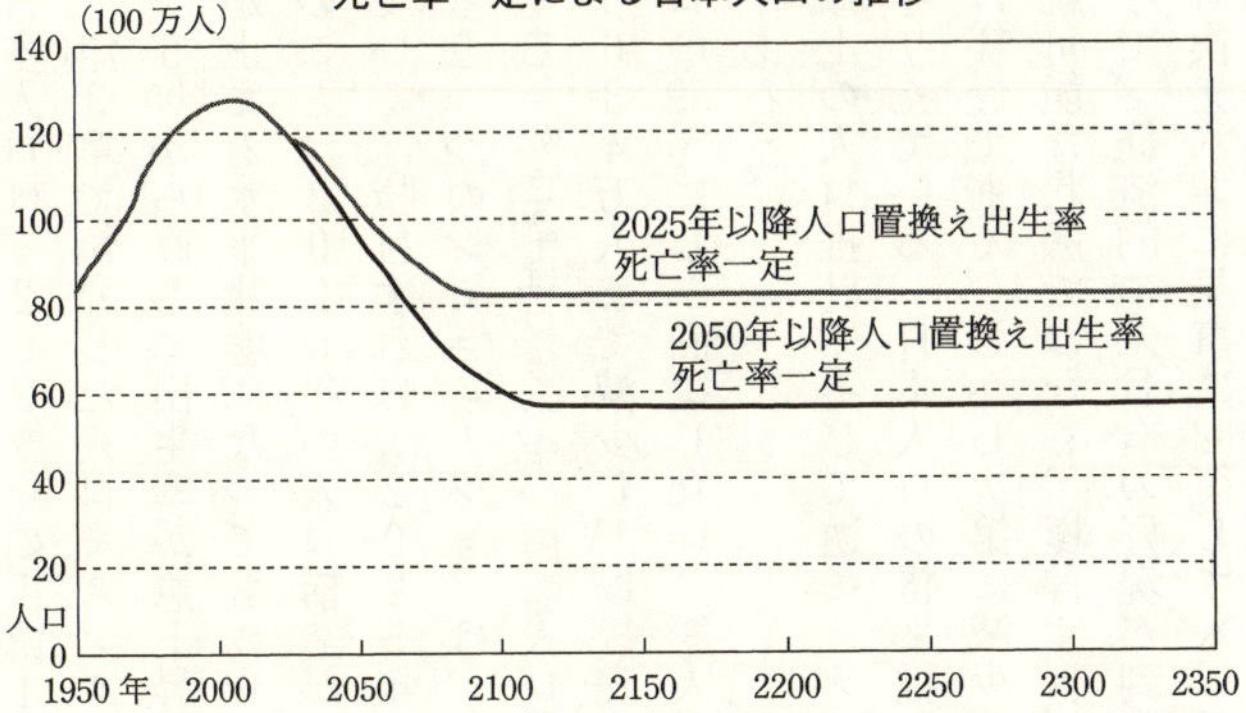

出所：筆者作成（石川晃氏の協力による）

日本の高齢化がこのような想像を絶する数字になると誰が予想したであろうか。超少子化、人口減少、そして超高齢化と三つの危機が重なった〝トリレンマ〟である。

衰亡する国家——「人口崩壊」への道

２００６年の人口推計によれば、２００５〜25年までの人口減少はまだ緩慢であり、その影響は比較的軽微であると考えてもよかろう。この期間は、悪くすれば日本が超少子化のブラックホールに落ち込む前の、出生率回復のために残された最後のチャンスかもしれない。ここで二つのシミュレーション（仮説的人口推計）を示そう。一つは、仮に２０２５年から出生率が人口置換え水準の2・07に直ちに回復するとしたものである。結果は図表９-６に掲げる（死亡率は２０２５年の水準が一定、国際人口移動はゼロの仮定）。

日本人口は、2025年の1億1927万人から8230万まで減少し以後静止状態に入る。第3章で紹介した人口モメンタムは0・69であり、これはシミュレーションのように2025年から直ちに出生率が急上昇して置換え水準になったとしても人口は減少を続け、減少が止まる水平状態になっても2025年の人口の69%にしか回復しないことを意味する。このことは2025年の人口構造がいかに大きな負の人口モメンタムを抱えているかを物語っている。極言すれば、2025年の日本人口はすでに壊れかかっているのである。

もう一つのシミュレーションは、2050年から出生率が人口置換え水準に回復した場合である（死亡率は以後一定、国際人口移動はゼロの仮定）。この年に9515万人であった人口は5634万人まで減少し、以後安定する。人口モメンタムは0・59であり、2050年の人口の59%にしか回復しない。総人口を元に戻すためには、並大抵ではない非常な努力が必要であろう。

以上の人口推計、そして逆モメンタムの計算値は、日本人口の将来についていくつかの教訓を与えている。日本人口の将来推計の場合、人口減少がはじまった最初の10～20年間の減少は緩慢である。しかし次第に減少のペースが速まり、急速に減少していく。それは決して持続可能な状態ではなく、極言すれば一国の衰亡あるいは「人口崩壊」への道である。もし途中で、経済的に未曾有の好況が到来するとか、あるいは政府の家族政策が功を奏し出生率が置換え水準に見事に回復しても、元の出発点の人口規模に戻ることはないのである。

終章　人口減少社会は喜ばしいか

人口減少時代の到来

日本はいよいよ人口減少時代を迎えようとしている。2005年8月には、上半期の自然増加がマイナスになったというニュースが流れた。人口減少が予測よりも2年早くやってきたという報道である。2006年10月には、2005年の国勢調査全数集計の結果が、歴史的人口減少を確認したと報じ、あらためて大きな波紋を呼んだ。いよいよ人口減少社会の到来である。

「人口減少」という言葉には、日本でも西欧でも一国の没落、衰亡、破産といった暗いイメージが強く付きまとう。日本では明治以来、第二次世界大戦終結前後の短期間を除き人口が減った経験がなく、西欧諸国と異なり島国で民族の同質性・独自性の意識が強いだけに、人口減少への恐怖が特に大きい。

では、実際に人口が減るとどういったことが起こるのか——。まず国力の低下が起こる。国力とは軍事力、経済力、技術力、そしてソフト・パワーと言われる外国の人びとを惹き付ける日本文化全体の総合的な力であろう。2006年の国連人口推計によれば、日本人口は現在世界で10番目だが、2050年にはコンゴ、エチオピア、フィリピン、メキシコ、エジプト、ベトナムに抜かれ、16位に転落する。

20世紀後半に日本が、世界、特にアジアで圧倒的な経済力を発揮したのは、最高時には6700万人を数える巨大で生産性の非常に高い労働力に恵まれたことが大きい。世界最高クラスの教育を受け、産業技術の熟練度は高く、当時西欧諸国に比べまだ若かった日本の大型労働力の勢威は、1980年代向かうところ敵なく、世界市場を席捲《せっけん》した。

さらに1億2700万人という大型人口は、労働力予備軍の貯水池としてだけではなく、たとえば耐久消費財として単価の高い自動車の生産と販売を自国内で支えられる、巨大な国内市場を形成していた。ヨーロッパで自動車産業を持っている国は、ドイツ、フランス、イギリス、イタリアのように人口5000万人以上の大国である。大きな労働力と高い生産性の相乗積である経済力が、G7で日本を非西欧圏から唯一のメンバー国に押し上げた源泉であった。2050年、日本の人口ランキングが16位へと滑り落ちたとき、日本はアジア経済での卓越性と国際政治パワーが維持できるかどうかはわからない。

過密社会日本

一方で、いままで日本は人口が多すぎたという意見は根強くある。ヨーロッパ諸国のなかで大国といわれる国の人口は5000万〜8000万人程度であり、日本は1.5〜2倍以上の人口大国である。わが国の面積はアメリカのカリフォルニア州よりも小さい。そのうえ山岳部が多く、国土の3割程度しか人が住めない。日本は人口密度が非常に高いために、地価や住居費がアメリカと比べて異常に高い。長距離通勤を強いることで働く人びとにさまざまな肉体的・心理的なダメージを与えているし、日本経済に対しても少なからぬ損失をもたらしていることは否定できない。

実際、日本社会では長い間諸悪の根源は人口過剰であり人口過密であると考えられてきた。日本人は江戸時代、そして明治、大正、昭和期を通じて人口が増える状況をあまり楽しんだことはなかった。だからこそ人口減少社会、人口低密度時代を経験し、そのよい面を見るのも悪くないのではと思う人は多い。

日本人自身が日本の人口が多すぎると思ってきたことは、いくつかの調査で明らかである。旧厚生省人口問題研究所は1990年と95年の2回、人口問題の意識調査を実施しているが、日本の人口が多すぎると思う人は、95年調査で45・8％(90年調査では46・7％)、ちょうどよいと答えた人は38・3％、少なすぎると答えた人は6・3％にすぎない。しかし、興味深いのは同じ調査対象者が日本の人口減少に対して95年は23・9％が「望ましくない」と答え、15・7％の「望ましい」と答えた人を上回る(「どちらともいえない」54・2％は意外といえば意外であるが)。日本人は人口が多すぎると思っていても、人口自体が減るのは好まないのである。

新聞の論調の変化をみると、ルーマニアで政府間会議としては初めての「世界人口会議」が開催された1974年頃、日本の人口は過剰であるという論調がまだ強かった。1980年代には人口減少の可能性はまだ深刻に考えられず、人口高齢化の現象だけが問題化していたと思う。出生率低下が大きな問題と認識され、「少子化」という特別の言葉がつくられ、それに対する対策が採られはじめるのは1992年頃からなのである。

人口減少社会のメリット

有識者、政府の政策立案者、メディアでは、人口減少が日本の経済社会に大きなマイナスの影響を与えるとして否定的な意見が多い。しかし最近は、人口減少は必ずしも悪くない、「ウェルカム人口減少社会」「少子高齢化が日本を救う」というキャッチフレーズの議論も現れてきた。藤正巖、古川俊之といった研究者は、ある程度の人口減少と社会の高齢化は安定した成熟社会を迎える必要条件であり、日本がもっと住みよい社会になるのは、現在の人口・社会状況を正確に認識し、適切な公共政策を掲げるかどうかにかかっていると論ずる。人口減少社会の到来はそれほど危機ではない。暗いイメージの多い少子高齢化社会の問題点の指摘よりも、安定し満ち足りた社会をどのようにつくるかに努力を傾注したほうがよいという見解である。また経済学者の原田泰は、少子高齢化が低生産性部門の効率化を促し、産業構造の変化を進め、経済全体の生産性を押し上げる可能性があると言う。

人口減少社会ウェルカム論の根底にあるのは、人口減少が豊かさの要因になり得るという思想である。たしかに人口の数が減れば1人当たりの国民所得が必ず減少するという研究結果はない。人口と平均所得との関係は中立的である。さらに人口が増えれば、個人の所得、幸福が自動的に増進するという状況にはない。また、日本の労働生産性は低く、向上の余地がまだ十分にあるという考えは正しい。輸出型産業は生産性が高いが、サービス産業、流通部門などはアメリカに比べて生産性が低いのは事実である。

もう一つの明らかな利点は、人口減少によって劣悪な住環境と交通状況が改善されるという点にある。日本人が生活の豊かさを実感できない一つの理由が、狭い住宅の問題にあるのは明白である。人口減少社会の到来によって、人口過剰、人口増加を前提につくり上げられた古い社会が変わるのではないかと期待している。

幻想の人口減少待望論

しかし、そうだろうか。たとえば、経済人口学者の大淵寛はこのような縮小社会、低密度人口待望論は幻想であり、人口減少のなかで、生活水準が上昇し続けることに疑問を呈している。歴史的にそのような事例があっても、それは例外である。たとえ生活水準がある程度以上上昇しても、一国の総生産が持続的に減少しているときに、人びとは経済的な活力の低下を肌身に感じ、豊かさよりもむしろ将来への不安や不透明感を覚えるに違いないと言う。この見解は多くの人口学者が抱いている考えであろう。将来への不安が横たわっているときには、人口減少がこの先さらに低出生スパイラルを生む可能性は考えられる。人口が減れば満員電車が解消できるという議論も幻想だろう。乗客が減れば鉄道会社は運転本数を減らすからである。

かつて人口転換のある段階で、出生率が低下して15歳未満の年少人口の比率が減少したが、一方で老年人口比率はあまり増加せず、生産年齢人口の比率が一時的に拡大した時期が日本をはじめ、韓国、台湾、シンガポールなどであった。人口学者や開発経済学者が「人口ボーナスの時代」と呼ぶ現象である。この時代に、以上のアジア新興工業国と呼ばれた国々はいずれも長足の経済発展を遂げ、「アジアの奇跡」と呼ばれた。そうであれば、今度は総人口が緩やかに減り、各家庭の生活水準が上昇する時期は、第1の人口ボーナスとは意味合いが違うが「第2の人口ボーナスの時代」と呼ばれ得るものかもしれない。この時期に人口が減っても、生活水準が上昇し、労働条件が改善され、住宅の広さと質が向上すれば、人びとの間でその分だけ一家団欒《だんらん》を楽しもうとする気運が漲り、出生率が反転上昇する可能性が考えられなくもない。

しかし、そのような「第2の人口ボーナスの時代」には経済発展と画期的な技術革新がともなわない限り、長続きしない。その短い期間に、政府、地方自治体、公共団体は英知の限りを尽くして家族にやさしい社会体制を整備するようにしなければならない。

日本では経済が強ければ人口減少は怖くないという見解も聞かれる。経済の規模が変わらず人口が減少すれば、1人当たりの所得水準は上昇し過密も解消して、日本は本格的に豊かな社会になるとの議論はあり得る。しかしその可能性は、2005年に人口減少がはじまってからせいぜい最初の20年程度の話であることに特に留意したい。

歴史のなかの人口減少

話は変わるが、14世紀のヨーロッパでペストが蔓延《まんえん》し、多くの国・地域で人口減少が起きた。なかには人口が半分以下になった地域さえある。歴史学者ハーリー（David Herlihy）は、人口減少で恒常的に存在していた人口圧迫、人口過剰と貧困とのマルサス的悪循環は解消し、ヨーロッパのその後の技術的発展に大きな触媒的効果を与えたと言う。ペストの猖獗《しょうけつ》によって、多くの有為な青壮年が死に、ヨーロッパでは深刻な労働力不足が起きた。それを補うために生き残った人びとはありとあらゆる工夫を試み、改革を行った。その結果、回り回ってルネサンスが花開き、技術革新が起き、後日の産業革命につながったと言われる。

ペストの蔓延が終結した後、狭い血縁社会の範囲内で、世襲で次世代労働力の補給を行っていた伝統的なギルド社会に、血縁以外の人びとも参入できるようになった（参入を許さざるを得なくなった）。このことはいまの日本の状況からみれば、現代にそぐわない古い体制の改革、悪しき既得権の撤廃と同等の意味を持つ。もし人口減少が中世のヨーロッパのように、日本社会の改革に対して貢献するのであれば、ある意味では歓迎すべきことである。その結果、男女差別、年功序列制、60歳定年制度、有名大学学歴偏重主義など日本の古い社会システム、伝統と既得権のネットワークが、本当の意味で近代化され改革されれば、少子化そして人口減少社会の到来は決して悪いことだけではない。ただし将来どこかで出生率の低下が止まり、やがて回復するという前提のもとである。

いかなる時代でも、経済が不況の時代には出生率は上昇しない。将来に明るい見通しがないときにも出生率は回復しない。産業体制・組織の合理化、効率化を徹底し、人口や労働力の数に頼らず、労働集約的産業形態から脱皮することができれば、日本はさらなる経済興隆期を迎えて、出生率が反転し上昇する可能性が生まれてくるかもしれない。むしろ少子化、人口減少の到来を逆手に取って、日本社会の徹底した構造改革を行い、子どもや女性にやさしいシステムを構築できれば、前述の人口減少社会ウェルカム論も、耳を傾けて聞くところがある議論だとは思う。

人口政策の可能性と限界

さて、出生率回復のために人口政策、家族政策はどのくらい役立つのだろうか。欧米諸国はすでに1930年代に経済恐慌のため著しい出生率低下が起こり、少なくとも10ヵ国で出生率が置換え水準以下に低下した。人口減少によって輝かしい西欧文明は衰亡すると大問題になったことがある。1930年代にはスウェーデンをはじめとする北欧諸国で、1940年代にイギリスで「人口委員会」が設立され、今日の少子化対策にも比肩する広範囲な家族支援政策、住宅政策が講じられてきた。その後出生率は回復するが、それが第二次世界大戦終結後の底抜けに明るい解放感の現れか、経済の回復の影響か、あるいは政策の効果か、特定は難しい。

しかし1970年代に入り、先進工業諸国の出生率低下はもっと深刻になった。今回は1930年代と違って少子化が人口高齢化とともに到来したからである。多くの政府は「家族政策」と称して児童手当の増額、子どものいる家族の税金の控除、働く女性の仕事と家庭の両立支援を広く行うようになる。

ヨーロッパにおける家族政策の効果はたしかにあるが、その効果は期待したものに比べて僅少《きんしょう》であると主張する学者は多い。筆者とともに厚生労働省の政策科学推進研究に参加した黒須里美麗澤大学教授が行ったインタビューによれば、ハンガリー出身で人口政策の権威であるデメインは、少子化の罠《わな》から逃れるためには過激とも言える思い切った政策を強行しないと出生率の回復は難しいと言う。また、後述するが、ドイツのように理想子ども数までもが人口置換え水準を割ってしまうと、「低出生率文化」が醸成されてしまい、出生率を回復させることは至難の業になると警告する。

デメインが示唆する政策は、産んだ子どもの数によって年金給付を増額すること、子どもの数にしたがって選挙における親の投票の比重を何倍かに増やすこと、フルタイムで働きながら子どもを産み育てる女性には褒賞金や恩典を与えるというものである。ナチス・ドイツが行ったような政策を想起させるものも含まれる。このような過激とも思われる政策が直ちに日本で実行可能になるとは考えられない。

もちろん、近年のフランスや北欧諸国の出生率回復の成功例をみればわかるが、地道な政策の効果がまったくないわけではない。十分に手厚い家族支援政策を長い時間をかけて有効に行えば、ある程度の効果があることは明白である。合計特殊出生率が2.0（2007年1月）に上昇したフランスは、1世紀にもわたり出生促進政策を国是として行ってきた。北欧諸国も1930年代以来、子どもを持つ家庭への援助と、働く女性の仕事と家庭の両立を支援する手厚い家族政策、住宅政策を実施してきた。昨日今日になって人口・家族政策をはじめたわけではないのである。

最後に紹介するのはOECDが2005年に行った、19の加盟国に対する出生率回復シミュレーションの結果である。それは、四つの主要な育児支援・両立対策が強化されたときに、出生率がどうなるかの模擬計算である。

OECDの調査研究によれば、加盟国の現在の少子化は以下の条件が十分達成されていないために起こるとする。すなわち、①育児費用が家計を圧迫するために税金の控除や児童手

〈10-1〉 合計特殊出生率に対する家族政策強化の効果　シミュレーション

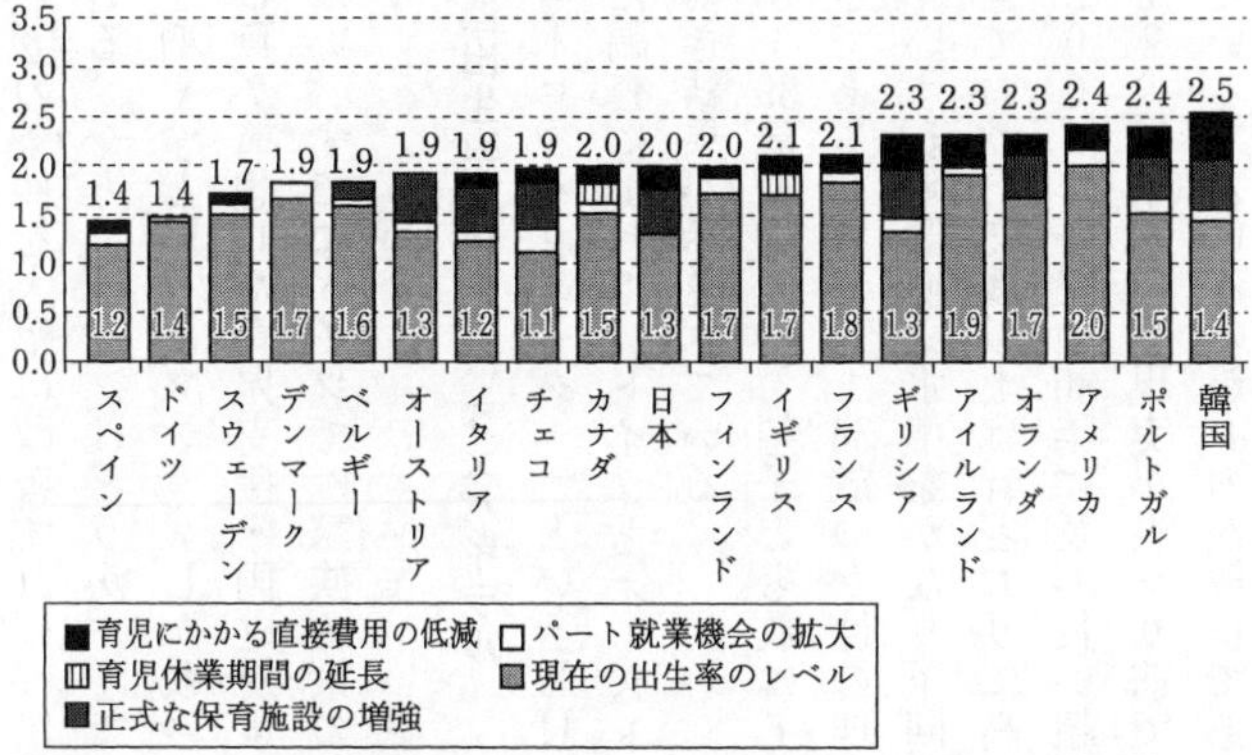

註：棒グラフの上の数字は政策強化後の予想合計特殊出生率
資料：D'Addio, Anna Cristina and Marco Mira d'Ercole. 2005. "Trends and determinants of fertility rates in OECD countries : The Role of policies", *OECD Social, Employment and Migration Working Papers*, 27.

当の増額を行うこと、②育児休業期間が短すぎるのでこれを延長すること、③正式な保育施設が十分備わっていないのでこれを整備強化すること、④フルタイム就業に比較してパートタイムの就業機会が少ないのでこれを増大することである。その上で、各条件をもっともよく充たす3〜4の優等国を選び、その平均値の水準が実現されたときに合計特殊出生率がどれだけ回復するかのシミュレーションを行っている。

結果は図表10－1にある。ある場合にはごく些少《さしょう》の、他の場合にはかなりの出生率増加が予想されている。いささか計算が機械的にすぎるとの印象は残るが、これがもたらす一種の教育的効果は十分にある。

ここで注目すべきは日本とドイツのケースである。日本の場合には①②③の程度が低い。

①と③の条件を大幅に改善すれば、出生率が2.0の水準に上昇する可能性がシミュレートされている。一方、ドイツはどうか。すでに①②③は満たされており、せいぜい④の女性のパートを増やすというオプションしか残っていない。しかしそれはここでは効果はなく、今回OECDが構想した育児支援・両立対策の枠組みのもとでは、出生率増加を期待することができない。すでにドイツでは家族政策の効果はゼロに近い状況なのである。

「低出生率文化」というスパイラル

「ユーロ・バロメーター」というEUの世論調査機関が1999～2000年にかけてまとめた調査によれば、ドイツとオーストリアの「希望子ども数」「理想子ども数」について驚くべき結果が示されている。

18～39歳の女性の希望子ども数はドイツ1・52、オーストリア1・43という想像を絶する低さである。また18～34歳の女性の理想子ども数はドイツ1・74、オーストリア1・72である。いずれも置換え水準をかなり下回る。近年の理想子ども数の低落現象は特に若い世代で起きており、55歳以上は昔どおりに高い。ドイツとオーストリアでは、1970年代後半から2005年までの30年に及ぶ長い超低出生率時代を経験し、そこで育った若い世代は子どもが2人以下という現実が当たり前であり、それがそのまま理想の世界だと思い込んでしまっている、というのが有力な解釈である。

日本の夫婦の場合、「理想子ども数」は決して低くない。近年、若干低下の傾向にあるが、最新の2005年国立社会保障・人口問題研究所の調査によれば2・48人であった。理想子ども数は常に2.4人を上回っている。そして「予定子ども数」は、これまで2.1人を下回ることはなかった。出産適齢期の人びとが2人以上の子どもを持ちたいという現実の意欲や価値観はまだ存在している。ドイツやオーストリアと違ってまだ希望があるというものである。

かすかな希望――引き延ばし現象の終焉

最後に二つほどコメントしておきたい。第一に重要なことは、マスメディアの役割であり、その応援を乞《こ》うことであろう。これまで多くの途上国で、家族計画の普及キャンペーンがマスメディアを通じて行われ、大成功を収めたことは周知のとおりである。しかし人口・家族政策が先進地域で、マスメディアによって推進された話はあまり聞いたことがない。筆者は2004年の1年間、全国紙の少子化に関する記事・論説を調べたことがあるが、日本の新聞の論調は冷静で予想以上に均衡のとれたものであり、「子育ては大変だ、仕事と家庭の両立は大変だ」という否定的な見解よりも、「子育てはつらいこともあるけれど人生の生き甲斐だ、努力し創意工夫を行って女性の就業と出産・育児の調和をはかるべきだ」という建設的論調が多かった。しかし子どもは美しく途方もなく可愛い、子どもは人生最大の宝であり、子どもを産み育てることは人生に至福の充実感を与える、またそれが実は人間最高の自己実現そのものである、という強いメッセージの発信はまだ十分に行われてはいないように思う。これを期待したい。

第二に、2006年度に限り出生数、婚姻数が小規模ながら増加していることである。2006年1〜12月の出生数は前年に比べて3万1332人(厚生労働省人口動態統計)増えた。死亡数は前年に比べわずかに増加したが、出生数はそれ以上だったので、日本の人口は2006年に8174人の自然増加があったことになる。結婚も前年度より1万6708件伸びた。景気の回復が後押ししたためか、合計特殊出生率も2006年には前年の1・26から1・32に上昇している。

ただし、最近出産を行った親の中核は、人口が相対的に多いいわゆる「団塊ジュニア」である。この世代の出産期が過ぎれば再び出生数が減少に転ずる可能性は強い。最近の出生数増加の傾向がそのまま2007年にも続くような、本格的な出生率反騰の前兆になるかどうかはわからない。

最近ベルギーに住む人口学者松尾英子氏から、2002〜05年の3年間にフランドル地域の合計特殊出生率が1・53から1・69に上昇したと知らせてきた。実はこの2、3年間、ヨーロッパでは「ほぼいっせいに」と評するにふさわしい斉一性で出生率が上昇している。イタリアは1995年に1・19であったが2005年には1・34に回復しているし、1990年代にイタリアと熾烈な低出生率競争を演じたスペインも1995年の1・17から2005

年の1・34に反騰している。低迷を続けていたドイツ、オーストリア、スイスのドイツ語圏の国々、そしてさらにロシアをはじめとする東欧圏の国々も最近増加の傾向にあると言えなくはない。

多くの点で日本と似ている南欧諸国で出生率が反転上昇しはじめたことは、過去約30年間も続いた結婚・出生の延引現象にようやく歯止めがかかってきたようにみえる。

第3章で説明したように、イタリア、スペインの期間合計特殊出生率は非常に低いが、調整合計特殊出生率は比較的高く、出生率上昇のポテンシャルがかなりあったと考えられる。日本も現在調整出生率はわずかながら期間出生率より高い。中国には「潮が満ちてくれば沖に停泊するすべての船の水位が上がる」という諺《ことわざ》がある。同じように30年も続いた結婚・出産の引き延ばし現象の終焉が日本でも起こらないだろうか。いよいよ出産の継続的なキャッチアップがはじまらないだろうか。２００６年の合計特殊出生率はわずかに上昇しているがこれは一時的な現象であろうというのが専門家の見解である。しかしいずれにせよ、今後の出生・結婚の動向は人口学の立場から目の離せない状況になってきている。

あとがき

筆者の世代は、日本が波瀾万丈《はらんばんじょう》の時代を生きてきたという感慨がある。人口問題についても激動の時代を体験してきた。

明治時代は富国強兵の時代であった。当初3400万人だった人口は1600万人ほど増えたが、決して少なくないこの人口増加はむしろ歓迎された。しかし大正期の1920年代から昭和初期の1930年代末までは、狭小な国土と乏しい資源に比較して過剰な人口がむしろ意識される。逆に真珠湾攻撃が行われた1941年から太平洋戦争終局の1945年までは人的資源の確保のため、「産めよ、殖やせよ」の出生促進政策が採られた。

敗戦を迎えると、再び狭い国土に人口が満ちあふれる認識に戻り、家族計画の普及と人工妊娠中絶によって出生の抑制が行われた。さらに時代はめぐり、1975年以降、人口置換え水準を継続的に下回る出生率低下が起こり、少子化対策がはじまる。しかし少子化は止まらず、2005年ついに人口減少時代が到来する——。

筆者はもちろん明治・大正のことは体験していない。だが、身近な昭和・平成の時代だけを見ても、人口と出生に関する政府の認識と対応は、都合3回、そのたびに180度転換している。人口問題は氷河の流れに似て2、3年では変わらないが、20、30年経つと、まったく違った新しい局面を見せることがある。そしてある意味で歴史は繰り返すのである。日本は現在人口減少時代である。出生率の大幅な回復は二度と起こらないように見える。だが、果たしてそうであろうか、ということである。

筆者は1961年から1年半、インドのボンベイ（現・ムンバイ）の国連人口研修・研究センターで人口学を講じたことがある。当時のインドは典型的な低開発国で一般大衆は非常に貧しく、女性の識字率は低く、もちろん多産多死社会であった。1963年冬にニューデリーで最初のアジア人口会議が開催されたが、当時のインドの高出生率がやがて低下すると予想した学者はほとんどいなかった。

しかし半世紀近く経ち事情は一変した。当時5.8であったインドの合計特殊出生率は現在2.8に低下し、南西部に位置するケララ州では置換え水準を下回るようにさえなった。ここから得られる教訓は、時代による変化は当然であり、われわれはその時々の状況における先入観によって将来を展望し予想する愚を犯しやすいということである。

一方、人口学はどうか——。人口学は古い歴史を持つ学問である。だが、それは新しい革袋に入った新しい学問でもある。筆者がアメリカ東部の大学に留学し人口学にはじめて接した1950年代は、世界で人口研究のもっとも進んだアメリカでも人口学を本格的に研究し教えている大学は少なかったし、人口研究者も少なかった。

筆者が最初に「アメリカ人口学会」大会に出席したのは1955年で、会場は当時人口研究のメッカと言われたプリンストン大学であったが、当時はせいぜい300人くらいの参加者であったように憶えている。ただそのときシンポジウムに似た特別セッションが開催され、それ以前に名前だけは聞いたことのあるフランク・ノートスタイン、キングスレー・デービス、フィリップ・ハウザー、アイリーン・トイーバー、アンスレー・コールという錚々《そうそう》たる大学者が目の前に綺羅星《きらぼし》のように並んでいるのを見たときは大いに感激した。

それから半世紀の星霜が移り、現在アメリカのほとんどの有力大学で人口学の授業が行われ、多くの研究者が高度な人口研究に取り組んでいる。2007年のアメリカ人口学会は会員3300人を擁し、同年3月のニューヨーク大会は2000人を超える参加者があった。183の分科会に分かれ、同じ時間帯に約15のセッションが同時進行という盛況振りである。

一方、日本の人口学会はアメリカとまではいかないが、最近会員は500人に迫り、例年6月の大会では80にも及ぶ新しい研究成果の報告が行われている。人口論あるいは専門的な人口学を教える大学が顕著に増えて、シンクタンクではさまざまな人口推計、シミュレーションが花盛りである。やはり少子高齢化、人口減少とともに、人口問題、人口学への関心が高まっていると言ってよいであろう。

アメリカ人口学の権威で米国学士院の有力メンバーであるサム・プレストン教授によると、

現在アメリカの人文・社会科学系の分野で人口学はもっとも威信の高い学問の一つだそうである。日本の人口学も是非これにあやかりたいものである。

次に本書を書いてみて気のついたことを補足的に一、二述べたい。それはやはり人口問題には歴史的視点と文化的洞察が必要だということである。

人口問題と言われると、通常現在の視点からでしかものごとを見ない傾向がある。現在フランスの合計特殊出生率は2.0になった。そこで日本ではフランスの人口政策を学び、そこから出生率回復の手がかりを求めることが一種のブームになっている。非常に適切なことだと思う。だが、いささかフランスの歴史的背景を考える必要がある。まず第一にフランスは、ヨーロッパでは珍しく、マイルドな家族政策ではなく正面切っての出生促進政策を長年にわたり施行している国である。そして促進政策をはじめたのは近年のことではなく、1870～71年の普仏戦争で稀代の参謀総長モルトケのドイツに手痛い敗北を喫したとき以来の話である。誇張して言えば1世紀以上にもおよぶ〝臥薪嘗胆《がしんしょうたん》〟の物語なのである。

19世紀後半から20世紀にかけて、フランスの20歳代の兵役年齢人口はドイツの半分しかなく、フランス人の間には未来永劫《えいごう》ドイツには勝てないという歴史的強迫観念があった。第二次世界大戦が終結した後、フランスはアメリカほどではないが著しいベビーブームを経験した。合計特殊出生率は1946～69年まで2.5以上に達し、47、48年は実に3.0を超える高出生率を記録した。それでもフランス人は、自国の出生率が低いと言い続けていたのである。

次にフランス人口学の鬼才エマニュエル・トッドが描いた出生率ディバイドの地図（本文図表7－2／205ページ）を見てもらいたい。ヨーロッパの高出生率国と低出生率国を画然と分割するディバイド（分割線）は経済的条件によるものではなく「文化的ディバイド」とも言うべきものである。ドイツ語文化圏や南欧・東欧諸国と対比して、フランス、イギリス、ベネルクス、そして北欧諸国は伝統的に自由主義、個人主義、反権威主義そして反全体主義への志向が強い。女性や子どもに「やさしい」という特徴もある。このような文化的あるいは政治的次元を理解しなければ、フランス流の出生促進政策のいいところを形式的に取り入れても、出生率が2.0まで回復するかどうかはわからない。

この新書を書き上げたあと、あれも書きたかった、これにも触れたかったという事項は多い。人口研究の最前線にある出生率・死亡率のリレーショナル・モデル、多相生命表、不完全な統計の修正技術、さらに人口・家族政策の評価について解説できなかった悔いは残る。だが、入門書の範囲からはみ出しているし、紙面の都合もあって割愛した。それでも人口学は意外に奥行きが深く、なかなか面白いと言う人が現れ、これを機会にもっと人口のことを勉強してみようという人が増えてくれれば、筆者の望外の喜びである。

本書を書くにあたって多くの方々からご協力、ご支援を得た。まず国立社会保障・人口問題研究所（社人研）の佐藤龍三郎・金子隆一両氏には原稿の段階で関連の章についていくつかの有用なコメントをいただき、大いに役立った。石川晃氏には種々の貴重なデータを提供してもらいお世話になった。以上の三氏に対して深い感謝の意を表する次第である。また共同通信社客員論説委員の西内正彦氏からは、いくつかの章に関し初期の草稿の段階で克明なコメントを頂戴した。同氏からはまた多くの資料をいただいており、ここに厚く御礼申し上げたい。ただし本書の文章上の責任はすべて筆者だけに帰する。

現在社人研勤務の別府志海氏は麗澤大学大学院から現代人口学研究で初の経済学博士号を取得した研究者である。同氏には多くの計算、作図の雛形《ひながた》を作ってもらった。同氏が麗澤大学を去った後には、モンゴル国立大学出身で麗澤大学大学院に留学し、同じく人口学の領域で2006年に博士号を取得したセリーテル・エリデネツール氏に本書のほとんどの数値計算と図表作成の仕事をしてもらった。両氏に対してあらためて感謝の辞を述べたい。

筆者はこのような内容の人口学の入門書をいつか書いてみたいと思っていた。本書はある意味で中央公論新社の白戸直人氏との共同作業と言ってよいものである。なかなか筆の進まない筆者を絶えず温かく激励して下さった同氏の寛容と忍耐には脱帽である。白戸さんの鞭《べん》撻《たつ》と協力がなければとても本書の上梓《じょうし》にまで漕ぎつけることはできなかったであろう。

2007年8月

河野稠果

の年齢、n は年齢階級の幅である。この指標は中央死亡率とも呼ばれる年齢階級別死亡率 ${}_nm_x$、つまりある年の x 歳から $x+n-1$ 歳の年齢階級で死亡した数を、それと見合う年齢階級の年央人口 ${}_nN_x$ で割った商から転換したものである。死亡確率 ${}_nq_x$ とは、生命表のコーホート（同時出生集団）が年齢 x 歳に達した際に、それが $x+n$ 歳になる前に死亡する確率である。したがって ${}_nq_x$ は ${}_nm_x$ とは少し違った数値を示す。${}_nq_x$ は次の式で ${}_nm_x$ から転換される。

$$ {}_nq_x = \frac{n \cdot {}_nm_x}{1+(n-{}_na_x)\,{}_nm_x} $$

${}_na_x$ は分離係数とも言われる数値である。年齢階級のなかで前半と後半では死亡確率が微妙に異なるので、それらのお互いの比率を示したものである。各歳別の完全生命表の場合は、5 歳未満以外のところでは 0.5 で支障がない。一方、n 歳階級の簡略生命表では 5 歳未満以外は $\frac{n}{2}$ でおおむね差し支えないが、5 歳未満の年齢階級ではそれぞれ経験的に算出する必要がある。

生命表は ${}_nq_x$ の値が得られれば、以下に示す数式によって芋づる式に平均余命 $\mathring{e}_x$ まで求められる。人口学で特に重要な概念は定常人口 ${}_nL_x$ であり、これは x 歳から $x+n$ 歳に達するまでの n 年間の生存延べ年数である。x 歳からそれが消滅する年齢まで足し上げた延べ年数を、x 歳に達した生存数 l_x で割った数値を平均余命という。

$$ l_0 = 100000 $$
$$ l_{x+n} = l_x(1-{}_nq_x) $$
$$ {}_nd_x = l_x - l_{x+n} $$
$$ {}_nL_x = n(l_x - {}_nd_x) + {}_na_x \cdot {}_nd_x $$
$$ T_x = {}_nL_x + {}_nL_{x+n} + \cdots\cdots {}_\infty L_z $$
$$ \mathring{e}_x = \frac{T_x}{l_x} $$

程式で表される。

$$P_t = P_0 + {}_tB_0 - {}_tD_0 + {}_tI_0 - {}_tE_0 \cdots\cdots〔1〕$$

ここで、P_tはt年の人口、P_0は0年の人口、${}_tB_0$は0年からt年までの出生数、${}_tD_0$は0年からt年までの死亡数、${}_tI_0$は0年からt年までの転入人口数、${}_tE_0$は0年からt年までの転出人口数を表す。もちろんここで〔1〕式の右辺の数値は正確であると仮定する。

別の表現をすると、

(t年の人口)＝(基準年0の人口)＋(0〜t年の出生数)−(0〜t年の死亡数)＋(0〜t年の転入数)−(0〜t年の転出数)

t年というのを翌年とすると、今年10月1日の人口をベースとして、10月1日から来年9月30日までに起こる出生数を足し、その間に死亡する数を引き、次に転入数を足し、転出数を引くという簡単な計算によって求められる。この方式は会計計算で用いる方法と同じであるところから、人口学は時として人口会計学と呼ばれる。

今これを移項して

$$P_t - P_0 = {}_tB_0 - {}_tD_0 + {}_tI_0 - {}_tE_0 \cdots\cdots〔2〕$$

とする。この左辺における人口規模の変化が、右辺の3事象（出生・死亡・移動）の件数のみに依存することがわかる。

さて、この人口変動方程式はこれを移項したり、拡張することによっていろいろな応用が可能になる。たとえば、ある国・地域への人口移動の純量（転入から転出を差し引いたもの）は次の方程式によって推定される。

$${}_tM_0 = P_t - P_0 - ({}_tB_0 - {}_tD_0) \cdots\cdots〔3〕$$

ここでMは$(I-E)$つまり転入数と転出数の残差である。

〈記事C〉　生命表関数の数式による補足的説明

図表2－1の「2005年日本人女子の生命表」において2番目の欄に出てくるのは、死亡確率${}_nq_x$である。xは年齢階級の最初

〈記事A〉　人口は何年で2倍になるのか？

ある人口が毎年2％ずつ増えていくといっても、その人口増加が速いのか遅いのか普通の人にはピンと来ない。そこで毎年2％で増加すれば35年で人口が2倍になるといえば、これは凄いと納得されやすい。もし3％の増加率ならば人口は23年で2倍になる。実は倍増にかかる年数を計算する簡便法があり、それは“70”という数字を増加率のパーセントの数字で割った商が、人口倍増にかかる年数である。2％の増加ならば70を2で割ると35（年）ということになる。

どうして70という数字を増加率で割れば倍増年数なのかというと、これは自然対数の底eに由来している。ちなみにeとはその発見者スイスの数学者オイラー（Leonhard Euler）の頭文字Eの小文字をとってつけた無理数2.71828…で、対数関数の底にこれを用いると計算が非常に簡単になる利点があり、人口学の数値計算ではしばしば用いられる。

$P_t = P_0e^{rt}$という人口増加の方程式においてP_tはP_0の2倍であるから、$P_t = 2P_0$である。

そうすると

$$2P_0 = P_0e^{rt}$$

$\log 2 = rt\log e$となり

$$t = \frac{\log 2}{r\log e} = \left(\frac{1}{r}\right)\left(\frac{0.30103}{0.43429}\right) = \frac{0.69315}{r}$$

が得られる。0.69315はほぼ0.7であり、100倍すると70である。その70を、年平均増加率rの小数点以下の数字でなく、100倍のパーセントの数字によって割ったものが人口倍増に要する年数となる。

〈記事B〉　人口変動方程式

ある年の人口P_0からt年後の人口P_tに変化する場合、次の方

国立社会保障・人口問題研究所（2002）『日本の将来推計人口（平成14年1月推計）』。

国立社会保障・人口問題研究所（2003）『平成14年第12回出生動向基本調査（結婚と出産に関する全国調査）第Ⅰ報告書：わが国夫婦の結婚過程と出生力』。

国立社会保障・人口問題研究所（2006）『日本の将来推計人口――平成18（2006）～67（2055）年――（平成18年12月推計）』。

和田光平（2006）『EXCELで学ぶ人口統計学』オーム社。


〈終章〉

Bradshaw, J.N. and N. Finch (2002), "A comparison of child benefit packages in 22 countries", *Department for Work and Pensions Research Report*, No.174, Corporate Document Services, Leeds.
D'Addio, A. C. and M. M. d'Ercole（2005）第7章参照。
Goldstein, J., W. Lutz, and M. R. Testa (2003), "The emergence of sub-replacement family size ideals in Europe", *Population Research and Policy Review*, Vol.22: 479-496.
Herlihy, D. (1997), *The Black Death and the Transformation of the West*, Cambridge, MA: Harvard University Press.
McDonald, P.（2002）第7章参照。
大淵 寛（2002）「少子高齢化社会の構造転換」『国民経済雑誌』第186巻、第1号。
黒須里美（2006）「出生率回復をめぐる政策効果と意義：フランスとイギリスの比較を中心として」河野稠果編『出生率回復の条件に関する人口学的研究』厚生労働科学研究費補助金（政策科学推進研究事業）平成15～17年度総合報告書。
厚生省人口問題研究所（1991）『平成2年度　人口問題に関する意識調査報告』調査研究報告資料第4号。
厚生省人口問題研究所（1996）『第2回人口問題に関する意識調査』1995年人口問題基本調査、調査研究報告資料第11号。
河野稠果（1992）「低出生力の社会・政治的含意」河野稠果・岡田實編『低出生力をめぐる諸問題』シリーズ・人口学研究2、大明堂。
河野稠果（2002）「人類と文明のゆくえ」河野稠果・大淵寛編『人口と文明のゆくえ』大明堂。
原田 泰（2001）『人口減少の経済学』PHP研究所。
古川俊之・藤正 巖（2000）『ウェルカム・人口減少社会』文春新書、文藝春秋。
松谷明彦・藤正 巖（2002）『人口減少社会の設計』中公新書、中央公論新社。
森岡 仁（2006）「論争・人口減少と日本経済」大淵寛・森岡仁編『人口減少時代の日本経済』第10章、人口学ライブラリー5、原書房。

〈第8章〉
Freedman, R., P. K. Whelpton, and A. A. Campbell (1959), *Family Planning, Sterility and Population Growth*, New York: McGraw-Hill Book Company.
Livi-Bacci, M. (2001), "Comment: Desired family size and the future course of fertility", in R. A. Bulatao and J. B. Casterline (eds.), *Global Fertility Transition, Population and Development Review*, A Supplement to Vol. 27.
Morgan, S. P. (1982), "Parity-specific fertility intentions and uncertainty: The United States, 1970 to 1976", *Demography*, Vol.9, No.3.
United Nations (1966), *World Population Prospects as Assessed in 1963*, Population Studies, No.41, New York: United Nations.
Westoff, C. F. and N. B. Ryder (1977), "The Predictive validity of reproductive intentions", *Demography*, Vol.14, No.4.
河野稠果(1996)「巻頭随筆:人口予測」『日本統計学会会報』No.89。

〈第9章〉
Bongaarts, J. (2005), "Long-range trends in adult mortality: Models and projection methods", *Demography*, Vol.42, No.1.
Coale, A. J. and D. R. McNeil (1972), "The distribution by age of the frequency of first marriage in a female cohort", *Journal of American Statistical Association,* Vol. 67, No.340.
Coale, A. J. and J. Trussell (1974), "Model fertility schedules: Variations in the age structure of childbearing in human populations", *Population Index*, Vol.40, No.2.
Cohen, J. E. (1995), *How Many People Can the Earth Support ?*, New York: W.W. Norton & Company.
Lee, R. D. and L. R. Carter (1992), "Modeling and forecasting U.S. mortality", *Journal of the American Statistical Association*, Vol.87, No. 419.
Lutz, W. and V. Skirbekk (2005), "Policies addressing the tempo effect in low-fertility countries", *Population and Development Review*, Vol.31, No.4.
United Nations (2006), *World Population Prospects: The 2004 Revision,* Vol.III, *Analytical Report*, New York: United Nations.
United Nations (2007), *World Population Prospects: The 2006 Revision,* Highlights, New York: United Nations.
石井 太(2005)第3章参照。
金子隆一(2006)『将来人口推計の手法と仮定に関する総合的研究』厚生労働省科学研究費補助金(政策科学推進研究事業)平成17年度報告書。

参考文献

Easterlin, R. A. and E. M. Crimmins (1985), *The Fertility Revolution: A Supply-Demand Analysis*, Chicago: The University of Chicago Press.

Leibenstein, H. (1957), *Economic Backwardness and Economic Growth*, New York: John Wiley & Sons.

McDonald, P. (2000), "Gender equity in theories of fertility transition", *Population and Development Review*, Vol.26, No.3.

McDonald, P. (2002), "Sustaining fertility through public policy: The range of options", *Population*, English Edition, Vol.57, No.3.

Palomba, R. (1995), "Italy: Invisible change", in H. Moors and R. Palomba (eds.), *Population, Family, and Welfare: A Comparative Survey of European Attitudes*, Vol. I, Oxford: Clarendon Press.

Rindfuss, R. R., S. P. Morgan, and G. Swicegood (1988), *First Births in America: Changes in the Timing of Parenthood*, Berkeley, CA: University of California Press.

Robinson, W. C. (1997), "The economic theory of fertility over three decades", *Population Studies*, Vol.51, No.1.

Schultz, T. P. (1986), "Book review: R. A. Easterlin and E. M. Crimmins, The Fertility Revolution: A Supply-Demand Analysis", *Population and Development Review*, Vol.12, No.1.

Stark. O. (1991), *The Migration of Labor*, Oxford: Basil Blackwell.

大淵 寛(1988)『出生力の経済学』中央大学出版部。

金子隆一ほか(2006)「第13回出生動向基本調査　結婚と出産に関する全国調査—夫婦調査の結果概要」『人口問題研究』第62巻、第3号、国立社会保障・人口問題研究所。

国立社会保障・人口問題研究所(1998)『平成9年第11回出生動向基本調査(結婚と出産に関する全国調査)第I報告書:日本人の結婚と出産』。

竹内 洋(2005)『立身出世主義—近代日本のロマンと欲望』増補版、世界思想社。

津谷典子(1998)「ジェンダーと人口問題」濱英彦・河野稠果編『世界の人口問題』シリーズ・人口学研究8、原書房。

トッド、エマニュエル(2006)「インタビュー　先進国における少子化と移民政策」『環』特集「人口問題再考」、第26巻、夏号。

薬師院仁志(1995)「学歴社会の仮想現実」竹内洋・徳岡秀雄編『教育現象の社会学』第5章、世界思想社。

山田昌弘(2007)『少子化社会日本——もう一つの格差のゆくえ』岩波新書、岩波書店。

吉川 徹(2006)『学歴と格差・不平等—成熟する日本型学歴社会』東京大学出版会。

岩澤美帆・三田房美（2005）「職縁結婚の盛衰と未婚化の進展」『日本労働研究雑誌』No.535、1月号。

金子隆一ほか（2006）「第13回出生動向基本調査　結婚と出産に関する全国調査―独身調査の結果概要」『人口問題研究』第62巻、第4号、国立社会保障・人口問題研究所。

河野稠果（1995）「配偶関係と出生力」日本統計協会編『現代日本の人口問題』日本統計協会。

厚生省人口問題研究所（1994）『平成4年第10回出生動向基本調査（結婚と出産に関する全国調査）第II報告書：独身青年層の結婚観と子供観』。

国立社会保障・人口問題研究所（2007）『平成17年第13回出生動向基本調査（結婚と出産に関する全国調査）第I報告書：わが国夫婦の結婚過程と出生力』。

国立社会保障・人口問題研究所（2007）『平成17年第13回出生動向基本調査（結婚と出産に関する全国調査）第II報告書：わが国独身層の結婚観と家族観』。

小島　宏（1990）「晩婚化の傾向/シングルズの増加―なぜ結婚をためらうのか」『家族社会学研究』第2号、No.2。

鈴木　透（2002）「日本における結婚市場の分析」阿藤誠・早瀬保子編『ジェンダーと人口問題』シリーズ・人口学研究11、大明堂。

八代尚宏（1993）『結婚の経済学』二見書房。

山田昌弘（1996）『結婚の社会学』丸善ライブラリー、丸善。

湯沢雍彦（1988）「三十男の結婚難時代」『コミュニティ』第84巻、No.80-81。

〈第7章〉
Becker, G. S. (1960), "An economic analysis of fertility", *Demographic and Economic Change in Developed Countries*, Princeton, NJ: Princeton University Press.
Becker, G. S.（1991）第6章参照。
Bulatao, R. A. and R. D. Lee (1983), "An overview of fertility determinants in developing countries", in R. A. Bulatao and R. D. Lee (eds.), *Determinants of Fertility in Developing Countries*, Vol. 2, *Fertility Regulation and Institutional Influences*, New York: Academic Press.
Cleland, J. and C. Wilson（1987）第4章参照。
D'Addio, A. C. and M. M. d'Ercole (2005), "Trends and determinants of fertility rates in OECD countries: The role of policies", *OECD Social, Employment and Migration Working Papers*, 27.
Easterlin, R. A. (1987), *Birth and Fortune: The Impact of Numbers on Personal Welfare*, Second Edition, Chicago: The University of Chicago Press.

dina Editions.
Segal, S. J. (2003), "Spontaneous Abortion", in P. Demeny and G. McNicoll (eds.), *Encyclopedia of Population*, New York: Macmillan Reference USA.
Wrigley, E. A. and R. S. Schofield (1981), *The Population History of England 1541-1871: A Reconstruction*, London: Edward Arnold.
Yaukey, D. and D. L. Anderton (2001), *Demography: The Study of Human Population*, Second Edition, Prospective Heights, Illinois: Waveland Press, Inc.
阿藤 誠（2000）『現代人口学――少子高齢化社会の基礎知識』日本評論社。
大塚柳太郎（2002）「自然出生力」日本人口学会編『人口大事典』13－III、培風館。
北村邦夫（2002）『ピル』集英社新書、集英社。
河野稠果（2000）第4章参照。
河野稠果ほか（1984）『出生力の生物人口学的分析』昭和55年―58年「人口推計の精密化とそのための人口モデルの開発に関する総合的研究」の概要報告、厚生省人口問題研究所特別研究報告資料。
佐藤龍三郎（2002）「生物人口学」日本人口学会編『人口大事典』9－VI、培風館。
トッド、エマニュエル著、石崎晴己・東松秀雄訳（1999）『移民の運命：同化か隔離か』藤原書店。
パーマー、ガブリエル著、浜谷喜美子・池田真理・中村洋子訳（1991）『母乳の政治経済学』技術と人間。
松本彩子（2005）『ピルはなぜ歓迎されないのか』勁草書房。
森 崇英・山村研一編（1999）『生殖と発生』現代医学の基礎5、岩波書店。

〈第6章〉

Becker, G. S. (1991), *A Treatise on the Family* (Enlarged edition), Cambridge, MA: Harvard University Press.
Buss, D. (1994), *The Evolution of Desire: Strategies of Human Mating*, New York: Basic Books.
Cherlin, A. (2002), *Public and Private Families: An Introduction*, New York: McGraw-Hill.
Dixon, R. B. (1970), "The social and demographic determinants of marital postponement and celibacy: A comparative study", unpublished Ph.D. dissertation, University of California, Berkeley.
United Nations (1988), *First Marriage: Patterns and Determinants*, New York: United Nations.
阿藤 誠（1992）「日本における出生率の動向と要因」河野稠果・岡田實編『低出生力をめぐる諸問題』シリーズ・人口学研究2、大明堂。

Oxford University Press.
United Nations (1965), *Population Bulletin of the United Nations*, No.7, New York: United Nations.
van de Kaa, D. (1987), "Europe's second demographic transition", *Population Bulletin*, Vol.42, No.1.
阿藤 誠 (1997)「日本の超少産化現象と価値観変動仮説」『人口問題研究』第53巻、第1号。
岩澤美帆 (2005)「日本における同棲の現状」毎日新聞調査会編『超少子化時代の家族意識』第1回人口・家族・世代世論調査報告書、毎日新聞社。
河野稠果 (1992)「第2の人口転換」『厚生の指標』第39巻、第10号。
河野稠果 (1994)「寿命と死亡率の世界的状況：現状と将来」小林和正・大淵寛編『生存と死亡の人口学』シリーズ・人口学研究4、大明堂。
河野稠果 (2000)『世界の人口』第2版、東京大学出版会。
斎藤 環 (2003)『ひきこもり文化論』紀伊國屋書店。
酒井 正・樋口美雄 (2005)「フリーターのその後：就業・所得・結婚・出産」『日本労働研究雑誌』No.535、1月号。
白波瀬佐和子 (2005)『少子高齢社会のみえない格差：ジェンダー・世代・階層のゆくえ』東京大学出版会。
高橋真一 (2002)「人口転換モデルとその拡張」日本人口学会編『人口大事典』21—III、培風館。
林 道義 (1996)『父性の復権』中公新書、中央公論社。
早瀬保子 (2004)『アジアの人口——グローバル化の波の中で』アジア経済研究所。
山田昌弘 (1999)『パラサイト・シングルの時代』ちくま新書、筑摩書房。
山田昌弘 (2005)『迷走する家族—戦後家族モデルの形成と解体』有斐閣。

〈第5章〉

Bongaarts, J. (2003), "Fertility, proximate determinants of", in P. Demeny and G. McNicoll (eds.), *Encyclopedia of Population*, New York: Macmillan Reference USA.
Bongaarts, J. and R. G. Potter (1983), *Fertility, Biology, and Behavior: An Analysis of the Proximate Determinants*, New York: Academic Press.
Davis, K. and J. Blake (1956), "Social structure and fertility: An analytical framework", *Economic Development and Cultural Change*, Vol.4, No.4.
Inoue, S. (1978), "Choice of policy measures to affect fertility: A computer micro-simulation study", *Population Bulletin of the United Nations*, No.10, New York: United Nations.
Leridon, H. and J. Menken (eds.) (1979), *Natural Fertility*, Liege: Or-

sion", in R. A. Bulatao and J. B. Casterline (eds.), *Global Fertility Transition, Population and Development Review*, A Supplement to Vol. 27.

Cleland, J. (2001), "The effects of improved survival on fertility: A reassessment", in R. A. Bulatao and J. B. Casterline (eds.), *Global Fertility Transition, Population and Development Review*, A Supplement to Vol.27.

Cleland, J. and C. Wilson (1987), "Demand theories of fertility transition: An iconoclastic view", *Population Studies*, Vol.41, No.1.

Coale, A. J. and S. C. Watkins (eds.) (1986), *The Decline of Fertility in Europe*, Princeton, NJ: Princeton University Press.

Coleman, D. (2004), "Why we don't have to believe without doubting in the 'Second Demographic Transition' —some agnostic comments", *Vienna Yearbook of Population Research 2004*, Austrian Academy of Sciences, Vienna, pp.11-24.

Davis, K. (1945), "The world demographic transition", *Annals of the American Academy of Political and Social Sciences*, Vol. 237: 1-11.

Davis, K. (1984), "Wives and work: The sex role revolution and its consequences", *Population and Development Review*, Vol. 10, No. 3.

Lesthaeghe, R. (1995), "The second demographic transition in western countries: An interpretation", in K. O. Mason and A. M. Jensen (eds.), *Gender and Family Change in Industrialized Countries*, Oxford: Clarendon Press.

Lesthaeghe, R. and J. Surkyn (2004), "When history moves on: The foundation and diffusion of a second demographic transition, conference draft", Interface Demography, Vrije Universiteit, Brussels.

Mason, K. O. (1997), "Explaining fertility transition", *Demography*, Vol. 34, No.4.

McNicoll, G. (1992), "The agenda of population studies: A commentary and complaint", *Population and Development Review*, Vol.18, No.3.

Notestein, F. W. (1945), "Population—The long view", in T. Schultz (ed.), *Food for the World*. Chicago: University of Chicago Press.

Preston, S. H. (1975) 第2章参照。

Preston, S. H. (1989) 第2章参照。

Retherford, R. D., N. Ogawa, and S. Sakamoto (1999), "Values and fertility change in Japan", in R. Leete (ed.), *Dynamics of Values in Fertility Change*, Oxford: Oxford University Press.

Rindfuss, R. R., K. L. Brewster, and A. L. Kavee (1999), "Women, work, and children: Behavioural and ideational change in the United States", in R. Leete (ed.), *Dynamics of Values in Fertility Change*, Oxford:

ed by D. P. Smith and H. Rossert, New York: Plenum Press.
Preston, S. H., P. Heuveline, and M. Guillot (2001), *Demography*, Oxford: Blackwell Publishers.
Rowland, D. T. (2003), *Demographic Methods and Concepts*, Oxford: Oxford University Press.
Ryder, N. B. (1956), "Problems of trend determination during a transition in fertility" '*The Milbank Memorial Fund Quarterly*, Vol.34. No. 1.
Ryder, N. B. (1964), "The process of demographic translation", *Demography*, Vol.1, No.1.
United Nations (1967), *Manual IV, Methods of Estimating Basic Demographic Measures from Incomplete Data*, Population Studies, No.42, New York: United Nations.
United Nations (1983), *Manual X, Indirect Techniques for Demographic Estimation*, Population Studies, No.81, New York: United Nations.
石井 太（2005）「1を割った人口モメンタム：少子化は解消でも人口は減少ー人口減少をめぐる統計・分析の本当の読み方」『週刊社会保障』No. 2333。
岩澤美帆（2002）「近年の期間TFR変動における結婚行動及び夫婦の出生行動の変化の寄与について」『人口問題研究』第58巻、第3号。
岡本悦司・久保喜子（2006）「昭和ヒトケタ男性の寿命ー世代生命表による分析」『厚生の指標』第53巻、第13号（11月）。
金子隆一（2004）「少子化の人口学的メカニズム」大淵寛・高橋重郷編『少子化の人口学』人口学ライブラリー1、原書房。
厚生労働省大臣官房統計情報部編（2002）『第19回生命表』厚生統計協会。
世界銀行編・河野稠果監訳（1996）『世界人口長期推計94/95（1990～2150）』東洋書林。
廣嶋清志（2001）「出生率低下をどのようにとらえるか？――年齢別有配偶出生率の問題性」『理論と方法』第16巻、第2号。
別府志海（2001）「近年における出生率変動のタイミング効果」『人口学研究』第28号。

〈第4章〉

Aries, P. (1980), "Two successive motivations for the declining birth rate in the West", *Population and Development Review*, Vol. 6, No.4.
Caldwell, J. C. (1982), *Theory of Fertility*, London: Academic Press.
Casterline, J. B. (2003), "Demographic transition", in P. Demeny and G. McNicoll (eds.), *Encyclopedia of Population*, Vol.1, New York: Macmillan Reference USA.
Chesnais, J.-C. (2001), "Comment: A march toward population reces-

第58巻、第3号。
岡崎陽一（1999）『人口統計学（増補改訂版）』古今書院。
金子隆一（2001）「人口統計学の展開」『日本統計学会雑誌』第31巻、第3号。
樺 旦純（1990）『図説数学おもしろ事典』三笠書房。
舘 稔（1960）『形式人口学』古今書院。
山口喜一編（1989）『人口分析入門』古今書院。

〈第2章〉
Chiang, C. L. (1984), *The Life Table and its Applications*, Malabar. FL: Robert E. Krieger Publishing Company.
McKewon, T. (1976), *The Modern Rise of Population*, New York: Academic Press.
Preston, S. H. (1975), "The changing relation between mortality and level of economic development", *Population Studies*, Vol.29, No.2.
Preston, S. H. (1989), "Resources, knowledge and child mortality: A comparison of the U.S. in the late nineteenth century and developing countries today", in J. C. Caldwell and G. Santow (eds.), *Selected Readings in the Behavioural Determinants of Health*, Health Transition Series, No.1, Canberra: Australian National University.
World Bank (1993), *World Development Report 1993: Investing in Health*, New York: Oxford University Press.
厚生統計協会編（2006）「国民衛生の動向」『厚生の指標』臨時増刊、第53巻、第9号、厚生統計協会。
山口喜一編（1989）第1章参照。
山口喜一・南條善治・重松峻夫・小林和正編（1995）『生命表研究』古今書院。

〈第3章〉
Bongaarts, J. and G. Feeney (1998), "On the quantum and tempo of fertility", *Population and Development Review*, Vol.24, No.3.
Brass, W. *et al*. (1968), *The Demography of Tropical Africa*, Princeton, NJ: Princeton University Press.
Coale, A. J. (1956) 第1章参照。
Coale, A. J. and P. Demeny with B. Vaughan (1983), *Regional Model Life Tables and Stable Populations*, New York: Academic Press.
Henry, L. (1976), *Population: Analysis and Models*, New York: Academic Press.
Hoem, B. and J. M. Hoem (1996), "Sweden's family policies and roller-coaster fertility",『人口問題研究』第52巻、第3・4号。
Lotka, A. J. (1998), *Analytical Theory of Biological Populations*, translat-

参考文献

〈序章〉

Coale, A. J. (1974), "Demographic transition", *Scientific American*, Vol. 23, No.3.

Eberstadt, N. (1995), *The Tyranny of Numbers: Mismeasurement and Misrule*, Washington, D.C.: The AEI Press.

Hauser, P. M. and O. D. Duncan (1959), "Overview and conclusion", in P. M. Hauser, and O. D. Duncan (eds.), *The Study of Population*, Chicago: University of Chicago Press.

Shryock, H. S. and J. S. Siegel (1971), *The Methods and Materials of Demography*, Washington D.C.: U.S. Government Printing Office.

Siegel, J. S. and D. A. Swanson (2004), *The Methods and Materials of Demography*, Second Edition, Amsterdam: Elsevier Academic Press.

Teitelbaum, M. S. and J. M. Winter (1985), *The Fear of Population Decline*, New York: Academic Press. 黒田俊夫・河野稠果監訳『人口減少―西欧文明衰退への不安』多賀出版、1989。

河野稠果（1998）「マルサスと現代デモグラフィー」岡田實・大淵寛『マルサス人口論の200年』シリーズ・人口学研究 9、大明堂。

速水 融（1997）『歴史人口学の世界』岩波書店。

モーロワ、アンドレ著、高野彌一郎訳（2005）『フランス敗れたり』ウェッジ。

〈第 1 章〉

Birdsall, N. and S. W. Sinding (2001), "How and why population matters: New findings, new issues", in N. Birdsall, A. C. Kelley, and S. W. Sinding (eds.), *Population Matters*, Oxford: Oxford University Press.

Coale, A. J. (1956), "The effects of changes in mortality and fertility on age composition", *The Milbank Memorial Fund Quarterly*, Vol.34, No. 1.

Hinde, A. (1998), *Demographic Methods*. London: Arnold.

Keyfitz, N. (1985), *Applied Mathematical Demography*, Second Edition, New York: Springer-Verlag.

Newell, C. (1988), *Methods and Models in Demography*, New York: The Guildford Press.

United Nations (1956), *The Aging of Populations and its Economic and Social Implications*, New York: United Nations.

石川 晃（2002）「わが国における人口高齢化の要因分析」『人口問題研究』

河野稠果（こうの・しげみ）

1930（昭和５）年広島県生まれ．58年米国ブラウン大学大学院社会学研究科博士課程修了（Ph.D. 社会学）．同年厚生省人口問題研究所入所．61～63年インド・ボンベイ国連人口研修・研究センター教授として出向．67年国連本部人口部専門官へ転任．73～78年同人口推計課長．78年厚生省人口問題研究所へ人口情報部長として転任．82年同研究所人口政策部長．86年同研究所所長．93年同所長退任，麗澤大学国際経済学部教授．2006年同大学名誉教授．

著書 *Inter-Prefectural Migration in Japan*（Cambridge U. P., 1965）
Manual on Methods of Projecting Households and Families（United Nations, 1973）
『世界の人口』（東京大学出版会，1986年，第２版，2000年）

編著『発展途上国の出生率低下――展望と課題』（アジア経済研究所，1992年）
『人口と文明のゆくえ』（大明堂，2002年）
『低出生力をめぐる諸問題』（原書房，2004年）
『国際人口移動の新時代』（原書房，2006年）
ほか多数

人口学《じんこうがく》への招待《しょうたい》
中公新書 *1910*

2007年８月25日発行

著　者　河野稠果
発行者　早川準一

本文印刷　暁印刷
カバー印刷　大熊整美堂
製　本　小泉製本

発行所　中央公論新社
〒104-8320
東京都中央区京橋 2-8-7
電話　販売 03-3563-1431
　　　編集 03-3563-3668
URL http://www.chuko.co.jp/

定価はカバーに表示してあります．
落丁本・乱丁本はお手数ですが小社販売部宛にお送りください．送料小社負担にてお取り替えいたします．

Published by CHUOKORON-SHINSHA, INC.
Printed in Japan　ISBN978-4-12-101910-3 C1236

1242 社会学講義　富永健一
1600 社会変動の中の福祉国家　富永健一
760 社会科学入門　猪口　孝
1479 安心社会から信頼社会へ　山岸俊男
1894 私たちはどうつながっているのか　増田直紀
1814 社会の喪失　市村弘正・杉田　敦
1740 問題解決のための「社会技術」　堀井秀之
1537 不平等社会日本　佐藤俊樹
1669 暮らしの世相史　加藤秀俊
1323 「生活者」とはだれか　天野正子
1747 〈快楽消費〉する社会　堀内圭子
1414 化粧品のブランド史　水尾順一
1401 OLたちの〈レジスタンス〉　小笠原祐子
265 県民性　祖父江孝男
1090 博覧会の政治学　吉見俊哉
1597 〈戦争責任〉とは何か　木佐芳男
1164 在日韓国・朝鮮人　福岡安則
1269 韓国のイメージ　鄭　大均
1439 日本（イルボン）のイメージ　鄭　大均
1861 在日の耐えられない軽さ　鄭　大均
1640 海外コリアン　朴　三石
702 住まい方の思想　渡辺武信
895 住まい方の演出　渡辺武信
1347 住まい方の実践　渡辺武信
1766 住まいのつくり方　渡辺武信
1540 快適都市空間をつくる　青木　仁
1910 人口学への招待　河野稠果
1911 外国人犯罪者　岩男壽美子